税收筹划实务

SHUISHOU CHOUHUA SHIWU

尹梦霞◎编著

西南财经大学出版社

图书在版编目(CIP)数据

税收筹划实务/尹梦霞编著.—成都:西南财经大学出版社,2012.8
ISBN 978 - 7 - 5504 - 0797 - 8

Ⅰ.①税… Ⅱ.①尹… Ⅲ.①税收筹划 Ⅳ.①F810.423

中国版本图书馆 CIP 数据核字(2012)第 196258 号

税收筹划实务

尹梦霞　编著

责任编辑:孙　婧
助理编辑:刘　然
封面设计:墨创文化
责任印制:封俊川

出版发行	西南财经大学出版社(四川省成都市光华村街55号)
网　址	http://www.bookcj.com
电子邮件	bookcj@foxmail.com
邮政编码	610074
电　话	028 - 87353785　87352368
照　排	四川胜翔数码印务设计有限公司
印　刷	郫县犀浦印刷厂
成品尺寸	185mm × 260mm
印　张	12.5
字　数	280 千字
版　次	2012 年 8 月第 1 版
印　次	2012 年 8 月第 1 次印刷
印　数	1— 1000 册
书　号	ISBN 978 - 7 - 5504 - 0797 - 8
定　价	38.00 元

前言

在市场经济条件下，作为在国家法律法规的范围内从事生产经营活动的纳税人，必然追求税收利益的最大化。面对如何降低纳税人的税收成本，"愚蠢者去偷税，聪明者去避税，智慧者去做纳税筹划"。纳税筹划又称税收筹划，是纳税人根据国家税收法律的规定和政策导向，在法律规定许可的范围内，通过对经营、投资、理财活动的事先筹划和安排，尽可能地取得税收利益的一种筹划活动。它具有合法性、策划性、经济性等特点。在我国，随着社会主义市场经济的发展以及税收法制化建设的不断完善，纳税人将会越来越多地通过关注、研究并运用税收筹划方式维护自身的合法权益，税收筹划必将获得迅速的发展。

长期从事税法课程教学工作的同仁们都深感税法课程以晦涩难懂的税收法律法规为主，理论性强，调动学生学习税法的兴趣和求知欲对提高税法课程的教学质量极其重要。笔者多年的教学经验表明，在讲授税法课程的同时，配以讲解相关的税收筹划实务案例能达到化抽象难懂为形象易懂的目的，较好地激发学生主动学习和深入研究税法的兴趣，同时通过税收筹划实务案例的讲解，能较好地培养学生运用所学税收知识分析解决实际税收问题的能力。因此，笔者撰写了这本书，作为税法课程教学的辅助资料。总结起来，本书具有以下几个特点：

（1）内容全面系统。本书主要作为税法课程教学的辅助资料，所以全书内容是按照税种对筹划实务案例进行分类撰写的，并且基本上每一个税种都撰写了相应的筹划实务案例。

（2）体例合理。纳税人进行税收筹划，除了利用税收法律中的优惠政策外，很大程度上就是要通过对现行税法的研究分析，从中发现税收筹划空间，进而通过合理筹划达到减轻税负的目的。也就是说，进行税收筹划有两个要求，一是要求正确掌握国家税收法律法规，二是要求选择适合本企业的税收政策来优化企业的业务流程，使之既符合国家税收法律法规的规定又达到税收负担最小。本书正是基于这样的认识，基本上每一个税收筹划实务案例都包含了导入案例、法规解读、筹划思路、筹划方案和注意问题几个部分。案例导入是将抽象的税收法律规定形象具体化的过程，增强了税法知识的趣味性，能激发学生的求知欲；法规解读是正确掌握与案例相关的国家税收法律法规的过程，是对现行税法规定进行研究的过程；筹划思路和筹划方案是选择适合具体案例的税收政策优化企业的业务流程，合法实现税收负担最小；注意问题是对与具体筹划实务有关的深层次问题的探讨，能引导学生对相关问题进行深层次的研究。总之，这样的撰写体例便于学生扎实地掌握税法理论，并激发学生主动学习和研究税法理论的积极性。

（3）案例具有新颖性和典型性。本书所选择的案例都是以最新税收法律法规为筹划依据，具有较强的新颖性；同时，所选案例是企业经营活动和个人经济生活中关注的税收热点问题，典型性较强。

本书是笔者多年从事税法课程教学和研究的成果，倾注了笔者大量的心血和精力。在撰写的过程中，笔者参阅、引用了许多学者的专著、教材、论文和相关网站的研究成果，在此表示衷心的感谢。限于学识有限，虽然笔者反复斟酌、修改，错误和不足之处也在所难免，笔者诚恳地请求读者予以批评指正。

西昌学院经济与管理学院　**尹梦霞**

2012 年 4 月

目录

第1章 增值税筹划实务

一、增值税两类纳税人身份筹划[①]

【导入案例】

某工业企业，现为小规模纳税人。年应税销售额60万元（不含税），会计核算制度也比较健全，符合作为一般纳税人的条件，适用17%增值税税率，但该企业可抵扣的购进项目金额只有20万元（不含税），适用17%增值税税率。请对其进行纳税人身份筹划。

【法规解读】

根据2009年1月1日新修订的《中华人民共和国增值税暂行条例》的规定：

（1）两类纳税人的区分标准。小规模纳税人是指：①从事货物生产或者提供应税劳务的纳税人，以及以从事货物生产或者提供应税劳务为主，兼营货物批发或者零售的纳税人，年应征增值税销售额在50万元以下（含本数）的；②除前一条规定以外的纳税人，年应征增值税销售额在80万元以下（含本数）的。

（2）两类纳税人的增值税税率。一般纳税人在国内销售货物、提供加工、修理修配劳务和进口货物适用的基本税率为17%，特定货物的销售或进口货物适用的优惠税率为13%；对于小规模纳税人在国内销售货物和提供加工修理修配劳务适用的征收率为3%。

【筹划思路】

就税收负担而言，两类纳税人各有利弊。从进项税额看，一般纳税人进项税额可以抵扣，小规模纳税人不能抵扣，只能列入成本，这是一般纳税人的优势。从销售看，由于增值税是价外税，销售方在销售时，除了向买方收取货款外，还要收取一笔增值税款，其税额（按不含税销售额的17%收取）要高于向小规模纳税人收取的税款（按不含税销售额的3%收取）。虽然收取的销项税额可以开出专用发票供购货方抵扣，但对一

[①] 根据2009年9月西南财经大学出版社宋靖主编《税收筹划》第60-62页编写。

些不需专用发票或不能抵扣进项税额的买方来说，在不含税销售额相同或相差不大的情况下，就宁愿从小规模纳税人那里进货，在商品零售环节尤其如此。从税负上看，由于一般纳税人可抵扣进项税额，因而通常认为，小规模纳税人的税负重于一般纳税人，但实际并不尽然，如果企业准予从销项税额中抵扣的进项税额较少，而增值额较大，就会使一般纳税人的税负重于小规模纳税人。在实践中，我们可以采用增值率判断法来判断两类纳税人的税负状况，从而选择适宜的纳税人身份。

增值率判断法的原理及应用。从两类增值税纳税人的计税原理看，一般纳税人增值税的计算是以增值额作为计税基础，而小规模纳税人的增值税是以全部收入（不含税）作为计税基础。在销售价格相同的情况下，税负的高低主要取决于增值率的大小。在增值率达到某一数值时，两种纳税人的税负相等。这一数值称之为无差别平衡点增值率。其计算过程如下：

设一般纳税人销售商品的不含税销售额为 P_1，购进商品的不含税销售额为 P_0，所销售的商品的增值税税率为 S_1，所购进的商品的增值税税率为 S_0，小规模纳税人的征收率为 $S_{征收}$，一般纳税人应纳增值税为 $V_{一般}$，小规模纳税人应纳增值税为 $V_{小规模}$，则相关计算如下：

商品的增值率 $Z = (P_1 - P_0) \div P_1 \times 100\%$

$$V_{一般} = P_1 \times S_1 - P_0 \times S_0 \tag{1}$$

$$V_{小规模} = P_1 \times S_{征收} \tag{2}$$

$$\because Z = (P_1 - P_0) \div P_1 \times 100\%$$

$$\therefore P_0 = (1 - Z) \times P_1 \tag{3}$$

将（3）代入（1），得：

$$V_{一般} = P_1 \times S_1 - (1 - Z) \times P_1 \times S_0$$
$$= P_1 \times [S_1 - (1 - Z) \times S_0] \tag{4}$$

令 $V_{一般} = V_{小规模}$ 时的 Z 为"无差别平衡点增值率"。

则令（2）＝（4），$P_1 \times S_{征收} = P_1 \times [S_1 - (1 - Z) \times S_0]$，解得：

$$Z = 1 - (S_1 - S_{征收}) \div S_0 \tag{5}$$

根据（5）可以计算出无差别平衡点增值率，如表 1-1 所示。

表 1-1　　　　　　　　无差别平衡点增值率表

S_1（销货增值税税率）	S_0（进货增值税税率）	$S_{征收}$（征收率）	无差别平衡点增值率
17%	17%	3%	17.65%
17%	13%	3%	-7.69%
13%	13%	3%	23.08%
13%	17%	3%	41.18%

根据（2）和（4）式，当实际增值率=无差别平衡点增值率时，$V_{一般} = V_{小规模}$。

当实际增值率＞无差别平衡点增值率时，$V_{一般} ＞ V_{小规模}$。

当实际增值率＜无差别平衡点增值率时，$V_{一般} ＜ V_{小规模}$。

结论：在增值率较低的情况下，一般纳税人比小规模纳税人更具有优势，主要原因是前者可抵扣进项税额，而后者不能。但随着增值率的上升，一般纳税人的优势越来越小。在非零售环节，一些毛利率较高的企业，如经营奢侈品或富有弹性的商品时，小规模纳税人很容易通过降价来达到尽可能高的利润，而又少纳税。在零售环节，一般纳税人的优势地位更不显著，由于小规模纳税人按 3% 的征收率纳税，其不含税收入较高，当进销差价达到一定程度时，小规模纳税人的利润可能超过一般纳税人。

【筹划方案】

因为增值率=（60－20）÷60×100%≈66.67%＞17.65%，所以本案例中，该工业企业应选择为小规模纳税人。具体做法：该企业可以分设为几个独立核算的企业，使其销售额都在 50 万元以下（含本数），符合小规模纳税人的标准。企业分设后纳税额：60×3%＝1.8（万元），节税：（60－20）×17%－1.8＝5（万元）。

【注意问题】

上述选择纯粹从纳税人税收负担轻重角度出发，而没有考虑到某些实际情况，所以，在选择其纳税人身份时，还应该考虑以下因素：

1. 不是所有纳税人均可以采用上述方法选择身份

（1）《中华人民共和国增值税暂行条例》第二十九条规定，年应税销售额超过小规模纳税人标准的其他个人按小规模纳税人纳税，非企业性单位、不经常发生应税行为的企业可选择按小规模纳税人纳税。这说明，个人无论销售额、购进额的情况如何，即使达到一般纳税人规模，也必须按照小规模纳税人处理。

（2）国家税务总局 2005 年发布了《关于加强增值税专用发票管理有关问题的通知》，通知规定：税务机关要对小规模纳税人进行全面清查，凡年应税销售额超过小规模纳税人标准的，税务机关应当按规定认定其一般纳税人资格。对符合一般纳税人条件而不申请办理一般纳税人认定手续的纳税人，应按销售额依照增值税税率计算应纳税额，不得抵扣进项税额，也不得使用增值税专用发票。凡违反规定对超过小规模纳税人标准不认定为一般纳税人的，要追究经办人和审批人的责任。这个规定对那些已达到一般纳税人规模，而不申请办理一般纳税人认定手续的小规模纳税人来说，是比较严厉的。因此，纳税人完全依据税负来选择身份，有时候并不是自由的。在这种情况下，如采用小规模纳税人更有利，可以采用将企业分立为不同的几个企业的办法，但是分立企业也是有成本的。

2. 企业客户的类型

如果企业产品销售对象多为一般纳税人，决定着企业受到开具增值税专用发票的制约，必须选择做一般纳税人，才有利于产品的销售。如果企业的客户多为小规模纳税人，不受发票类型的限制，则筹划空间较大。

3. 纳税人身份转化的成本

上述判定主要是在企业筹划成立初期，一旦纳税人已经认定了身份，则自由转换身份就不是一件特别容易的事情了，必须考虑以下因素：

（1）法律制约

在法律上，不同身份之间的转换会受到不同的影响。从小规模纳税人转换成一般纳税人是允许的，而且还不能恶意隐瞒。但是，从一般纳税人转化成小规模纳税人，则受到限制。《中华人民共和国增值税暂行条例》第三十三条规定，除国家税务总局另有规定外，纳税人一经认定为一般纳税人后，不得转为小规模纳税人。

（2）成本收益比较

假设某增值税纳税人销售货物或者提供加工、修理修配劳务，以及进口货物的业务成本为 100 元人民币，该项业务成本利润率为 X，由小规模纳税人转换为一般纳税人所增加的成本为 Y，则作为一般纳税人时，其现金流出量 $F_{(1)}$ 为应纳增值税税额与由小规模纳税人转换为一般纳税人所增加的成本 Y 之和，其相关计算如下：

$$F_{(1)} = (100 + 100X) \times 17\% - 100 \times 17\% + Y = 17X + Y$$

另外，当作为小规模纳税人时，其现金流出量 $F_{(2)}$ 为应纳增值税税额减去所减少的企业所得税税额，即：

$$F_{(2)} = (100 + 100X) \times 3\% - (100 + 100X) \times 3\% \times 25\%$$ （中小微利企业按 20% 的税率征收所得税）

$$= 2.25 + 2.25X$$

当 $F_{(1)} > F_{(2)}$ 时，有 $17X + Y > 2.25 + 2.25X$，解得：

$$X > (2.25 - Y) \div 14.75$$

由于 Y 是由小规模纳税人转换为一般纳税人增加的成本，在某一特定时期具有明确的数额从而可以确定 X 的范围，因此决定了什么情况下宜成为一般纳税人，什么情况下宜成为小规模纳税人。当 $F_{(1)} > F_{(2)}$ 时，宜努力成为小规模纳税人，以减少企业的现金流出量；在另一方面，当 $F_{(1)} < F_{(2)}$ 时，选择作为一般纳税人，有利于降低企业的现金流出量。

二、商品销售渠道的税收筹划[①]

【导入案例】

某品牌手机市场零售价为 2 000 元，购进含税价为 1 720 元。市场上销售渠道主要有

[①] 根据 2009 年 9 月西南财经大学出版社宋靖主编《税收筹划》第 63 - 65 页编写。

以下三种：①通信运营商销售手机，同时提供移动通信服务；②小规模的手机专卖店销售；③大中型商场、通讯超市等较大的手机专卖店销售。请从税负的角度对该手机的销售渠道进行筹划。

【法规解读】

（1）混合销售行为是指一项销售行为既涉及增值税应税货物或劳务（简称"货物销售额"）又涉及非应税劳务（即应征营业税的劳务）。混合销售行为原则上依据纳税人的"经营主业"判断是征增值税，还是征营业税。在纳税人年货物销售额与非应税劳务营业额的合计数中，若年货物销售额超过50%，则征增值税；若年非应税劳务营业额超过50%，则征营业税。但是，根据修订后的《中华人民共和国增值税暂行条例实施细则》，销售自产货物并同时提供建筑业劳务的行为以及财政部、国家税务总局规定的其他情形的混合销售行为应分别纳增值税和营业税。因此，通信运营商销售手机，同时提供移动通信服务的行为属于应纳营业税的混合销售行为。

（2）增值税一般纳税人增值税税率一般为17%，营业税税率为5%或3%或20%。

【筹划思路】

比较三种销售渠道的税负，选择税负最轻的销售渠道。三种销售渠道的税负比较如下：

1. 营业税纳税人（混合销售行为纳营业税的情形）与小规模纳税人的税负比较

应纳营业税 = 零售价 × 营业税税率（由于营业税是价内税，所以计税依据是含税价）

$$\tag{1}$$

应纳增值税 = 不含税销售价 × 征收率（增值税属于价外税）

$$= 零售价 \div (1 + 征收率) \times 征收率$$

$$= 零售价 \times [征收率 \div (1 + 征收率)]$$

设：

增值税含税征收率 $S_{含税征收}$ = 征收率 $\div$ (1 + 征收率) = 3% $\div$ (1 + 3%) ≈ 2.91%　　（2）

则：

应纳增值税 = 零售价 × 增值税含税征收率

$$\tag{3}$$

可见，（1）和（3）的差异取决于营业税税率和增值税含税征收率的差异。由于营业税税率为5%或3%或20%，所以，通信运营商的税收负担总是重于小规模纳税人。

2. 一般纳税人与通信运营商的税负比较

设一般纳税人销售商品的零售价为 $P_{1含税}$，购进商品的含税进货价为 $P_{0含税}$，所销售的商品的增值税税率为 S_1，所购进的商品的增值税税率为 S_0，小规模纳税人的征收率为 $S_{征收}$，一般纳税人应纳增值税额为 $V_{一般}$，小规模纳税人应纳增值税额为 $V_{小规模}$，则相关计算如下：

$$V_{一般} = P_{1含税} \div (1 + S_1) \times S_1 - P_{0含税} \div (1 + S_0) \times S_0$$

对于手机而言，$S_1 = S_0 = 17\%$，所以，上式可以整理如下：

$$V_{一般} = (P_{1含税} - P_{0含税}) \div (1 + S_1) \times S_1 \tag{4}$$

∵ 含税增值率 $Z_{含税} = (P_{1含税} - P_{0含税}) \div P_{1含税}$

$$\therefore P_{0含税} = (1 - Z_{含税}) \times P_{1含税} \tag{5}$$

将（5）代入（4），得：

$$V_{一般} = [P_{1含税} - (1 - Z_{含税}) \times P_{1含税}] \div (1 + S_1) \times S_1$$
$$= P_{1含税} [1 - (1 - Z_{含税})] \div (1 + S_1) \times S_1$$
$$= P_{1含税} \times Z_{含税} \div (1 + S_1) \times S_1 \tag{6}$$

通信运营商应纳营业税 = 零售价 × 营业税税率

$$= P_{1含税} \times S_{营业} \tag{7}$$

当(6) = (7)时，无差别平衡点含税增值率 $Z_{含税} = S_{营业} \times (1 + S_1) \div S_1$。

当实际含税增值率 = $Z_{含税}$ 时，税负相等。

当实际含税增值率 > $Z_{含税}$ 时，一般纳税人税负重于营业税纳税人。

当实际含税增值率 < $Z_{含税}$ 时，一般纳税人税负轻于营业税纳税人。

可以计算出增值税一般纳税人与营业税纳税人无差别平衡点含税增值率，如表1-2所示。

表1-2　　　增值税一般纳税人与营业税纳税人无差别平衡点含税增值率

增值税税率 S_1	营业税税率 $S_{营业}$	无差别平衡点含税增值率
17%	3%	20.65%
13%	3%	26.08%
17%	5%	34.41%
13%	5%	43.46%
17%	20%	$S_1 < S_{营业}$
13%	20%	$S_1 < S_{营业}$

可见，一般纳税人与通信运营商销售手机。当 $Z_{含税} = 20.65\%$ 时，税负相等；当 $Z_{含税} < 20.65\%$ 时，一般纳税人税负较轻。上述案例中的实际 $Z_{含税} = (2\,000 - 1\,720) \div 2\,000 = 14\%$，小于20.65%，所以，一般纳税人的税负轻于通信运营商。

3. 一般纳税人与小规模纳税人的税负比较（见增值税两类纳税人身份筹划实务）

本例中，不含税增值率 = $[2\,000 \div (1 + 17\%) - 1\,720 \div (1 + 17\%)] \div [2\,000 \div (1 + 17\%)] = 14\% < 17.65\%$，17.65%换算为无差别平衡点含税增值率为20.65%，所以一般纳税人税负较轻。

17.65%换算为无差别平衡点含税增值率为20.65%的推导如下：

根据筹划实务一，无差别平衡点含税增值率是一般纳税人应纳增值税 = 小规模纳税人应纳增值税时的含税增值率。则相关计算如下：

$$P_{1\text{含税}} \div (1 + S_1) \times S_1 - P_{0\text{含税}} \div (1 + S_0) \times S_0 = P_{1\text{含税}} \div (1 + S_{\text{征收率}}) \times S_{\text{征收率}}$$

因为，$S_1 = S_0 = 17\%$，$S_{\text{征收率}} = 3\%$，所以，上式可以整理为：

$$(P_{1\text{含税}} - P_{0\text{含税}}) \div P_{1\text{含税}} = [S_{\text{征收率}} \div (1 + S_{\text{征收率}})] \times [(1 + S_1) \div S_1]$$

$$= [3\% \div (1 + 3\%)] \times (1 + 17\%) \div 17\%$$

$$\approx 20.05\%$$

综上所述，三种销售渠道税负比较，如表 1-3 所示。

表 1-3　　　　　　　　　　　三种销售渠道税负比较

含税增值率区间	税负轻	税负中	税负重
20.05% 以下	一般纳税人	小规模纳税人	通信运营商
20.05% ~ 20.65%	小规模纳税人	一般纳税人	通信运营商
20.65% 以上	小规模纳税人	通信运营商	一般纳税人

可见，通常情况下，通信运营商卖手机税负都较重。增值率越高，越应该由小规模纳税人卖。相对而言，通信运营商卖利润较高（增值率高）的手机比卖利润较低的手机税负轻。一般纳税人卖利润较低的手机。具体是，一般纳税人应销售实际含税增值率在 20.05% 以下的手机，小规模纳税人应销售实际含税增值率在 20.05% 以上的手机。因此，手机运营商可以设立一般纳税人、小规模纳税人和通信运营商，将不同增值率的手机放在最节税的机构销售。

【筹划方案】

因为实际含税增值率 = (2 000 - 1 720) ÷ 2 000 × 100% = 14% < 20.05%，所以，应选择由一般纳税人销售此手机，即由大中型商场、通讯超市等较大的手机专卖店销售。

【其他案例】

某建筑装饰公司销售建筑材料，并代顾客装修。2010 年年度，该公司取得装修工程收入 1 200 万元。该公司为装修购进材料支付价款 800 万元，支付增值税税款 136 万元。该公司销售材料适用增值税税率 17%，装饰工程适用营业税税率 3%。试判断该公司缴纳何税种合算？

分析：含税增值率 = (1 200 - 936) ÷ 1 200 × 100% = 22% > 20.65%，所以企业应选择缴纳营业税合算。企业应有意识地通过推迟销售收入的实现等办法减少本年度材料销售额，使装修工程收入的比例大于 50%。

三、农产品销售渠道的税收筹划[①]

【导入案例】

（1）某个体工商户李某从事玉米生意，其收购销售的玉米按规定缴纳增值税，去年实现销售收入1 000万元（含税）。玉米的购进价格为820万元。

（2）某农机公司经营农膜、种子、种苗、化肥、农药、农机，每年销售额为1 000万元（含税）。购进金额为820万元（含税）。

请对上述两个例子所涉及的增值税进行筹划。

【法规解读】

（1）国家为支持、引导农民专业合作社经济组织的发展，给予其相关的税收优惠政策。其中增值税方面，财政部、国家税务总局2008年《关于农民专业合作社有关税收政策的通知》规定，依照《中华人民共和国农民专业合作社法》规定设立和登记的农民专业合作社，从2008年7月1日起，其销售本社成员生产的农业产品，视同农业生产者销售自产农业产品免征增值税；合作社向本社成员销售的农膜、种子、种苗、化肥、农药、农机，也免征增值税。增值税一般纳税人从农民专业合作社购进的免税农业产品，可按13%的扣除率计算抵扣增值税进项税额。需要说明的是，农民专业合作社只有销售本社成员自产的农产品才能免征增值税，而农民专业合作社销售的外购农业产品和外购农业产品加工后的农业产品是不免税的，仍然要按13%的税率缴纳增值税。我们应从如下几个方面理解上述规定：

①对农民专业合作社销售本社成员生产的农业产品，视同农业生产者销售自产农业产品免征增值税。这里有一个条件，农业产品必须是"本社成员生产的"，否则就不能享受免征增值税优惠。

②增值税一般纳税人从农民专业合作社购进的免税农业产品，可按13%的扣除率计算抵扣增值税进项税额。这里明确购进的是农民专业合作社的"免税农业产品"，其他农业产品或商品则必须按照现行政策规定计算抵扣。因此，对农民专业合作社销售给增值税一般纳税人的其他农业产品则要考虑税收问题。

③对农民专业合作社向本社成员销售的农膜、种子、种苗、化肥、农药、农机，免征增值税。这里规定的是"向本社成员"销售上述六种商品，才可以享受免征增值税，否则不能享受免征优惠。因此，在实际经营中既要把握好销售对象又要把握好规定的商品品目。

④视同农业生产者销售自产农业产品免征增值税政策依据。《中华人民共和国增值

---

① 根据2010年4月20日中国税务报"农产品销售渠道可税收筹划"编写。

税暂行条例》（以下简称《增值税暂行条例》）第十六条规定，农业生产者销售的自产农业产品免征增值税。财政部国家税务总局《关于印发〈农业产品征税范围注释〉的通知》（财税〔1995〕52号）对"自产农业产品"做了规定，《增值税暂行条例》第十六条所列免税项目的第一项所称的"农业生产者销售的自产农业产品"，是指直接从事植物的种植、收割和动物的饲养、捕捞的单位和个人销售的注释所列的自产农业产品，主要是指种植业、养殖业、林业、牧业、水产业生产的各种植物、动物的初级产品。而对单位和个人销售的外购的农业产品，以及单位和个人外购农业产品生产、加工后销售的仍然属于注释所列的农业产品，则不属于免税的范围。农业生产者用自产的茶青再经筛分、风选、拣剔、碎块、干燥、匀堆等工序精制而成的精制茶，不得按照农业生产者销售的自产农业产品免税的规定执行，应该严格加以区分。

2. 2007年7月1日施行的《中华人民共和国农民专业合作社法》第十四条、第十五条规定，具有民事行为能力的公民，以及从事与农民专业合作社业务直接有关的生产经营活动的企业、事业单位或者社会团体，能够利用农民专业合作社提供的服务，承认并遵守农民专业合作社章程，履行章程规定的入社手续的，可以成为农民专业合作社的成员。但是，具有管理公共事务职能的单位不得加入农民专业合作社。

某个体工商户李某从事玉米生意，其收购销售的玉米按规定缴纳增值税，去年实现销售收入1 000万元，销售额超过小规模纳税人标准，自2010年3月20日（《增值税一般纳税人资格认定管理办法》实施之日）起，应按照一般纳税人标准计算缴纳增值税。由于李某无法取得增值税专用发票抵扣进项税额，应纳增值税 = 1 000 ÷ (1 + 13%) × 13% = 115.04（万元），直接减少经营利润115.04万元。

【筹划思路】

企业投资涉农事项，从税收角度考虑，以合作社的名义开展会更为有利。因此，相关农产品的销售商可以设立相关农产品的农民专业合作社，农用商品的销售商可以加入农民专业合作社成为社员，以尽量利用农民专业合作社的优惠税收政策。

【筹划方案】

李某成立玉米专业合作社，具备农民合作社的规模经营条件，吸收本地足够多的种植玉米的农民，则对外收购玉米的比重就会降低甚至为零；同样，其对外销售的免税玉米比重就会提高甚至为全部免税。如果李某成立合作社后，销售的玉米均是本社成员自产，应纳增值税为零，从而直接节约增值税税额：

1 000 ÷ (1 + 13%) × 13% − 820 × 13% ≈ 8.44（万元）

同理，如果该农机公司成为其经营的农膜、种子、种苗、化肥、农药、农机的主要销售对象的农民专业合作社成员，则以合作社的名义对本社成员销售农膜、种子、种苗、化肥、农药、农机，可以节约增值税税额：

1 000 ÷ (1 + 13%) × 13% − 820 ÷ (1 + 13%) × 13% ≈ 20.7（万元）

四、代购代销行为的税收筹划[①]

【导入案例】

某建筑公司委托金属材料公司购进钢材，事先预付金属材料公司一笔周转金130万元，该金属材料公司代购钢材后按实际购进价格向建筑公司结算，并将销货方开具给委托方的增值税专用发票转交，共计支付价税合计金额120万元，另扣5%的手续费6万元，并单独开具发票收取。同时又有一家冶金企业委托该金属材料公司出售1 000吨有色金属，单价由冶金企业决定，金属材料公司每代销一吨，收取手续费20元。若干天后，该金属材料公司按指定单价3 600元将货物销售完毕，将销售额全部支付给冶金企业，按增值税的有关规定计算的销项税额与进项税额相等，该业务按规定收取手续费2万元。但金属材料公司对这两笔业务都没有缴纳营业税，税务机关令其补缴营业税共0.4万元。请问：税务机关的要求是否合理？在代购代销业务中，如何进行税收筹划？

【法规解读】

1. 代销行为的经营特征和涉税分析

所谓代销货物，是指受托方按委托方的要求销售委托方的货物的经营活动。代销合同的主要内容是供货方（主要是生产企业）将货物交给代销方（主要是商业企业）销售，先不收取货款，待代销方以代销方的名义将货物售出后再按双方事先约定的价格付款给供货方，代销方按约定收取代销报酬，未售出的货物则退给供方。按照代销方取得代销报酬的方式不同将代销分为两种：视同买断方式代销和收取手续费方式代销。视同买断方式是指由委托方和代销方签订协议，委托方按协议价格收取委托代销商品的货款，实际售价可由代销方自定，实际售价与协议价之间的差额归代销方所有的销售方式。收取手续费方式代销是指代销方不加价销售货物，并根据所销售的商品数量向委托方收取手续费的销售方式。对于受托方来说，收取的手续费实际上是一般劳务收入。在代销中，由于未售出的货物代销方有权退还委托方，所以，委托方在交付商品时并不确认收入，代销方也不作为购进商品处理。受托方将商品销售后，应按实际售价确认为销售收入，并向委托方开具代销清单。委托方在收到代销清单后，再确认收入。

2. 我国税法对代销货物行为的涉税规定

（1）代销货物行为属于应纳营业税的行为。《中华人民共和国营业税暂行条例》中规定了服务业营业税税目，又根据《营业税税目注释（试行稿）》的规定，应纳营业税的服务业是指利用设备、工具、场所、信息或技能为社会提供服务的业务，包括代理

[①] 根据2012年6月《西昌学院学报（自然科学报）》第2期尹梦霞论文"代销货物行为的涉税分析"编写。

业、旅店业、饮食业、旅游业、仓储业、租赁业、广告业、其他服务业。代理业是指代委托人办理受托事项的业务，包括代购代销货物、代办进出口、介绍服务、其他代理服务。代购代销货物，是指受托购买货物或销售货物，按实购或实销额进行结算并收取手续费的业务。因此，在对代销货物行为的税收征管实践中，认为代销方向委托方所收取的手续费应征收营业税。在视同买断方式的代销中，大多认为代销方的价差收入是委托方给予代销方的手续费，从而该手续费应纳营业税；同时我国目前的增值税征管制度的安排导致该价差收入同时还要缴纳增值税（分析见代销货物行为的涉税分析），造成重复征税的不符合我国流转税制度设计原则的情况。

（2）我国的流转税制度设计中遵循营业税和增值税不重复征税的原则，即同一流转额只能选择征收增值税或营业税，不能既征收增值税又征收营业税。

3. 代销合同的法律性质辨析

代销合同属于《中华人民共和国合同法》上的无名合同，法律没有明确界定代销合同的性质，实践中争议颇多，有的认为它是委托代理合同，有的认为是附条件的买卖合同，有的认为是行纪合同。而不同性质的合同，其税务处理是不一样的。笔者认为：

（1）收取手续费方式的代销合同是行纪合同

根据《中华人民共和国合同法》的规定，行纪合同是行纪人以自己的名义为委托人从事贸易活动，委托人支付报酬的合同。以自己名义为他人从事贸易活动的一方为行纪人，委托行纪人为自己从事贸易活动并支付报酬的一方为委托人。收取手续费方式的代销中，代销人是按委托人指定的价格对外销售，并按该销售价格与委托人结算，即销货的收入归属于委托人；同时，代销人会另外向委托人开具普通发票收取代销手续费。可见，收取手续费方式的代销合同符合行纪合同的法律特征，是行纪合同，且这类代销合同因为具有"按实销额进行结算并收取手续费的特点"而符合《营业税税目注释（试行稿）》中关于"代购代销货物，是指受托购买货物或销售货物，按实购或实销额进行结算并收取手续费的业务"的规定。因此，笔者认为《营业税税目注释（试行稿）》中应纳营业税的代销货物行为仅指这里的"收取手续费方式的代销"。

（2）视同买断方式的代销合同是附条件的买卖合同

在视同买断方式的代销中，代销人并不向委托方收取报酬，而是靠从销售差价中获利，代销人有权自己决定销售价格，无须经得委托方同意，这明显区别于行纪合同，但它的这一特点及代销人以自己的名义销售货物和销售合同责任直接由代销人承担的法律特征却是买卖合同所具备的，与买卖合同不同之处在于代销合同是售后付款和未售出的货物可以退货。因此，我们可以将视同买断方式的代销合同理解为以代销人售出代销货物为生效条件的买卖合同。即，委托方与代销方签订的一个附生效条件的买卖合同。如果代销人将货物售出，则委托方和代销方之间的买卖合同生效，否则，不生效，由代销方将货物退还给委托方。因此，笔者认为，视同买断方式的代销合同属于附生效条件的买卖合同。由于它具有"不按实销额进行结算"的特点从而不符合《营业税税目注释（试行稿）》中关于"代购代销货物，是指受托购买货物或销售货物，按实购或实销额进行结算并收取手续费的业务"的规定。因此，笔者认为《营业税税目注释（试行稿)》中应纳营业税的代销货物行为并不是指这里的"视同买断方式的代销"。事实上，将视同买断方式的代销合同看成是附生效条件的买卖合同从而只纳增值税不纳营业税，也可以避免长期以来实践中存在的对价差部分既征收增值税又征收营业税的不符合税收理论的重复征税问题。

（3）代销合同不是委托代理合同

根据《中华人民共和国合同法》的规定，我国的代理制度包括直接代理和间接代理。直接代理中，代理人以被代理人的名义从事民事法律行为，间接代理以被代理人的名义从事民事法律行为，但是无论是直接代理还是间接代理，代理行为的法律后果都由被代理人承担。而代销人在销售代销货物时，尽管直接以自己的名义进行，但所产生的法律后果却由代销人自己承担，并不直接对委托人产生法律效力。这一特征使其与委托代理相区别。因此，代销合同不是委托代理合同。因此，笔者认为《营业税税目注释（试行稿)》将代销货物行为归属于代理行为有所不妥，而应将应纳营业税的代销行为归属于其他服务业。

4. 代销货物行为的涉税分析

（1）收取手续费方式代销的涉税分析

如上分析，收取手续费方式的代销合同是行纪合同，符合《营业税税目注释（试行稿)》中关于应纳营业税的代销货物行为的特点，因此，在这类代销合同中涉及如下税收法律法规：①《中华人民共和国增值税暂行条例实施细则》第四条规定，单位或者个体工商户将货物交付其他单位或者个人代销以及销售代销货物的行为，视同销售货物，因此，委托代销和受托代销行为均应"视同销售"征收增值税。同时，根据该实施细则第三十八条第五项的规定，委托其他纳税人代销货物，增值税的纳税义务发生时间为收到代销单位的代销清单或者收到全部或者部分货款的当天，未收到代销清单及货款的，为发出代销货物满180天的当天。因此，当代销人以自己的名义开具增值税专用发票给购货方时，产生代销人的销项税，当委托方收到代销方的代销清单而开具销货发票（双方为一般纳税人的开具增值税专用发票，委托方或代销方为小规模纳税人的开具普通发票）给代销方时，产生委托方的销项税，同时增值税专用发票上注明的增值税税额可以作为代销方的进项税额。②依据《营业税税目注释（试行稿)》（国税发［1993］149号）的规定，应纳营业税的"服务业"是指利用设备、工具、场所、信息或技能为社会提供服务的业务，包括代理业、旅店业、饮食业、旅游业、仓储业、租赁业、广告业、其他服务业。代销货物中的行纪劳务就属于这里的其他服务业。又根据《中华人民共和国营业税暂行条例》的规定，服务业的营业税税率为5%，所以收取手续费方式代销中代销方的"代销手续费"收入应缴纳5%的营业税，其纳税义务发生时间为代销方向委托方开具代销手续费的普通发票时。因此，上例中，该金属材料公司与冶金企业的代销业务应纳增值税 = 3 600 × 17% − 3 600 × 17% = 0，应纳营业税 = 2 × 5% = 0.1（万元）。

在这类代销方式下，对同一代销行为同时征收增值税和营业税，与此同时，由于代销人必须是一般纳税人且取得增值税专用发票时才能抵扣当期销项税额，所以发生下列任何一种情况，都会导致重复征税并加重代销主体税收负担的问题：①委托方是小规模纳税人；②受托方是小规模纳税人；③委、受双方都是小规模纳税人。在这种征管规则下，甚至可能出现代销方"入不敷税"的情况。

例1：某商场专柜承包商是小规模纳税人。在自营的同时，接受作为增值税一般纳税人的某厂家的委托，按厂家指定价格代销某商品。双方约定按含税售价与委托方结算，代销手续费按含税销售收入的3%由受托方"扣点"坐支，按月结算。假定本月含税销售收入为10 400元，则代销方应纳增值税、营业税及附加合计350.36元 $\{[10\ 400\div(1+3\%)\times3\%+10\ 400\times3\%\times5\%]\times(1+7\%+3\%)\}$。税费支出高出手续费收入38.36元（350.36−10 400×3%）。究其原因是代销方是小规模纳税人，委托方不能向其开具增值税专用发票，从而不能抵扣销项税。

（2）视同买断方式代销的涉税分析

如上分析，视同买断方式的代销合同本质上属于附生效条件的买卖合同，并不是应纳营业税的代销行为，所以整个行为只涉及增值税的缴纳。即当代销人以自己的名义开具增值税专用发票给购货方时，产生代销方的销项税，当委托方收到代销方的代销清单而开具销货发票（双方为一般纳税人的开具增值税专用发票，委托方或代销方为小规模纳税人的开具普通发票）给代销方时，产生委托方的销项税，同时增值税专用发票上注明的增值税税额可以作为代销方的进项税额。

例2：甲公司委托乙公司销售A商品1 000件，每件转让协议价100元（不含增值税）。甲公司收到乙公司开来的代销清单时开具增值税专用发票，发票上注明：售价100 000元，增值税税额17 000元。乙公司实际零售时按每件150元的价格出售。则乙公司应纳的税收只涉及增值税和由此发生的城市维护建设税和教育费附加，并不涉及营业税。乙公司应纳增值税=150×1 000÷(1+17%)×17%−17 000≈4 795（元）。

（3）收取手续费方式代销与"平销返利"的区别

平销返利是指生产企业以商业企业经销价或高于商业企业经销价的价格将货物销售给商业企业，商业企业再以进货成本甚至低于进货成本的价格进行销售，生产企业则以返还利润等方式弥补商业企业的进销差价损失。由于商品的销售价格通常等于或低于进货价格，所以称"平销"；因为销售方要向供货方收取与商品销售量挂钩的经济利益作为补偿，故称为"返利"。可见，收取手续费方式的代销也具有"平销"和"返利"的特点，与"平销返利"极其相似。可是两者却有本质的区别：①涉税不同。"平销返利"商业企业不纳营业税，而是作进项税额转出处理。根据《国家税务总局关于商业企业向货物供应方收取的部分费用征收流转税问题的通知》（国税发〔2004〕136号）规定，对商业企业向供货方收取的与商品销售量、销售额挂钩（如以一定比例、金额、数量计算）的各种返还收入，均应按照平销返利行为的有关规定冲减当期增值税进项税金，不征收营业税。收取手续费方式的代销中，作为代销方的商业企业对类似于返利的手续费收入却纳营业税，也不作进项税额转出处理。②行为性质不同。平销返利中，委托方与商业企业之间是买卖关系，签订的是买卖合同；而收取手续费方式的代销，委托方与作为代销方的商业企业之间是代销关系，而非买卖关系。

综上所述，代销合同属于《中华人民共和国合同法》上的无名合同，法律没有明确界定代销合同的性质，实践中争议颇多，导致在现行税收征管制度的安排下，出现对代销货物行为的同一流转额既征增值税又征营业税的不符合税收法理的情况。为了解决此问题，笔者认为，税收法规应明确规定：①《营业税税目注释（试行稿）》中的应纳营业税的代销行为仅指收取手续费方式的代销行为，而不包括视同买断方式的代销行为；②视同买断方式的代销行为应属于附生效条件的买卖合同，从而只纳增值税，不纳营业税。

2. 代购行为的经营特征和涉税分析

所谓代购行为，是指受托方按照协议或委托方的要求，从事商品的购买。根据《财政部国家税务总局关于增值税、营业税若干政策规定的通知》（财税字〔1994〕26号）的规定，凡同时具备以下条件的代购货物行为，不论企业的财务和会计账务如何处理，对代购方均只征收营业税：①受托方不垫付资金；②销货方将增值税专用发票开具给委托方，并由受托方将该发票转交给委托方；③受托方按代购实际发生的销售额的增值税额与委托方结算货款，并向购货方开具普通发票另收取手续费。而如果销货方将增值税专用发票开具给代购方，代购方将该增值税专用发票自留，并按照原购进发票的原价，另用代购方的增值税专用发票填开给委托方，同时再按原协议向委托方开具普通发票收取手续费。则该代购行为就变成了代购方买卖货物的自营行为，所收取的手续费属于代购方向委托方销售货物时所收取的价外费用，应当并入货物的销售额中，征收增值税。例如，本书【导入案例】中，金属材料公司的行为符合上述代购行为的特征，只就其手续费部分纳营业税。而如果该金属公司将增值税专用发票不转交给建筑公司，而是先购进钢材，增值税专用发票自留，并按照原购进发票的原价，另用本公司的增值税专用发票填开给建筑公司，同时再按原协议收取手续费。则金属材料公司的所谓代购钢材行为就变成了自营买卖钢材的行为，所收取的手续费属于代购方向购货方销售货物时所收取的价外费用，应当并入货物的销售额中，征收增值税。因此，上例中，该金属材料公司与建筑公司的代购业务应缴纳营业税，应纳税额为0.3万元（6×5%）。可见，对代购货物行为不征收增值税而征收营业税的税收征管是符合《营业税税目注释（试行稿）》的规定的，二者是一致的。

【筹划思路】

综上所述，代购行为的流转税负限于营业税及附加，纳营业税的代销行为由于存在增值税、营业税纳税义务的"竞合"，只要委托代销方和受托代销方中有一方不是增值税一般纳税人，就会产生重复征税的问题，导致较高综合流转税。因此，在现行税制下，代购货物的流转税负通常低于代销行为的流转税负。而"买断式"的代销方式由于只涉及增值税的缴纳，因此，可以避免同一行为既纳增值税，又纳营业税，从而加重代销人纳税负担。因此，提出如下筹划思路：销货方的委托代销与购货方的委托代购是同一问题的不同视角。在购货方、销货方、代销方三方既定，购、销需求可准确安排的情况下，代购、代销商业模式可以"转换"；此外，代销方式也可以选择。具体方法是：

方法一：以"代购"商业模式取代"代销"模式，避免视同销售纳税义务的发生，并合理分流增值税应税收入；方法二：以"买断式"代销方式取代收取"手续费"的代销方式，避免营业税纳税义务的发生。

例3：某成套电信设备制造商甲（一般纳税人）委托A省B市某机电设备经营部门乙（商业小规模纳税人）代销成套设备（类似区域代理）。B市电信局丙（营业税纳税人）欲购成套设备。乙获此信息，遂以甲代理人的身份与丙协商，双方就标的数量、品质、金额、付款时间、售后服务等事项达成合作意向。假定甲方设备售价117万元，销售成本75万元，乙方代销手续费为甲方设备不含税销售额的3%，不考虑其他涉税项目，则相关计算如下：

甲方：应纳增值税 = $117 \div (1 + 17\%) \times 17\% = 17$（万元）

应纳城建税及教育费附加 = $17 \times (7\% + 3\%) = 1.7$（万元）

（此项业务）应纳企业所得税 = $(117 - 17 - 75 - 3 - 1.7) \times 25\% = 5.075$（万元）

乙方：应纳增值税 = $117 \div (1 + 3\%) \times 3\% \approx 3.408$（万元）

应纳营业税 = $3 \times 5\% = 0.15$（万元）

应纳城建税及教育附加 = $(3.408 + 0.15) \times (7\% + 3\%) = 0.3558$（万元）

（此项业务）应纳企业所得税 = $(3 - 0.15 - 0.3558) \times 25\% \approx 0.624$（万元）

丙方：未发生纳税义务。

各方综合税收成本 = $(17 + 1.7 + 5.075) + (3.408 + 0.15 + 0.3558 + 0.624) = 28.313$（万元）

综上，流转过程中的综合税收成本为28.313万元。

现在假定：电信局丙与经营部乙签订委托代购协议，以代购模式完成上述交易，电信局设备购买款一分为二，其中3万元以代购手续费的名义付给乙，余款114万通过乙方以货款名义支付给甲，各方凭票结算。其他条件不变，则相关计算如下：

甲方：应纳增值税 = $114 \div (1 + 17\%) \times 17\% \approx 16.564$（万元）

应纳城建税及教育费附加 = $16.564 \times (7\% + 3\%) \approx 1.656$（万元）

应纳企业所得税 = $(114 - 16.564 - 75 - 1.656) \times 25\% = 5.195$（万元）

乙方：应纳营业税 = $3 \times 5\% = 0.15$（万元）

应纳城建税及教育费附加 = $0.15 \times (7\% + 3\%) = 0.015$（万元）

应纳企业所得税 = $(3 - 0.15 - 0.015) \times 25\% \approx 0.709$（万元）

丙方：未发生纳税义务。

各方综合税收成本 = $(16.564 + 1.656 + 5.195) + (0.15 + 0.015 + 0.709) \approx 24.29$（万元）

综上，流转过程中的综合税收成本为24.29万元。

可见，以"代购"模式取代"代销"模式可节税4.023万元（28.313 - 24.29）。

现在，让我们进一步假定：甲、乙之间系利益共同体（如乙是甲股权控制企业或管理控制企业），则可通过提高乙方代购手续费的提取比例，适度削减甲方销售毛利，获取流转税节税收益。如关联乙方处在所得税低税率地区，则还可兼获所得税节税收益。

五、商业企业常用促销方式的税收筹划①

【导入案例】

某商场决定在年底开展促销活动，其每销售100元（含税价，下同）的商品成本为60元（含税），商场为增值税一般纳税人，购进货物有增值税专用发票，为促销而决定从以下四种形式中选择一种形式：商品7折销售；购物满100元，赠送30元购物券，可在商场购物；购物满100元，返还现金30元；购物满100元，可再选30元商品，销售价格不变，仍为100元。请计算该商场每销售100元的商品，在这四种促销方式下的税负与利润情况（为简化计算过程，不考虑城建税、教育附加以及相关的经营管理费用），并说明商业企业如何对促销方式进行税收筹划。

【法规解读】

目前，商场流行的促销活动方式主要有打折、满减、买赠、满额赠、返券、抽奖等，不同促销方式所适用的税收政策各不相同，故在策划促销活动时，应将税收因素考虑在内，以优化营销方案。

1. "打折"与"满减"促销的税务处理

"打折"即用原价乘以折扣率得出实际成交价格的促销方式。而"满减"则是指当消费达到一定金额时，对原价再减免一部分价款的促销方式，这其实是变相的"打折"方式，区别只是折后价格的计算方法不相同。

根据《国家税务总局关于确认企业所得税收入若干问题的通知》（国税函〔2008〕875号）的规定，企业为促进商品销售而在商品价格上给予的价格扣除属于商业折扣，商品销售涉及商业折扣的，应当按照扣除商业折扣后的金额确定销售商品收入金额。在"打折"与"满减"促销方式下，均可按照扣除商业折扣后的金额来确认销售收入，销售发票可以直接开具折后金额，也可以在发票上分别列示原价和折扣金额。

2. "买赠"与"满额赠"促销的税务处理

"买赠"是指顾客购买指定商品可获得相应赠品的促销方式。对赠品的税务处理通常应根据《中华人民共和国增值税暂行条例实施细则》第四条的规定，单位或个体经营者"将自产、委托加工或购买的货物无偿赠送他人"视同销售货物。其计税价格应根据实施细则第十六条规定，纳税人有本细则第四条所列视同销售货物行为而无销售额者，按下列顺序确定销售额：①按纳税人当月同类货物的平均销售价格确定；②按纳税人最近时期同类货物的平均销售价格确定；③按组成计税价格确定。商品不涉及消费税时，

---

① 根据《新会计》2010年第8期鲁晓丹"百货公司常用促销方式之税收分析与筹划"编写。

组成计税价格 = 成本 × (1 + 成本利润率)，成本利润率一般为10%。

例4：ABC牛奶公司在乙超市举行新品推广促销活动，每箱新品牛奶绑赠纯牛奶10包，若同时购买3箱以上，则超市另行加赠保鲜盒1个。超市本身不销售此种保鲜盒，故从其他小规模纳税人处采购，采购价为3元/个（开具普通发票）。新品牛奶零售价46.8元/箱，超市采购价30元/箱（不含税），绑赠的纯牛奶为ABC牛奶公司免费提供。活动期间超市共售出新品牛奶300箱，绑赠纯牛奶3 000包，送出保鲜盒100个。

分析：根据国家税务总局2008年875号文件中的规定，企业以买一赠一等方式组合销售本企业商品的，不属于捐赠，应将总的销售金额按各项商品的公允价值的比例来分摊确认各项的销售收入。本例中每箱新品牛奶绑赠的纯牛奶为ABC牛奶公司组合销售本企业商品，其实质是降价促销行为，故ABC公司可将总的销售金额按各项商品公允价值的比例来分摊确认销售收入。对于乙超市而言，新品牛奶和绑赠的纯牛奶可视为同一个商品管理，绑赠的纯牛奶无需单独核算，对加赠的保鲜盒则应视同销售，按其计税价格计算缴纳增值税。保鲜盒计税价格 = 3 × (1 + 10%) = 3.3（元），乙超市的会计处理如下：

（1）确认商品销售收入：库存现金 = 300 × 46.8 = 14 040（元）；主营业务收入 = (300 × 46.8) ÷ (1 + 17%) = 12 000（元）；应交税费——应交增值税（销项税额） = 12 000 × 17% = 2 040（元）。

（2）结转销售商品成本：主营业务成本 = 300 × 30 = 9 000（元）；同时结转库存商品9 000元。此外，进项税额 = 9 000 × 17% = 1 530（元）；实际应交增值税 = 2 040 - 1 530 = 510（元）。

（3）赠品的会计处理：赠品采购成本（库存商品） = 100 × 3 = 300（元）；赠品视同销售应交增值税：应交税费——应交增值税（销项税额） = (100 × 3.3) × 17% = 56.1（元）；销售费用 = 300.00 + 56.1 = 356.1（元）。

此处赠品视同销售收入330元虽不用在账面直接反映，但在申报企业所得税时应纳入"销售收入"项，计算缴纳企业所得税。

"满额赠"与"买赠"相似，但后者通常是对指定商品的促销，而前者则是在顾客消费达到一定金额时即获赠相应赠品的促销形式，赠品由商场提供，通常是顾客持购物发票到指定地点领取。在税务处理上，一般做法与例1中超市赠送保鲜盒相似。但考虑到商场赠品促销活动频繁，且赠品发放数量大、品类多，为有效控制赠品的税负，简化税收申报工作，建议商场将赠品比照自营商品来管理。赠品采购时，尽量选择有一般纳税人资格的供应商，要求开具增值税专用税票，用于抵扣进项税额。在定义赠品销售资料时，自行设定合理的零售价格。赠品发放时，按设定的零售价格作"正常销售"处理，通过POS机系统结算，收款方式选择"应收账款"，在活动结束后结转"销售费用"和"应收账款"。

例5：丙商场在周年庆期间推出"满额赠"促销，单笔消费达5 000元即送咖啡机1台，总限量10 000台。商场从某商贸公司（一般纳税人，开具增值税专用发票）采购此赠品，不含税采购价为 200 元/台，商场对此批赠品比照自营商品管理，并在销售系统中建立新品，设定零售单价 245.7 元。活动期间赠品全部送完。相关会计处理如下：

（1）赠品采购：采购成本（库存商品）＝ 200 × 10 000 ＝ 200（万元）；进项税额：应交税费——应交增值税（进项税额）＝ 200 × 17% ＝ 34（万元）。同时结转应付账款——某商贸公司＝ 200 ＋ 34 ＝ 234（万元）。

（2）确认销售收入：主营业务收入＝ 245.7 × 10 000 ÷（1 ＋ 17%）＝ 210（万元）；应交税费——应交增值税（销项税额）＝ 2 100 000 × 17% ＝ 35.7（万元）；应收账款＝ 210 ＋ 35.7 ＝ 245.7（万元）。

（3）结转销售成本：主营业务成本＝ 200（万元）；库存商品＝ 200（万元）。

（4）结转赠品费用：销售费用＝ 245.7（万元）；应收账款＝ 245.7（万元）。

本例中确认销售收入 210 万元，应交增值税为 1.7 万元（35.7 － 34）。若按视同销售处理，则应计视同销售收入＝ 200 ×（1 ＋ 10%）＝ 220（万元）（核定成本利润率为 10%），应交增值税＝ 220 × 17% － 200 × 17% ＝ 3.4（万元）。由此可见，将赠品发放比照自营商品销售处理，不仅减少了纳税申报时计算视同销售收入的环节，还可通过自主设定零售价格，将销项税额控制在合理水平。

3. "返券"促销的税务处理

"返券"是指顾客消费达一定金额后获赠相应数额购物券的促销方式。对顾客来讲，赠券在商场内可以替代现金使用，比赠品更实惠，而对商家来讲，赠券能将顾客留在店内循环消费，可显著提高销售额。故而在重要节日期间，各大商场经常会推出赠送购物券的活动。

有些人认为送出的购物券应作为"销售费用"处理，企业将派发的购物券借记"销售费用"，同时贷记"预计负债"；当顾客使用购物券时，借记"预计负债"，贷记"主营业务收入"等科目，同时结转销售成本，逾期未收回的购物券冲减"销售费用"和"预计负债"。这种处理方式存在较大的弊端，当商场用"返券"活动替代平常的商品折扣，返券比率很高的情况下，这种做法相当于虚增了销售收入，使企业承担了过高的税负。更合理的做法应该是在发出购物券时只登记，不做账务处理，顾客持购物券再次消费时，对购物券收款的部分直接以"折扣"入 POS 机系统，即顾客在持券消费时，实际销售金额仅为购物券以外的部分。

例 6：丁商场 90% 的专柜均签订联营合同，抽成率为 20%（特价商品除外），在圣诞节期间，丁商场举行联营专柜全场"满 200 送 200"的返券促销，购物券由商场统一赠送，对联营厂商按含券销售额结款，抽成率提高至 45%。商场在活动期间含券销售额达 5 850 万元，其中：现金收款 3 510 万元，发出购物券 3 000 万元，回收购物券 2 340 万元。

分析：丁商场应付厂商货款共计：5 850 ×（1 － 45%）＝ 3 217.5（万元），销售成本＝ 3 217.5 ÷（1 ＋ 17%）＝ 2 750（万元），增值税（进项税额）＝ 2 750 × 17% ＝ 467.5（万元）。分别按两种方案确认销售收入的相关会计处理如下：

方案一：发放的购物券作"销售费用"。

（1）发放购物券：销售费用＝3 000（万元）；预计负债＝3 000（万元）。

（2）确认销售收入：库存现金＝3 510（万元），预计负债＝2 340（万元）；主营业务收入＝5 850÷（1＋17%）＝5 000（万元），应交税费——应交增值税（销项税额）＝5 000×17%＝850（万元）。

（3）冲销未回收之购物券：预计负债＝3 000－2 340＝660（万元）；销售费用＝660（万元）。

此方案产生应交增值税382.5万元（850－467.5），毛利2 250万元（5 000－2 750），名义毛利率为45%，但除去返券产生的2 340万元销售费用后，实际利润为－90万元。

方案二：发出购物券时不做账务处理，回收购物券时直接在销售发票上列示"折扣"，仅对现金销售部分确认销售收入。

库存现金＝3 000＋510＝3 510（万元）；主营业务收入＝3 510÷（1＋17%）＝3 000（万元）；应交税费——应交增值税（销项税额）＝3 000×17%＝510（万元）。

此方案应交增值税42.5万元（510－467.5），实现毛利250万元（3 000－2 750），毛利率为8.33%，无其他销售费用。与方案一相比，仅增值税一项即可为公司节省340万元。

4. "抽奖"促销的税务处理

"抽奖"促销通常是顾客消费达到活动条件即凭购物小票参加抽奖，奖品多为实物。对于商场来说，送出奖品与发放赠品在会计和税务处理上并无差别。但中奖顾客应根据《国家税务总局关于个人所得税若干政策问题的批复》（国税函〔2002〕629号）第二条的规定，个人因参加企业的有奖销售活动而取得的赠品所得，应按"偶然所得"项目计征个人所得税。赠品所得为实物的，应以《中华人民共和国个人所得税法实施条例》第十条规定的方法确定应纳税所得额，计算缴纳个人所得税。税款由举办有奖销售活动的企业（单位）负责代扣代缴。在实务操作中，部分顾客不了解代扣代缴个人所得税的法规，从而对活动的真实性产生质疑。为避免相应的纠纷，商场应该在活动规则的说明上做明确的提醒。

促销活动的举办需要各个部门全力配合，促销方式要不断推陈出新，吸引顾客参与其中，方能使活动达到预想的效果。对促销活动的税收筹划，亦应根据活动方式的变化而不断创新，提出合理化的建议，在不违反国家税收政策的前提下，尽量减轻企业税负。

【筹划思路】

在本节【导入案例】中，商场每销售100元商品，在这四种促销方式下的税负与利润情况如下：

1. 商品7折销售

在这种方式下，该商场销售100元的商品只收取70元，成本为60元。则相关计算如下：

应纳增值税 = (70 - 60) ÷ (1 + 17%) × 17% = 1.45 (元)

销售毛利润 = (70 - 60) ÷ (1 + 17%) = 8.55 (元)

应纳企业所得税 = 8.55 × 25% = 2.14 (元)

税后净利润 = 8.55 - 2.14 = 6.41 (元)

2. 赠送购物券销售

在这种方式下，消费者在商场购物满100元，可获得30元购物券。这种方式相当于该商场赠送30元商品（成本为18元），赠送行为视同销售，应计算销项税额，缴纳增值税，视同销售的销项税额由商场承担，赠送商品成本不允许在企业所得税前扣除。按照个人所得税制度的规定，企业还应代扣代缴个人所得税。为保证让顾客得到实惠，该税应由商场承担。则相关计算如下：

代扣代缴的个人所得税 = 30 ÷ (1 - 20%) × 20% = 7.5(元)

应纳增值税 = (100 - 60) ÷ (1 + 17%) × 17% + (30 - 18) ÷ (1 + 17%) × 17% = 5.81 + 1.74 = 7.55(元)

销售毛利润 = (100 - 60) ÷ (1 + 17%) - 18 ÷ (1 + 17%) - (30 - 18) ÷ (1 + 17%) × 17% - 5 = 34.19 - 15.38 - 1.74 - 5 = 12.07(元)

由于赠送的商品成本及应纳的增值税不允许在企业所得税前扣除,则：

应纳企业所得税 = (100 - 60) ÷ (1 + 17%) × 25% = 34.19 × 25% = 8.55(元)

税后净利润 = 12.07 - 8.55 = 3.52 (元)

3. 返还现金销售

消费者购物满100元，返还现金30元。在这种方式下，返还的现金属赠送行为，不允许在企业所得税前扣除，而且按照个人所得税制度的规定，企业还应代扣代缴个人所得税。为保证让顾客得到30元的实惠，商场赠送的30元现金应不含个人所得税，是税后净收益，该税应由商场承担。则：

代扣代缴个人所得税 = 30 ÷ (1 - 20%) × 20% = 7.5(元)

应纳增值税 = 100 ÷ (1 + 17%) × 17% = 14.53(元)

销售毛利润 = (100 - 60) ÷ (1 + 17%) - 30 - 7.5 = -3.31(元)

由于赠送的现金及代扣代缴的个人所得税不允许在企业所得税前扣除，则相关计算如下：

应纳企业所得税 = (100 - 60) ÷ (1 + 17%) × 25% = 8.55(元)

税后净利润 = -3.31 - 8.55 = -11.86(元)

4. 加量不加价销售

这种销售方式是指购物达一定数量，再选购一定的商品，总价格不变。如购物达100元者，再选购30元商品，销售价格不变，仍为100元。这也是一种让利给顾客的方式，与前几种方式相比，其销售收入没变，但销售成本增加了，变为78元（60 + 30 × 60%），则相关计算如下：

应纳增值税 $= (100 - 60 - 18) \div (1 + 17\%) \times 17\% = 3.20$（元）

销售毛利润 $= (100 - 60 - 18) \div (1 + 17\%) = 18.8$（元）

应纳企业所得税 $= 18.8 \times 25\% = 4.7$（元）

税后净利润 $= 18.8 - 4.7 = 14.1$（元）

综合以上四种方案分析，方案 4 最优，方案 1 次之，而方案 3 即返现金销售则不可取。从以上的分析可见，同样是促销，可以有很多方式，各种形式让利程度、企业税收负担和收益额都不一样，因而促销效果和企业收效也不一样。但是，仅仅凭单位税负与利润的大小来判断选取促销方案并不是合理、正确的筹划。企业应该在促销效果与税负、利润之间综合考虑，充分考虑消费者的消费心理，通过观察、试销等方式确定各种促销方式的效果，再结合各种促销方式下的单位税负与利润情况综合考虑，财务利益最大化的促销方案才是该商场最佳的选择，这样选取的方案才是最优的筹划方案。

六、汽车 4S 店赠品支出、厂家返利税收筹划①

【导入案例】

如今，几乎所有的汽车 4S 店都有一个不成文的规矩：在顾客买车时随车赠送一些装饰用品，比如防爆膜、真皮座套、地胶板、防盗报警器等，车子的档次越高，赠品价值也越高。遗憾的是，不少汽车 4S 店在使用了这一促销手段后，并没有对赠品支出进行正确的税务处理，埋下了税务处罚隐患。与此同时，厂家返利成为汽车 4S 店经营业务的特色之一。厂家返利是汽车 4S 店以厂家制定的全国统一销售价格销售后，厂家直接依据销售规模或销售数量定额给予汽车 4S 店的奖励。厂家返利名目繁多，一般包括实销奖、达标奖、广告费支援、促销费补助、建店补偿等，返回方式既有资金返利，也有实物返利。不管是资金还是实物，按照税法规定，汽车 4S 店，必须按规定缴纳相应的营业税或增值税，而不能将其全部作为利润支配。但不少汽车 4S 店收到厂家返利后，将其全部作为利润支配，有意无意地逃避缴纳税款，税务风险极高。请问：汽车 4S 店应如何对赠品支出和厂家返利进行税收筹划？

【法规解读】

（1）按照《中华人民共和国增值税暂行条例实施细则》第四条第八款的规定，将自产、委托加工或者购进的货物无偿赠送其他单位或者个人，应视同销售货物进行税务处理，计提增值税销项税金。但实际上相当一部分汽车 4S 店在对赠品进行账务处理时，仅将其结转入主营业务成本或计入销售费用，未对相应的增值税销项税金进行计提，造成国家税款流失。同时，汽车 4S 店面临较高的纳税风险。

---

① 根据中国税网"汽车 4S 店赠品支出、厂家返利税务处理中的风险分析和筹划思路"编写。

（2）按照国家税务总局 2004 年《关于商业企业向货物供应方收取的部分费用征收流转税问题的通知》的规定，商业企业向供货方收取的与商品销售量、销售额无必然联系，且商业企业向供货方提供一定劳务的收入，例如进场费、广告促销费、上架费、展示费、管理费等，应按营业税的适用税目和税率缴纳营业税。商业企业向供货方收取的与商品销售量、销售额挂钩（如以一定比例、金额、数量计算）的各种返还收入，均应按照平销返利行为的有关规定缴纳增值税，即对增值税进项税额进行转出，缴纳增值税。一般来说，汽车生产厂家为了鼓励汽车 4S 店多卖汽车，都会将返利与汽车 4S 店的销售额挂上钩。因此，汽车 4S 店收取厂家返利属于平销返利行为，必须按规定对增值税进项税额进行转出，缴纳增值税。

【筹划思路】

（1）对于汽车 4S 店赠品支出。汽车 4S 店可以运用的促销手段很多，除了赠送汽车装饰用品，还可以直接降价促销。俗话说，天下没有免费的午餐。商家给客户提供赠品实际上是"羊毛出在羊身上"，赠品价值一般会包含在汽车价格之中。既然是这样，汽车 4S 店也可以通过直接降低车价来吸引客户，从而避免不必要的增值税负担。如果汽车 4S 店一定要选择赠品促销方式，建议汽车 4S 店在购买赠品时注意向上游商家索取增值税专用发票，这样在计算该项应纳增值税时，可作进项税额抵扣，有利于减轻税负。

（2）由于厂家返利形式决定了汽车 4S 店适用的税种，而且对于同等数额的收入，按照 5% 税率缴纳营业税的税收负担明显轻于按照 17% 税率进行增值税进项税额转出所增加的税收负担，这就为汽车 4S 店提供了一个税收筹划的空间。因此，在返利总额不变的前提下，汽车 4S 店可与厂商进行深入协商，提高厂商对于不与销售量和销售额挂钩的促销费补助、广告费支援、建店补偿等返利的金额或比例，相应降低与销量、销售额挂钩的实销奖、利润补贴、达标奖等返利的金额或比例，使更多的返利适用 5% 的营业税税率，从而降低税收负担。运用此种筹划方式，应建立在与厂家充分协商，且有充分的制度保障和法律文件证明的基础之上，不能事后在两种性质的返利之间进行调剂，逃避税款。

七、涉农企业增值税筹划①

【导入案例】

睿英纺织品有限公司是一家集棉花收购加工、纺纱、织布于一体的股份制企业。该公司内部设有农场和纺纱织布分厂。纺纱织布分厂的原料棉花主要由农场提供，不足部分向当地供销社采购，原料棉花在纺纱织布分厂被加工成坯布用于销售。2009 年该公司

---

① 根据《商业会计》2010 年第 21 期贾丽智、李慧丽论文"涉农企业的增值税筹划"编写。

自产棉花的生产成本为 600 万元，外购棉花金额为 450 万元，取得增值税进项税额为 58.5 万元，其他辅助材料可抵扣进项税额为 45 万元。实现坯布销售 2 100 万元。该公司为增值税一般纳税人，产品的适用税率为 17%。请问：睿英纺织品有限公司应如何进行增值税税收筹划？

【法规解读】

（1）根据《中华人民共和国增值税暂行条例》第十六条的规定，农业生产者销售自产农业产品免征增值税。实施细则进一步明确规定，条例所称的农业，是指种植业、养殖业、林业、牧业、水产业，农业生产者，包括从事农业生产的单位和个人。即对直接从事种植业、养殖业、林业、牧业、水产业的单位和个人销售自产的初级产品免征增值税。

（2）财政部、国家税务总局 2002 年《关于提高农产品进项税抵扣率的通知》规定，从 2002 年 1 月 1 日起，增值税一般纳税人购进农业生产者销售的免税农产品的进项税额扣除率由 10% 提高到 13%。

（3）财政部、国家税务总局 2002 年《关于增值税一般纳税人向小规模纳税人购进农产品进项税抵扣率问题的通知》规定，增值税一般纳税人向小规模纳税人购买农产品，可按照财政部、国家税务总局上述关于提高农产品进项税抵扣率的通知的规定按 13% 的抵扣率抵扣进项税额。

【筹划思路】

划大核算单位为小核算单位，前农业后加工业，相互形成购销关系。对于以农产品为原料进行农产品初加工、深加工、精加工的企业来说，可以采取划大核算单位为小核算单位，或者实行前道工序农业后道工序加工业，前后相互形成购销关系，充分利用增值税抵扣进项税额政策，以期达到节约税收成本的目的。上述案例中，由于本公司农场提供的棉花原料无法抵扣进项税额，导致增值税负担率较高。因此，税收筹划的出发点要从改变企业经营方式入手，采取划大核算单位为小核算单位的形式，即组建子公司，将农场和纺纱织布厂分别作为独立核算单位分设开来，成为两个独立法人。分设后，农场生产出的棉花以市场价直接销售给纺纱织布厂；纺纱织布厂再将棉花加工成坯布销售。其纳税分析如下：

1. 筹划前，企业应纳增值税及增值税负担率的计算

应计提增值税销项税额 = 2 100 × 17% = 357（万元）

允许抵扣的进项税额 = 58.5 + 45 = 103.5（万元）

应纳增值税 = 357 - 103.5 = 253.5（万元）

应纳城建税及教育费附加 = 253.5 × 10% = 25.35（万元）

增值税负担率 = 253.5 ÷ 2 100 = 12.07%

2. 筹划后，企业应纳增值税及增值税负担率的计算

（1）农场销售给纺纱织布厂的棉花价格按正常的成本利润率核定。当年实现棉花销售 600 万元，由于其自产自销未经加工的棉花符合农业生产者自产自销农业产品的条件，因而可享受免税待遇，税负为零。

（2）纺纱织布厂购进农场的棉花作为农产品购进处理，可按收购额计提 13% 的进项税额，假如其他辅助材料都是在生产坯布过程中发生的，则企业应纳增值税及增值税负担率计算如下：

应计提增值税销项税额 = 2 100 × 17% = 357（万元）

允许抵扣的进项税额 = 600 × 13% + 58.5 + 45 = 181.5（万元）

应纳增值税 = 357 - 181.5 = 175.5（万元）

应纳城市维护建设税和教育费附加 = 175.5 × 10% = 17.55（万元）

增值税负担率 = 175.5 ÷ 2 100 = 8.36%

从公司整体利益的角度看，经过筹划以后，企业少缴增值税 78 万元，少缴城建税及教育费附加 7.8 万元，企业在流转环节实际少缴税费合计 85.8 万元。企业的增值税负担率比筹划前下降了 3.71 个百分点。

八、“公司 + 农户”的税收筹划①

【导入案例】

“公司加农户”，是将“大公司”与“小农户”联结起来。它是一种新的农业产业化模式，具有很高的创新性和极大的潜力。它的主要特点是：“龙头”企业与农产品生产基地和农户结成紧密的贸、工、农一体化生产体系，其最主要、最普遍的联结方式是合同契约。“龙头”企业为生产基地、村或农户，提供全过程服务，有的还实行优惠价格并保证优先收购，农户按合同规定定时定量向企业交售优质产品，由“龙头”企业加工，出售制成品。这种模式的提出，对于农村经济的发展有着巨大的推动作用，提高了农户的积极性，拓宽了农民致富的途径，弥补了农户分散不集中的现状。采取“公司 + 农户”经营模式的企业只有遵从相关的税收制度，并充分利用国家支持农业税收优惠政策，合理进行税收筹划，才能长期健康发展。

【法规解读】

1. 涉农增值税优惠政策

（1）《中华人民共和国增值税暂行条例》第十六条规定，农业生产者销售自产农业产品免征增值税。增值税实施细则进一步明确规定，条例所称的农业，是指种植业、养

---

① 根据中国税网“‘公司 + 农户’经营模式的税收筹划策略”编写。

殖业、林业、牧业、水产业，农业生产者，包括从事农业生产的单位和个人。

（2）财政部、国家税务总局1995年《关于印发〈农业产品征税范围注释〉的通知》规定，《中华人民共和国增值税暂行条例》第十六条所列免税项目的第一项所称的"农业生产者销售的自产农业产品"，是指直接从事植物的种植、收割和动物的饲养、捕捞的单位和个人销售的注释所列的自产农业产品；对上述单位和个人销售的外购的农业产品，以及单位和个人外购农业产品生产、加工后销售的仍然属于注释所列的农业产品，不属于免税的范围，应当按照规定税率征收增值税。《农业产品征税范围注释》对自产农业产品做了详细的解释。需要指出的是，《农业产品征税范围注释》中将农业生产者对自产农产品进行简单加工的农产品仍然认定为自产农业产品而可以免征增值税。如"经晾晒、冷藏、冷冻、包装、脱水等工序加工的蔬菜、腌菜、咸菜、酱菜和盐渍蔬菜等"仍然是农业生产者自产的蔬菜，可以享受免征增值税的优惠政策；再如，"经冷冻、冷藏、包装等工序加工的园艺植物"仍然是农业生产者自产的园艺植物，可以享受免征增值税的优惠政策。

2. 涉农企业所得税优惠政策

（1）《中华人民共和国企业所得税法》第二十七条规定企业的下列所得，可以免征、减征企业所得税：从事农、林、牧、渔业项目的所得。《中华人民共和国企业所得税法实施条例》第八十六条规定企业所得税法第二十七条第（一）项规定的企业从事农、林、牧、渔业项目的所得，可以免征、减征企业所得税。具体是指：①企业从事下列项目的所得，免征企业所得税：a. 蔬菜、谷物、薯类、油料、豆类、棉花、麻类、糖料、水果、坚果的种植；b. 农作物新品种的选育；c. 中药材的种植；d. 林木的培育和种植；e. 牲畜、家禽的饲养；f. 林产品的采集；g. 灌溉、农产品初加工、兽医、农技推广、农机作业和维修等农、林、牧、渔服务业项目；h. 远洋捕捞。②企业从事下列项目的所得，减半征收企业所得税：a. 花卉、茶以及其他饮料作物和香料作物的种植；b. 海水养殖、内陆养殖。企业从事国家限制和禁止发展的项目，不得享受本条规定的企业所得税优惠。

（2）国家税务总局2008年《关于贯彻落实从事农、林、牧、渔业项目企业所得税优惠政策有关事项的通知》规定，农、林、牧、渔业项目中尚需进一步细化规定的农产品初加工等少数项目。财政部、国家税务总局2008年《关于发布享受企业所得税优惠政策的农产品初加工范围（试行）的通知》则详细规定了享受企业所得税优惠政策的农产品初加工范围。

3. 企业享受税收优惠政策条件分析

如果公司被认定为农业生产者，可以免征增值税，也可以免征、减征企业所得税；如果公司不能被认定为农业生产者，但符合农产品初加工范围，不能免征增值税，可以免征、减征企业所得税；如果公司不能被认定为农业生产者，也不符合农产品初加工范围，不能免征增值税，也不能免征、减征企业所得税。

【筹划思路】

1. 公司作为农业生产者

现行税收政策对如何认定自行生产并未明确，税收征管中取决于执法税务机关的决定，给公司经营带来了很大筹划机会。所以，在与农户合作时，公司应使自己符合农业生产者的条件，以享受增值税、企业所得税优惠。

例7：广东温氏食品集团有限公司是广东省最大的农业龙头企业，是"公司＋农户"模式的代表，其"公司＋农户"合作模式的主要内容是：由养殖户提供场地，负责饲养，温氏公司提供猪（鸡）苗、饲料、药物和技术指导，肉猪（鸡）由公司包销，销售所得扣除公司提供的猪（鸡）苗、饲料、药物等成本后剩余部分（毛利）归农户所有。

分析："公司＋农户"运作可以理解为委托养殖，公司提供猪（鸡）苗、饲料、药物和技术指导，主要养殖成本由公司出，对受托养殖农户支付劳务费，公司收回肉猪（鸡）再销售，一定程度讲也属于"农业生产者销售的自产农产品"。所以，公司可以享受增值税、企业所得税优惠。

2. 公司不作为农业生产者

公司不作为农业生产者，不能免征增值税。若公司为增值税一般纳税人，应正常计算增值税销项税额；依据《中华人民共和国增值税暂行条例》的规定，纳税人购进货物或者接受应税劳务（以下简称"购进货物或者应税劳务"）支付或者负担的增值税税额，为进项税额。购进农产品，除取得增值税专用发票或者海关进口增值税专用缴款书外，按照农产品收购发票或者销售发票上注明的农产品买价和13%的扣除率计算进项税额。进项税额计算公式如下：

进项税额＝买价×扣除率

公司不作为农业生产者，若公司收购后直接出售，不能减免企业所得税；但如果公司进行初加工后销售，符合财税［2008］149号《享受企业所得税优惠政策的农产品初加工范围（试行）》的规定，公司就可以享受减免企业所得税的待遇。

对符合规定的农产品初加工，由于《农业产品征税范围注释》中将农业生产者对自产农产品进行简单加工的农产品仍然认定为自产农业产品而可以免征增值税，因此，税收筹划的关键在于如何将大部分农产品简单加工业务前移给农户通过其手工作坊进行加工制作成农业初级产品，然后公司再以收购的方式将农业初级产品收购过来，进行最小的初加工，既实现公司享受减免企业所得税政策，又实现最大化抵扣增值税进项税额的目的。

例8：A公司是专门生产鸡腿菇的涉农工业企业，采取"公司＋农户"的生产模式，A公司与农户签订产供合同，A公司向农户提供资金、菌种等，农户作为公司的辅助生产车间，完成鸡腿菇的种植、采集以及分选与漂洗、杀青处理初加工，然后由A公司再将农户生产的鸡腿菇收购过来，进入软包装清水鸡腿菇和马口铁罐头生产线，最终产品为真空包装清水菇和马口铁罐头，上市销售。

对 A 公司有两种方案可供选择：

方案一：2007 年 A 公司直接收购农户生产的未经初加工的鸡腿菇支付 120 万元，上门收购运输费用 10 万元，分选与漂洗、杀青等不得抵扣进项税额的费用 19 万元，电费等支出 5.88 万元，可抵扣进项税额 1 万元，生产清水鸡腿菇和马口铁罐头等进项税额 3.4 万元，销售清水菇和马口铁罐头取得收入 200 万元。其应纳增值税及增值税税收负担率计算如下：

（1）应计提增值税销项税额 ＝200×17％＝34（万元）

（2）允许抵扣的进项税额 ＝120×13％＋10×7％＋1＋3.4＝20.7（万元）

（3）应纳增值税 ＝34－20.7＝13.3（万元）

（4）增值税负担率 ＝13.3÷200＝6.65％

方案二：2007 年 A 公司收购农户生产的经初加工的鸡腿菇支付 144.88 万元（120＋19＋5.88），上门收购运输费用 10 万元，生产清水鸡腿菇和马口铁罐头等进项税额 3.4 万元，销售清水菇和马口铁罐头取得收入 200 万元。

其应纳增值税及增值税税收负担率计算如下：

（1）应计提增值税销项税额 ＝200×17％＝34（万元）

（2）允许抵扣的进项税额 ＝144.88×13％＋10×7％＋3.4＝22.93（万元）

（3）应纳增值税 ＝34－22.93＝11.07（万元）

（4）增值税负担率 ＝11.07÷200≈5.54％

上述两方案，A 公司收购鸡腿菇后，还进行软包装清水鸡腿菇和马口铁罐头生产线等加工，再销售，以实现 A 公司减免征收企业所得税目的。通过上述两个方案的比较，直接收购未初加工鸡腿菇的增值税负担率较高，其原因是当工序进入分选与漂洗、杀青等的生产流程时所耗用的人工费等无法抵扣进项税额，所支付的费用相等，但税负增加 1.12 个百分点。在公司简单加工成本与支付给农户加工成本相等的情况下，收购成本越低，税负将会越高。

3. 创新"公司＋农户"经营模式，减少发票风险

公司与农民合作，一般支付给农民劳务费无法取得合法票据。公司在没有合法票据的情况下不可将费用计入成本，计征所得税时不允许扣除，给公司带来了税收风险。

财政部、国家税务总局 2008 年《关于农民专业合作社有关税收政策的通知》规定：①对农民专业合作社销售本社成员生产的农业产品，视同农业生产者销售自产农业产品免征增值税。②增值税一般纳税人从农民专业合作社购进的免税农业产品，可按 13％的扣除率计算抵扣增值税进项税额。③对农民专业合作社向本社成员销售的农膜、种子、种苗、化肥、农药、农机，免征增值税。

可见，国家从增值税优惠方面给农民专业合作社很大支持，使农户自己与公司签订合同与通过自愿组成的农民专业合作社与公司签订合同没有差异，为"公司＋农户"经营模式创新打下基础。同时，农民专业合作社可给公司开具发票等优势，减少发票风险，因此，"公司＋农民合作组织（由众多农户自愿组成）"是比较可取的。此外，"公

司＋农民合作组织（由众多农户自愿组成）"模式，使合作或博弈双方的地位和力量对比发生实质性变化，使原来公司与农户签订的不稳定的短期合约转变为有农民合作组织参与的长期合约，有利于农民及代表农民利益的合作组织在农业产业化和市场化中主体地位的真正确立，逐步形成合理的利益共享和风险分摊机制。

九、购货渠道的税收筹划①

【导入案例】

增值税一般纳税人从小规模纳税人处采购的货物抵扣进项税额少于从一般纳税人处购货，因此，增值税一般纳税人从小规模纳税人处购货时，必然要求小规模纳税人在价格上给予优惠，该价格优惠幅度应能弥补少抵扣进项税额而带来的损失。某厨具公司是一般纳税人，外购用于生产的钢材时，得到的报价是：一般纳税人开出专用发票，含税报价 50 000 元/吨；小规模纳税人报价，税务所代开征收率为 3% 的专用发票，含税价格为 44 000 元/吨。试作出该企业是否从小规模纳税人购货的决策。

【分析】

假定某一般纳税人在购货时，从一般纳税人购进货物金额（含税）为 A，从小规模纳税人处购进货物金额（含税）为 B，则：

（1）从一般纳税人购进货物的利润

因为，净利润额＝该购货单位的不含税销售额－购进货物的成本－城市维护建设税及教育费附加－企业所得税

其中：

该购货单位的不含税销售额＝M

购进货物的成本＝A÷（1＋进项增值税税率）

城市维护建设税及教育费附加＝[M×销项增值税率－A÷（1＋进项增值税税率）×进项增值税税率]×（城市维护建设税税率＋教育费附加征收率）

所以，净利润额＝{M－A÷（1＋进项增值税税率）－[M×销项增值税率－A÷（1＋进项增值税税率）×进项增值税税率]×（城市维护建设税税率＋教育费附加征收率）}×（1－企业所得税税率）

（2）从小规模纳税人购进货物的利润

因为，净利润额＝该购货单位的不含税销售额－购进货物的成本－城市维护建设税及教育费附加－企业所得税

---

① 根据 2009 年 9 月西南财经大学出版社宋靖主编《税收筹划》第 69－71 页编写。

其中：

该购货单位的不含税销售额 = M

购进货物的成本 = B ÷ (1 + 增值税征收率)

城市维护建设税及教育费附加 = [M × 销项增值税率 − B ÷ (1 + 增值税征收率) × 增值税征收率] × (城市维护建设税税率 + 教育费附加征收率)

所以，净利润额 = {M − B ÷ (1 + 增值税征收率) − [M × 销项增值税率 − B ÷ (1 + 增值税征收率) × 增值税征收率] × (城市维护建设税税率 + 教育费附加征收率)} × (1 − 企业所得税税率)

当(1) = (2)时，解得：A ÷ (1 + 进项增值税税率) × (1 − 进项增值税税率 × 10%) = B ÷ (1 + 增值税征收率) × (1 − 增值税征收率 × 10%)

B = [(1 + 增值税征收率) × (1 − 进项增值税税率 × 10%)] ÷ [(1 + 进项增值税税率) × (1 − 增值税征收率 × 10%)] × A

当进项增值税税率 = 17%，增值税征收率 = 3%，则有 B = A × 86.80%

即：当小规模纳税人的价格为一般纳税人的 86.80% 时，无论是从一般纳税人处还是从小规模纳税人处采购货物取得的收益相等，同样原理可以得出几种临界点数值，如表 1 − 3 所示。

表 1 − 3　　　　　　　　　　价格折让临界点

一般纳税人的抵扣率 （进项增值税税率）	小规模纳税人的抵扣率 （增值税征收率）	价格折让临界点 （含税）
17%	3%	86.80%
17%	0	84.02%
13%	3%	90.24%
13%	0	87.35%

【筹划思路】

(1) 一般纳税人选择供货方的原则：当小规模纳税人的含税报价低于价格折让临界点（含税）时，才能考虑从小规模纳税人处购货，否则应从一般纳税人处购货。

(2) 对于小规模纳税人来说，无论是从一般纳税人处进货，还是从小规模纳税人处进货，都不能进行税款抵扣，所以，只要比较供货方的含税价格，从中选择出价格较低者。与此类似，如果一般纳税人采购货物用于在建不动产项目、集体福利、个人消费等项目，也不能抵扣进项税，所以，其选择供货方的方法也是比较含税价，从中选择出价格较低者。

当然，以上的选择方法是仅在考虑税收的情况下做出的，企业在实际购货业务中，除了税收因素外，还要考虑到购货方信誉、售后服务等条件，这需要在税收筹划时根据具体情况作出全面比较。

【筹划方案】

本例中，50 000 × 86.80% = 43 400（元）< 44 000（元），因此，应选择从一般纳税人处进货。

如该厨具公司从小规模纳税人处只能取得不能进行抵扣的普通发票，由价格折让临界点可知，只有小规模纳税人的含税报价低于 42 010 元（50 000 × 84.02%）时，才能考虑从小规模纳税人处购货。

十、运费的税收筹划[①]

【导入案例】

甲企业销售给乙企业 A 产品 10 000 件，不含税价格 100 元/件，价外运费 10 元/件，其中因加工商品购进原材料可抵扣的进项税额为 100 000 元，运费中物料消耗可抵扣的进项税额为 8 000 元。请问：如果将自己的车辆独立出去成立运输公司是否可行？

【分析】

甲企业销售给乙企业商品，如果采用由甲企业负责运输的方式，有五种运输方式。（设 A 为运费，R 为运费中可抵扣税的物耗比），则这五种运输方式下的税务分析如下：

方案一：由甲企业未独立核算的车队运输，并向乙企业收取价外运费 A。这种情况，运输和销售是甲企业的混合销售行为，价外运费应与销售价格合并缴纳增值税，运费对应的物料消耗（如油费、修理费等）可以作为进项税额抵扣。则相关计算如下：

该运费应纳增值税 = A ÷ (1 + 17%) × 17% − A × R × 17%

该运费应纳税额合计 = 该运费应纳增值税

方案二：甲企业不设立运输公司，采用与其他运输公司签订运输合同的方式外购运输业务，运输公司将运费发票开给甲企业，甲企业向乙企业收取价外运费 A。则相关计算如下：

该运费应纳增值税 = A ÷ (1 + 17%) × 17% − A × 7%

该运费应纳税额合计 = 该运费应纳增值税

方案三：甲企业不设立运输公司，采用代垫运费的方式与其他运输公司签订运输合同，运输公司将运费发票开给乙企业，由甲企业将运费发票转交给乙企业，同时向乙企业收取代垫运费 A。所以，甲企业就该项运费应纳增值税的情况是销项不纳税，进项不抵扣，则相关计算如下：

---

① 根据中财税务顾问网"合理筹划运费可降低企业税负"编写。

该运费应纳增值税＝0（元）

该运费应纳税合计＝0（元）

方案四：由甲企业将自己的车队独立出去成立独立核算的运输公司，然后与该运输公司签订运输合同，运输公司将运费发票开给甲企业，甲企业与乙企业结算时收取价外运费A。这种情况，由于运费发票是开给甲企业的，所以，甲企业可以凭运费发票的7%抵扣进项税，向乙企业收取的运费A应纳销项税，同时，作为甲企业成立的独立核算的运输公司收到的运费A应纳营业税（3%）。则相关计算如下：

该运费应纳增值税＝A÷（1＋17%）×17% － A×7%

该运费应纳营业税＝A×3%

该运费应纳税合计＝A÷（1＋17%）×17% － A×7% ＋A×3%

$$= A÷（1＋17\%）×17\% － A×（7\%－3\%）$$

方案五：由甲企业将自己的车队独立出去成立独立核算的运输公司，然后与该运输公司签订运输合同，运输公司将运费发票开给乙企业，由甲企业将运费发票转交给乙企业，同时向乙企业收取代垫运费10元/件。所以，甲企业就该项运费应纳增值税的情况是销项不纳税，进项不抵扣，则相关计算如下：

该运费应纳增值税＝0（元）

该运费应纳营业税＝A×3%

该运费应纳税额合计＝ A×3%

可见：

（1）方案一、方案二和方案三比较，方案三最节税。当方案一与方案二相等时，A×R×17% ＝ A×7%，解得：R＝41.18%。因此，当R＞41.18%时，方案一更节税。当R＜41.18%时，方案二更节税。

（2）方案四和方案五比较，方案五最节税。

（3）方案一和方案四相等时，A÷（1＋17%）×17% － A×R×17% ＝ A÷（1＋17%）×17% － A×（7%－3%），解得：R＝23.53%。因此，当R＞23.53%时，方案一更节税。当R＜23.53%时，方案四更节税。

结论：当运费结构中可抵扣增值税的物耗比率R＞41.18%（23.53%）时，企业不设立独立核算的运输公司自己运输，可以抵扣税额较大，税负较轻；当R＜41.18%（23.53%）时，企业可以考虑外购其他企业的运输劳务或将运输部门独立出来成立隶属于本企业的运输公司，从而减轻增值税税负。作为销货企业将向购货方收取的运费转成代垫运费，税负最低，但是要受到销货对象的制约，因为代垫运费时，就该笔运费作为乙企业只能凭运费发票抵扣7%的进项税，而如果是由甲企业自己运输或外购运输，就该笔运费作为乙企业可以按运费的17%抵扣进项税。所以，乙企业一般不愿意采用代垫运费的方式。但在实际运作中，可以选择特定的购货者予以实施，即当购货方通常是小规模纳税人或虽是增值税一般纳税人但采购货物不能抵扣进项税额时，可以考虑采用代垫运费的方式。如：销售建材产品的企业，如果购货方是建设单位、施工企业或消费者等运费等非增值税一般纳税人时，可考虑对原包含在售价之中的运费价款转变成代垫运费。需要说明的是：

（1）方案二与方案四，方案三与方案五实际上是一样的，由于方案四和方案五中运输公司是独立核算的，所以尽管就该笔运费公司总体上多纳了营业税，但是该运输企业却因为从事运输业务而增加了一个新的业务增长点。只要该运输公司是盈利，选择方案四和方案五也应该是可以的。

（2）无论是将自己运输转成外购运输，还是将运输部门独立出去，都会有相应的转换成本，如设立运输公司的开办费、管理费及其他公司费用等支出。当税负降低额大于转换支出时，说明税收筹划是成功的，反之，应维持原状不变为宜。

【筹划方案】

本案例中，由于运费中可抵扣税的物耗比 $R = 8\ 000 \div 100\ 000 = 8\% < 23.53\%$，则选择方案四或方案五，即由甲企业将自己的车队独立出去成立独立核算的运输公司是合算的。验证如下：如果将自营车辆"单列"出来设立二级法人运输子公司，让子公司开具普通发票收取这笔运费补贴款，使运费补贴收入变成符合免征增值税条件的代垫运费后，C厂纳税情况则变为：销项税额170 000元（价外费用变成符合免征增值税条件的代垫运费后，销项税额中不再包括价外费用计提部分），进项税额100 000元（因运输子公司为该厂二级独立法人，其运输收入应征营业税，故运输汽车原可以抵扣的8 000元进项税现已不存在了），则应纳增值税额为70 000元，再加运输子公司应纳营业税为10 000×10×3% = 3 000（元）。这样C厂总的税收负担（含二级法人应纳营业税）为73 000元，比改变前的76 529.91元，降低了3 529.91元。因此，站在售货企业角度看，设立运输子公司是合算的。

然而，购销行为总是双方合作的关系，购货方D企业能接受C厂的行为吗？改变前，D企业从C厂购货时的进项税是184 529.91元，改变后，D企业的进项税分为购货进项税170 000元和支付运费计提的进项税7 000元两部分，合计为177 000元，这比改变前少抵扣了7 529.91元。看来，销货方改变运费补贴性质的做法，购货方未必会同意（当然，如果做工作或附加一些其他条件能使购货方同意，则另当别论）。

十一、返还资金的税收筹划[①]

【导入案例】

某家电经销公司在2011年年初收到了供货厂家给予的返还资金421 879.95元，返还资金的数额是按照该公司上年度销售货物的数量计算确定的。近来税务机关在日常巡

---

① 根据袁卫东、彭保红"恰当选取返还资金的形式可节税"编写。

查中发现了这个问题，要求该公司依照国家税务总局《关于商业企业向货物供应方收取的部分费用征收流转税问题的通知》（国税发〔2004〕136号）文件的规定，计算转出增值税进项税额61 298.80元。请问：税务机关的要求是否合理？该公司应如何对这种返还资金进行税收筹划？

【法规解读】

对于企业从供货方取得的返还资金，根据国税发〔2004〕136号文件的规定，与商品销售量、销售额无必然联系，且商业企业向供货方提供一定劳务的收入，不属于平销返利，不冲减当期增值税进项税额，应按营业税的适用税目税率征收营业税。而收取的与商品销售量、销售额挂钩的各种返还收入，均应按照平销返利行为的有关规定冲减当期增值税进项税额，不征收营业税。其他增值税一般纳税人向供货方收取的各种收入的纳税处理，比照本通知的规定执行。

在企业的实际经营过程中，供货方为了扩大自身产品的销售，总是要通过折扣、返利、分担经营费用等形式，让利给下游的经销企业，以扶持、鼓励下游经销企业的发展。尽管返还资金的形式多种多样，但是返还资金的最终效果都是增加了下游经销企业的经济利益。由于返还资金的形式不同，可能导致缴纳的税种、适用的税率也不同。同样是从供货方取得返还资金，其对税负的影响却有很大的差别，因为增值税的税率为17%，而劳务收入适用的营业税税率为5%，税率之差为12个百分点。所以，企业应当慎重选择返还资金的形式。

【筹划思路】

企业如果能够对返还资金方式做适当的筹划，尽量使返还的资金符合缴纳营业税的条件，就可以为下游的经销企业减轻税收负担。对于下游的经销企业从供货方取得的返还收入，具体是冲减增值税进项税额，还是要计算缴纳营业税，判断的依据是收取的各种返还收入是否与商品销售量、销售额挂钩。如果收取的各种返还收入与商品销售量、销售额挂钩，就要冲减增值税进项税金；而如果收取的各种返还收入与商品销售量、销售额没有挂钩，就不冲减增值税进项税金，而是计算缴纳营业税。因此，企业在选择返还资金的形式上，要选取有利的形式，尽量考虑不与商品销售量、销售额进行挂钩。

供货方对下游经销企业的扶持，既然有多种扶持的方法和渠道，只要最终能够达到扶持的目的，那么就应当选取最有利于下游经销企业的扶持方式。下游经销企业在经营的过程中，为了拓展销售，自身也会发生很多的进场费、广告促销费、上架费、展示费、管理费等，对于这些费用，完全可以将其中的业务转嫁给供应商来承担，下游经销企业转变为提供劳务的方式，按照供货商的要求，具体负责为供货方在本销售区域策划广告、进行业务宣传、产品展示和代为管理下游客户的正常销售、售后服务等业务。下游经销企业对上述业务发生的有关成本费用，可以计入"其他业务支出"科目，而因为提供劳务从供货方取得的收入，就可以计入"其他业务收入"科目。下游经销企业是由于为供货方提供劳务而取得的收入，收取的返还收入与商品销售量、销售额没有挂钩，就可以计算缴纳营业税。

如此筹划方法，改变了与商品销售量、销售额挂钩的返还收入的方式，因此下游经销企业不用冲减增值税进项税额，只需要计算缴纳税率较低的营业税，大大节约了纳税成本。并且双方在商定有关劳务的价款时，有着很大的运作余地，不会影响从供货方取得返还收入的总量。

但是这种改变返还收入的方法，需要与供货方提前沟通，征得供货方的支持和配合，使供货方愿意就有关业务进行合作，将有关劳务承包给下游经销企业，并主动承担其中的劳务费用，从而转变返还资金的方式，达到节税的目的。

十二、通过改变合作方式实现进项税抵扣①

【导入案例】

甲企业主要从事机械设备的制造，其中某部件是该企业核心专利技术，需对外合作加工制造。为了保证该部件性能符合本企业的技术要求，同时也出于管理的需要，防止核心专利技术泄密，该企业决定请一家模具厂为其专门设计制作生产某部件的模具，甲企业从模具厂购买模具，然后交给部件制造商乙企业，由乙企业按照甲企业的要求生产某部件。

2009年10月，甲企业主营业务收入6 000万元，成本5 200万元，取得进项税金800万元，其中购进模具10套，采购成本500万元，取得进项税金85万元；甲企业支付乙企业加工某部件的单位劳务费为1 800元/件，10月份产量为5 000件，甲企业支付某部件的劳务费为900万元，取得委托加工劳务的进项税额153万元（900×17%）。根据新《中华人民共和国增值税暂行条例》的规定，从2009年1月1日起，企业购进的固定资产进项税额可以抵扣。现甲企业和乙企业有以下两种业务合作方式：第一，甲企业采取出租的方式，将模具租赁给乙企业使用，甲企业向乙企业收取模具租赁费；第二，甲企业在支付乙企业部件加工费中剔除提供使用设备的价值，不收取模具租赁费。请问：从税收的角度看，甲企业应选择哪种业务合作方式？

【法规解读】

《中华人民共和国增值税暂行条例》第十条规定，下列项目的进项税额不得从销项税额中抵扣：①用于非增值税应税项目、免征增值税项目、集体福利或者个人消费的购进货物或者应税劳务。《中华人民共和国增值税暂行条例实施细则》第二十三条规定，《条例》第十条第（一）项和本细则所称非增值税应税项目，是指提供非增值税应税劳务、转让无形资产、销售不动产和不动产在建工程。第五条规定，非增值税应税劳务，

---

① 根据中国税网钟自强"通过改变合作方式实现进项税抵扣"编写。

是指属于应缴营业税的交通运输业、建筑业、金融保险业、邮电通信业、文化体育业、娱乐业、服务业税目征收范围的劳务。模具的出租业务属营业税条例中规定的应税劳务范围，为非增值税应税劳务。因此，如果将模具用于出租，甲企业购进模具支付的进项税金 85 万元不得抵扣，作进项税转出处理。

【筹划方案】

1. 合作方式一：甲企业采取出租的方式，将模具提供给乙企业

假设甲企业支付乙企业加工某部件的单位劳务费为 1 800 元/件，10 月份产量为 5 000 件，甲企业支付某部件的劳务费为 900 万元，模具单位租赁费 450 元/件，收取模具的租金为 225 万元。则甲企业应纳税费：

（1）应纳营业税 = 225 × 5% = 11.25（万元）

（2）应纳增值税 = 6 000 × 17% − (800 − 85) = 305（万元）

（3）应纳城建税及教育费附加 = (11.25 + 305) × (7% + 3%) = 31.625（万元）

甲企业应纳税合计 347.875 万元。

2. 合作方式二：甲企业采取在加工劳务中剔除使用设备的价值

假设甲企业提供给乙企业使用的模具单位租赁费 450 元/件，在支付乙企业的加工费劳务中作扣除项处理，扣除模具租赁费后，某部件的单位劳务费为 1 350 元/件（1 800 − 450），10 月份产量为 5 000 件，甲企业支付乙企业某部件的劳务费为 675 万元（0.135 × 5 000）。甲企业购进的模具无论是甲企业自用，还是提供给乙企业使用，都是用于甲企业的增值税应税产品（设备），因此，该设备的进项税额可以抵扣。则甲企业应纳税费：

（1）应纳增值税 = 6 000 × 17% − [800 − (900 − 675) × 17%] = 258.25（万元）

（2）应纳城建税及教育费附加 = 258.25 × (7% + 3%) = 25.825（万元）

甲企业应纳税合计为 284.075 万元。

可见，甲企业应选择合作方式二。从上述两种合作方式的纳税分析不难看出，企业间的合作方式是灵活多变的，模具的进项税额可否抵扣，业务合作的方式是关键，不同的合作方式所产生的税收负担也不一样。模具的使用过程是制造某部件的一个加工环节，是构成应税产品（设备）的一个成本项目。甲企业购进的模具是甲企业拥有和控制的资产，合作方式一将模具出租给乙企业的行为，实际上是甲企业把应该由自己核算的成本项目向乙企业转移，并将模具的使用价值隐含在支付乙企业的加工劳务费中，然后再通过收取模具租赁费的方式收回，无形中增加了模具使用中的业务流转环节，多缴了税款 63.8 万元（347.875 − 284.075）。

第2章　营业税筹划实务

一、预存话费送手机 减轻税负有两招[①]

【导入案例】

某移动电信公司为了吸引客源，推出预存话费送手机促销活动。只要客户预存5 000元话费，就可以获赠一部带拍摄功能的、价值3 000元的手机。请从税收成本的角度分析该促销活动是否合理。

【法规解读】

根据《中华人民共和国增值税暂行条例实施细则》第四条第八项的规定，将自产、委托加工或购买的货物无偿赠送他人视同销售货物，因而赠送手机行为应视同销售。但"预存话费送手机"属于混合销售行为，根据《中华人民共和国增值税暂行条例实施细则》第五条和《中华人民共和国营业税暂行条例实施细则》第五条的规定，这一混合销售行为不缴纳增值税，应缴纳营业税。预存话费与赠送手机共计需缴纳营业税的营业额为5 000 + 3 000 = 8 000（元）。按照《营业税税目税率表》，邮电通信业的营业税税率为3%，其应纳营业税为8 000 × 3% = 240（元）。显然，收入5 000元却要按8 000元的营业额纳税，很不划算。

【筹划方案】

方案一：移动电信公司可以在开具发票时注明收取手机款3 000元及话费折扣余额2 000元（5 000元打四折），且以后每次结算话费时都将价款与折扣额在同一张发票上注明。这样一来，可按《财政部、国家税务总局关于增值税、营业税若干政策规定的通知》（财税字〔1994〕26号）第三条规定，电信单位（电信局及电信局批准的其他从事电信业务的单位）自己销售无线寻呼机、移动电话，并为客户提供有关的电信劳务服务的，属于混合销售，征收营业税。销售手机应纳营业税为3 000 × 3% = 90（元）；根据

[①] 根据中国会计网"预存话费送手机 减轻税负有两招"编写。

《财政部、国家税务总局关于营业税若干政策问题的通知》（财税〔2003〕16号）第三条第二项，单位和个人在提供营业税应税劳务、转让无形资产、销售不动产时，如果将价款与折扣额在同一张发票上注明的，以折扣后的价款为营业额；如果将折扣额另开发票的，不论其在财务上如何处理，均不得从营业额中减除。提供电信劳务服务营业额仅为2 000元，应纳营业税：2 000×3%＝60（元），共计缴纳营业税：90＋60＝150（元）。和原方案相比，节税：240－150＝90（元），节税率：90÷240＝37.5%。

这一方案稍嫌不足的是有点费事。因为每月结算话费时，移动电信公司都要区分顾客是否属于享受折扣的对象，折扣是否已经享受完毕，对公司财务与窗口服务部门的配合要求较高，稍有不慎就会出现差错，容易与顾客发生争议。

方案二：可以把销售手机业务从提供电信服务劳务中分离出来，由移动电信公司统一收取5 000元话费，顾客凭话费发票到指定公司领取手机，移动电信公司支付手机销售公司3 000元。这样一来，根据财税〔2003〕16号文件第三条第十四项规定，邮政电信单位与其他单位合作，共同为用户提供邮政电信业务及其他服务并由邮政电信单位统一收取价款的，以全部收入减去支付给合作方价款后的余额为营业额。某移动电信公司营业额：5 000－3 000＝2 000（元），应纳营业税：2 000×3%＝60（元），手机销售公司（假设其为增值税小规模纳税人）应纳增值税3 000×4%＝120（元），营业税、增值税合计：60＋120＝180（元）。和原方案相比，节税：240－180＝60（元），节税率：60÷240＝25%。当然，与方案一比较，节税效果未必最佳，再说另设一手机销售公司也需付出相关费用，但这一方案操作简便，可以一揽子解决问题，不妨一试。

二、营业税的征收范围①

【导入案例】

A公司是我国国内一家著名的化妆品生产厂家，2009年A公司欲推出一款全新的护肤用品，为了更快地打开销路，扩大市场份额，A公司与法国一家知名护肤品H厂商洽谈，希望H厂商能向A公司转让其商标在中国内地的使用权。经过一系列艰苦的谈判，A公司与H厂商最终在巴黎签订了转让商标使用权协议，转让费用高达136万元。但H厂商并没有在中国境内缴纳营业税，当我国税务机关令其补缴税款时，H厂商申辩说：①该商标的转让是在法国进行的，因为最终是在巴黎签订的转让协议；②该商标的受让人是中国A公司，而转让人是法国H厂商，不应适用中国税法营业税中关于转让无形资产的规定。请问：H厂商是否应该补缴营业税？

【分析】

正确了解营业税的征收范围，是正确缴纳营业税的基石。根据《中华人民共和国营

---

① 根据中国会计网"营业税税收筹划——如何理解营业税的征收范围"编写。

业税暂行条例》的规定，在中华人民共和国境内提供应税劳务，转让无形资产或销售不动产的单位和个人，为营业税的纳税义务人。其中包含两方面的理解：

1. "提供应税劳务，转让无形资产或销售不动产"的基本含义

所谓提供应税劳务，转让无形资产或销售不动产，是指有偿提供应税劳务，转让无形资产或者转让不动产所有权的行为，即以从受让方取得货币、货物或其他经济利益为条件提供劳务，转让无形资产或转让不动产所有权的行为。同时，单位或个人自己新建建筑物后销售的行为，视同提供应税劳务；转让不动产有限产权或永久使用权，以及单位将不动产无偿赠与他人的行为，视同销售不动产。但单位或个体经营者聘用的员工为本单位或雇主提供应税劳务，不包括在内。

2. "中华人华共和国境内"的基本含义

《中华人民共和国营业税暂行条例》规定在中华人民共和国境内，是指实际税收行政管理的区域。之所以要对境内、境外应税行为进行划分，实际上就是要确定营业税适用的地域范围，也就是通常所说的税收管辖权。只有当营业税应税行为发生在我国的税收管辖范围之内，才能产生营业税的纳税义务。根据《中华人民共和国营业税暂行条例实施细则》的规定，所谓"在中华人民共和国境内"，是指所发生的应税行为具有下列7种情形之一者：①应税劳务发生在境内。这种情形强调的是劳务"发生在境内"。凡是境内纳税人之间互相提供的应税劳务，其应税行为属于营业税的管辖权范围；境外单位和个人在境内使用提供的应税劳务，无论其在境内有无经营机构，其应税行为属于营业税的管辖权范围；凡是境内纳税人在境外使用所提供的劳务，其行为不属于营业税的管辖权范围。②在境内载运旅客或货物出境。③在境内组织游客出境旅游。④所转让的无形资产在境内使用。⑤所销售的不动产在境内。只要是在境内的不动产，不论其是境内单位，还是境外单位开发或销售的，都属于营业税的管辖权范围。⑥境内保险机构提供的出口信用险的保险和劳务出口货物险除外。⑦境外保险机构以在境内的物品为标的提供的保险劳务。可见，根据《中华人民共和国营业税暂行条例实施细则》的规定，只要所转让的无形资产在我国境内使用，就已符合营业税的征税范围。这种情形强调的是"在境内使用"。凡是转让的无形资产，不论其在何处转让，也不论转让人或受让人是谁，只要该项无形资产在境内使用，就属于营业税的管辖权范围。所谓"使用"，包括该项无形资产应用于生产经营活动，也包括将该项无形资产再转让，还包括受让者将该项无形资产的保留。由此可见，A公司与法国H厂商签订的商标使用权的转让，完全符合无形资产在国境内使用的规定，属于营业税的征税范围。所以H厂商的两条申辩理由都不能成立，应补缴营业税。

三、公司为外部个人支付劳务报酬时是否代扣代缴营业税①

【导入案例】

某公司邀请外部专家以个人身份为内部员工做了一次专题培训，培训报酬（税前）为 5 000 元，公司为其代扣代缴个人所得税 800 元后，实际向该专家支付 4 200 元（税后所得）。最近，税务机关进行检查时提出，公司不仅要为外部个人扣缴个人所得税，还应按"服务业"税目扣缴营业税。目前，外部人员以个人身份为公司提供劳务（如咨询、讲课等）是普遍存在的现象。请问：税务机关提出公司应在支付报酬时按"服务业"税目扣缴营业税的要求是否正确呢？

【分析】

（1）不能笼统要求对一切劳务活动均课征营业税。外部人员对外提供劳务，并不必然承担营业税义务，因为一些特定劳务要课征增值税，比如加工、修理、缝纫等劳务。

（2）对属于营业税应税范围的劳务，适用税目也并不必然就是"服务业"税目，可能适用其他税目，比如上面案例中的培训讲座适用"文化体育业"税目，装饰、装潢劳务则适用"建筑业"税目。因此，对外部个人一律要求按"服务业"税目缴纳营业税的观点是错误的。

（3）对外部个人提供劳务应课征营业税的行为，公司是否负有为其代扣代缴营业税的义务呢？找到这一问题的答案，关键是看营业税相关规定是否明确规定支付人为取得收入方的扣缴义务人。

先看 2009 年 1 月 1 日之前实施的旧《中华人民共和国营业税暂行条例》和《中华人民共和国营业税暂行条例实施细则》。旧《中华人民共和国营业税暂行条例》第十一条规定了三类营业税扣缴义务人：一是委托金融机构发放贷款，以受托发放贷款的金融机构为扣缴义务人；二是建筑安装业务实行分包或者转包的，以总承包人为扣缴义务人；三是财政部规定的其他扣缴义务人。旧《中华人民共和国营业税暂行条例实施细则》第二十九条则对《中华人民共和国营业税暂行条例》第十一条所称其他扣缴义务人明确如下：一是境外单位或者个人在境内发生应税行为而在境内未设有经营机构的，其应纳税款以代理者为扣缴义务人，没有代理者的，以受让者或者购买者为扣缴义务人；二是单位或者个人进行演出由他人售票的，其应纳税款以售票者为扣缴义务人；三是演出经纪人为个人的，其办理演出业务的应纳税款以售票者为扣缴义务人；四是分保险业务，以初保人为扣缴义务人；五是个人转让《中华人民共和国营业税暂行条例》第十二

---

① 根据 2010 年 4 月 6 日《中国会计报》李国栋"公司为外部个人支付劳务报酬时应代扣代缴营业税吗？"编写。

条第（二）项所称其他无形资产的，其应纳税款以受让者为扣缴义务人。

2009 年 1 月 1 日开始实施的新《中华人民共和国营业税暂行条例》第十一条对营业税扣缴义务人进行了明确，主要包括两大类：一是境外单位或者个人在境内提供应税劳务、转让无形资产或者销售不动产，在境内未设有经营机构的，以其境内代理人为扣缴义务人；在境内没有代理人的，以受让方或者购买方为扣缴义务人。二是国务院财政、税务主管部门规定的其他扣缴义务人，具体包括哪些内容，《中华人民共和国营业税暂行条例实施细则》没有明确，也尚未出台配套性规定予以明确和细化。与旧《中华人民共和国营业税暂行条例》、《中华人民共和国营业税暂行条例实施细则》相比，新《中华人民共和国营业税暂行条例》规定的扣缴义务人更少。

综合来看，新、旧《中华人民共和国营业税暂行条例》和《中华人民共和国营业税暂行条例实施细则》均未规定公司接受外部个人（境外个人除外）提供劳务时负有扣缴营业税的义务。

另外，根据《中华人民共和国营业税暂行条例》和《中华人民共和国营业税暂行条例实施细则》制定下发的规范性文件中，也没有任何明确要求公司为外部个人支付劳务报酬这一行为应扣缴营业税的规定。至于财政部、国家税务总局 1997 年下发的《关于个人提供非有形商品推销代理等服务活动取得收入征收营业税和个人所得税有关问题的通知》规定外部人员（非雇员）向企业"提供非有形商品推销、代理等服务活动取得的收入"时，企业为营业税（另外还有个人所得税）扣缴义务人，只是对外部个人提供非有形商品推销、代理等特定服务活动的扣缴义务人予以明确和规范，并不适用于一般性的向外部个人支付劳务报酬行为。

因此，根据《中华人民共和国营业税暂行条例》、《中华人民共和国营业税暂行条例实施细则》以及相关规范性文件，除税法规定明确支付人（公司）负有扣缴义务的特殊业务（行为）外，公司在向外部个人支付劳务报酬时一般并不负有扣缴营业税的义务。

四、广告业的营业税处理[①]

【导入案例】

某广告公司 1994 年 9 月取得自营广告收入 100 万元，收取广告赞助费 20 万元，支付其他单位设计及制作费 60 万元；办理代理业务收取 20 万元，其中支付广告者的发布费 18 万元。请计算该广告公司应纳营业税的营业额。

【分析】

（1）广告业的经营方式。广告业，是指利用图书、报纸、杂志、广播、电视、路

[①] 根据中国会计网"关于广告业的应纳税处理"编写。

牌、电影、幻灯、招贴、橱窗、霓虹灯、灯箱等形式为介绍商品、经营服务项目、文体节目或通告、声明等事项所作的宣传和提供劳务服务的业务。目前，广告公司经营方式有两种：一是自营广告业务；二是代理广告业务。

（2）广告业营业税的计税依据。自营广告业务的营业额，是纳税人提供广告业应税劳务向对方收取的全部价款和价外费用。价外费用包括向对方收取的手续费、基金、集资费、代收款项、代垫款项及其他各种性质的价外收费。凡价外费用，无论会计制度规定如何核算，均应并入营业额计算应纳税额。对广告公司因经营的需要，而再委托其他企业加工制作的费用支出，不得扣除；代理广告业务的营业额为代理者向委托方收取的全部价款和价外费用减去支付给广告发布者的广告发布费后的余额。"付给广告发布者的广告发布费"范围，包括广告代理业户向各类具有广告发布权的广告经营者（含媒体、载体）实际支付的广告发布费。这里所说的广告代理者与广告发布者都属于广告经营单位。广告代理者是指自身无宣传媒介的广告经营单位。广告发布者是指自身拥有宣传媒介的广告经营单位（如电台、电视台、报社等）。广告发布者接受客户委托后，可以直接通过自己的宣传媒介为客户宣传，客户所支付全部费用均为发布者所有，而广告代理者接受客户委托后，需通过广告发布者才能为用户宣传，广告代理者向用户收取的广告费用有相当一部分需转付给广告发布者。一笔广告业务，由广告代理者承揽的，在计算广告代理者的营业额时，其允许扣除的只限于付给广告发布者的发布费。某些广告经营单位委托印刷厂印制宣传品，然后雇工在公共场所散发，这类广告经营单位不属于广告代理者，而属于自身拥有宣传媒介的广告发布者，其支付的印刷费、雇工费不能从营业额中扣除。

（3）互联网广告代理业务营业税的计税依据。根据国家税务总局 2008 年《关于互联网广告代理业务营业税问题的批复》（国税函〔2008〕660 号）文件的规定，纳税人从事广告代理业务时，委托广告发布单位制作并发布其承接的广告，无论该广告是通过何种媒体或载体（包括互联网）发布，无论委托广告发布单位是否具有工商行政管理部门颁发的《广告经营许可证》，纳税人都应该按照《财政部、国家税务总局关于营业税若干政策问题的通知》第三条第十八款的规定，以其从事广告代理业务实际取得的收入为计税营业额计算缴纳营业税，其向广告发布单位支付的全部广告发布费可以从其从事广告代理业务取得的全部收入中减除。

（4）制作广告牌取得的收入如何申报缴纳税款。首先要区分广告业和广告美术业这两个概念。《营业税税目注释（试行稿）》中对广告业的定义是，利用图书、报纸、杂志、广播、电视、电影、幻灯、路牌、招贴、橱窗、霓虹灯、灯箱等形式为介绍商品、经营服务项目、声明等事项进行宣传和提供相关服务的业务。而广告美术业是制作者利用其美术专长为客户加工、制作物品的业务。值得注意的是，对接受其他单位和个人的委托，按照他们所提供的广告设计方案加工制作路牌、广告牌、灯箱的行为，不属于广告业，而应是广告美术业的范畴。这是因为，他们在整项广告活动中，仅仅是作为路牌、灯箱、广告牌等物品的制作者，至于广告策划和发布都是由客户或客户委托的广告公司来完成的。因此，根据《中华人民共和国增值税暂行条例》，制作的路牌、灯箱、广告牌等属于增值税的征税范围，应征增值税，不属于营业税征税范围。

上述案例中，该企业的营业额为：自营广告收入 100 万元加广告赞助费 20 万元，再加 20 万元减 18 万元的发布费，共计 122 万元。

五、个人出租房屋可用营业税起征点进行税收筹划①

【导入案例】

司机小张在单位附近购置了一套新房，对于原来闲置的一套旧住房，他想用 2 000 元把它修理一下，以每年 25 000 元的价格租出去，请问：他应该如何纳税？如果他用营业税起征点来进行税收筹划，能否减轻税收负担？

【法规解读】

根据财政部、国家税务总局 2008 年《关于廉租住房经济适用住房和住房租赁有关税收政策的通知》的规定，对个人出租住房，不区分用途，在 3% 税率的基础上减半征收营业税，按 4% 的税率征收房产税。对个人出租、承租住房签订的租赁合同，免征印花税，免征城镇土地使用税。又根据财政部、国家税务总局 2008 年《关于调整住房租赁市场税收政策的通知》的规定，对个人出租房屋取得的所得暂减按 10% 的税率征收个人所得税。

如果小张按他原来的计划出租住房，每月房租收入 = 25 000 ÷ 12 = 2 083.33（元），达到当地营业税起征点（当地营业税的起征点是月收入额 2 000 元）。全年应纳营业税 = 25 000 × 1.5% = 375（元），应纳城市维护建设税 = 375 × 7% = 26.25（元），应纳教育费附加 = 375 × 3% = 11.25（元），应纳房产税 = 25 000 × 4% = 1 000（元）。应纳个人所得税（每月收入额大于扣除额，适用比例税率全年合并计算）= [25 000 −（375 + 26.25 + 11.25 + 1 000）− 2 000 − 800 × 12] × 10% = 1 198.75（元），那么小张的年税收负担是 375 + 26.25 + 11.25 + 1 000 + 1 198.75 = 2 611.25（元）。

【筹划思路】

如果小张进行税收筹划，以 23 000 元租出去，让承租人自己修理，承租人自己也愿意，还可以按照他的意愿来修理，就可以把月租金降到营业税起征点以下了。根据《中华人民共和国营业税暂行条例》的规定未达起征点的免征营业税。经过筹划以后，小张住房出租的月收入额为 23 000 ÷ 12 = 1 916.67（元），没有达到营业税起征点免征营业税，那么小张就只应缴纳房产税和个人所得税。全年应纳房产税 = 23 000 × 4% = 920

---

① 根据 2010 年 5 月 17 日纳税人报王兴传"个人出租住房可用营业税起征点筹划"编写。

（元），应纳个人所得税（每月收入额大于扣除额，适用比例税率全年合并计算）
＝（23 000 − 920 − 800 × 12）× 10% ＝ 1 248（元）。那么，全年税收负担 ＝ 920 + 1 248
＝ 2 168（元）。

小张经过筹划，出租住房的实际收入还是全年 23 000 元，筹划后比筹划前应纳税款
却减少：2 611.25 − 2 168 ＝ 443.25（元）。税收负担明显降低了。

六、娱乐业营业税的税收筹划①

【导入案例】

量贩式经营是一种以量定价的经营形式，"量"是指商品的数量，"贩"是低价销
售，量贩式经营具有透明、自助和平价的特点。不少大型百货公司都通过量贩运作获得
了成功。量贩式 KTV 是指套用"量贩"词义的 KTV 经营形态，这些 KTV 演唱场所除拥
有卡拉 OK 包房等外，还设有小型超市或提供免费的餐饮服务，房间按时计费，酒水、
小吃等由顾客自己在单独设立的超市中购买，因此，价格比原有的歌厅消费标准低廉。
它以相对通透的环境、完全隔离的单间、更现代的视听设备、超市自选式食品服务、并
不高昂的价格在我国迅速风靡。按规定，KTV 的收入应按娱乐业纳营业税。为了规避较
高的营业税税率，量贩式 KTV 经常采用如下两种经营方式：一是将量贩式 KTV 变为两
个纳税人——歌厅和超市。顾客所需要的酒水、饮料、小吃、水果可以在歌厅内单独设
立的超市中购买，企业把这些收入与 KTV 经营收入分割开来单独核算。其中，超市部分
一般适用小规模纳税人 3% 的增值税税率，KTV 部分适用 20% 的营业税税率，使企业税
负明显降低。二是将量贩式 KTV 分为两个纳税人——歌厅和自助餐饮公司。KTV 公司
与餐饮公司合作，分别开具发票；顾客在 KTV 消费时的所有餐饮服务由餐饮公司提供，
KTV 公司只收取包房费，按娱乐业 20% 的税率缴纳营业税；客人在包房内点的所有烟酒
饮料等均属于餐饮公司收入，按照饮食业 5% 的税率缴纳营业税。请问：量贩式 KTV 如
此筹划可行吗？

【筹划思路】

（1）娱乐业营业税的税收筹划方法。根据《中华人民共和国营业税暂行条例》的
规定，娱乐业是指为娱乐活动提供场所和服务的业务，包括经营歌厅、舞厅、卡拉 OK
歌舞厅、音乐茶座、台球、高尔夫球、保龄球场、游艺场等娱乐场所，以及娱乐场所为
顾客进行娱乐活动提供服务的业务。进行娱乐业营业税的税收筹划，首先是设法降低人
为因素增加的纳税成本，其次通过可行的技术手段进行操作，在法律许可的范围内降低
税负。

---

① 根据中华会计网校网"娱乐业营业税的税务筹划"编写。

①利用幅度税率进行投资筹划。《中华人民共和国营业税暂行条例》规定，娱乐业执行5%～20%的幅度税率，具体适用的税率由各省、自治区、直辖市人民政府根据当地的实际情况在税法规定的幅度内决定。娱乐业是营业税中唯一适用幅度税率的行业，也是唯一由省级政府决定营业税税率的行业。从全国范围看，娱乐业在不同省份税率规定存在差异，这就为投资娱乐业的纳税人提供了税务筹划的空间。例如：广东省规定，歌厅、舞厅、卡拉OK歌舞厅营业税税率15%，高尔夫球、网吧税率10%，游艺、音乐茶座、台球、保龄球场税率5%；辽宁省规定，歌厅、舞厅、卡拉OK歌舞厅、音乐茶座、游艺、网吧营业税税率10%，高尔夫球税率7%，台球、保龄球场税率5%；浙江省和安徽省规定，高尔夫球营业税税率10%，其他娱乐业税率5%；重庆市规定，歌厅、舞厅、卡拉OK歌舞厅、高尔夫球、游戏机营业税税率10%，台球、保龄球场、游艺税率5%。由于娱乐业税率各地差异较大，纳税人在投资娱乐项目之前，应通过地税局了解当地税负情况，根据经营项目选择低税率地区设立企业，达到降低税负的目的。

②兼营项目分别核算。税法规定，纳税人兼营不同税目应税行为的，应当分别核算不同税目的营业额、转让额、销售额，然后按各自的适用税率计算应纳税额；未分别核算的，将从高适用税率计算应纳税额。例如：娱乐业企业在提供娱乐项目的同时还兼营旅店业、饮食业，属于兼营不同税目的应税行为，应分别核算娱乐业、饮食业和旅店业的营业额，分别按照娱乐业和服务业税率缴纳营业税，未分别核算不同应税项目的营业额，按照娱乐业的税率进行纳税；娱乐业企业经营歌厅、舞厅、台球、保龄球等不同娱乐项目的，应分别核算不同税率项目的营业额，未分别核算的，从高适用税率；大型购物中心提供购物、餐饮、娱乐、休闲等项目，应分别核算商品销售额和餐饮、娱乐项目的营业额，对商品销售额征收增值税，对餐饮、娱乐项目按各自适用税率征收营业税，若纳税人不分别核算或者不能准确核算商品销售额和餐饮、娱乐项目的营业额的，由主管税务机关核定销售额或营业额。

③合理选择企业形式。娱乐业企业兼营不同税目或不同税率应税行为的，分别核算有利于减轻税负，在具体操作中究竟是通过设立子公司、分公司的形式分别核算，还是仅仅在财务处理中设立明细科目分别核算呢？例如，近年来流行的量贩式KTV经营方式，KTV里供应的酒水、零食等由顾客在单独设立的超市中购买，房间按时计费，价格比原有的歌厅消费标准低，量贩式KTV如果把超市零售业务从娱乐业中分离出来，超市必须构成独立纳税人，即超市必须是具有独立法人资格的子公司或者是个人独资企业、合伙企业、个体工商户，不能是娱乐公司的分公司、分支机构。

④关联业务定价的筹划。娱乐业在税率方面存在筹划空间，在关联业务收费方面也存在节税可能。消费者到娱乐场所消费往往不是单项的，而是接受综合性服务消费，对这些消费项目，消费者关心的是消费总额，至于单项消费金额或价格，消费者往往不太计较。假定消费者在量贩式KTV餐饮、酒水、包房消费的比例为2∶2∶6，在10 000元的消费额中，餐饮费2 000元，酒水费2 000元，包房消费6 000元，若餐饮费适用饮食业的5%税率，酒水费按小规模纳税人适用3%的税率征收增值税，包房费适用娱乐业20%的税率，则：

应纳流转税 $= 2\,000 \times 5\% + 2\,000 \div 1.03 \times 3\% + 6\,000 \times 20\% = 1\,358.25$（元）

如果企业进行定价筹划，提高餐饮消费和酒水消费价格，降低包房费用，将餐饮、酒水、包房消费的比例调整为 3∶3∶4，在 10\,000 元的消费额中，餐饮费 3\,000 元，酒水费 3\,000 元，包房消费 4\,000 元，则：

应纳流转税 $= 3\,000 \times 5\% + 3\,000 \div 1.03 \times 3\% + 4\,000 \times 20\% = 1\,037.38$（元）

通过关联业务定价筹划，娱乐企业每万元的营业收入就可以节约流转税 320.87 元。

⑤促销方式的筹划。娱乐业为了应对行业竞争，扩大营业额，常用的促销方式有：发放会员卡、发放消费券、幸运抽奖。目前一些高档会所或俱乐部采用发展会员的方式拓展业务，对入会会员收取资格保证金或会员费，企业在收讫保证金或会员费时，发生营业税纳税义务，应将保证金或会员费计入营业额缴税，会员消费时给予折扣优惠，企业以折扣后的金额收费并开具发票，按照折扣后的余额缴纳营业税。娱乐业企业赠送的消费券，按照视同销售处理，应全额缴纳营业税。娱乐企业采用抽奖的方式，对中奖客户发放奖金或奖品，增加了企业的现金支出或经营成本，而且奖金或奖品价值按照视同销售处理，应计入营业额征税；对于客户而言，获得的现金或物质奖励，属于偶然所得，应由娱乐业企业按照 20% 的税率代扣代缴个人所得税，对企业和客户都不利。

假定张先生在量贩式 KTV 消费 10\,000 元，按照规定可以在三种奖励方式中选择其一：方式一，获得会员卡，享受八折优惠；方式二，获得 2\,000 元消费券；方式三，获得价值 2\,000 元的奖品。其相关计算如下：

方式一：应纳营业税 $= 10\,000 \times (1 - 20\%) \times 20\% = 1\,600$（元）

方式二：应纳营业税 $= 10\,000 \times 20\% + 2\,000 \times 20\% = 2\,400$（元）

方式三：应纳营业税 $= 10\,000 \times 20\% + 2\,000 \times 20\% = 2\,400$（元），企业代扣代缴个人所得税 $= 2\,000 \times 20\% = 400$（元）

可见，发放会员卡，使客户直接享受折扣优惠，在促销的同时减轻了企业税负，而且可以吸引客户多次消费，是比较理想的促销方式。

（2）娱乐业营业税筹划的涉税风险分析。营业税是地方财政收入的重要来源，娱乐业由于行业特殊性，往往被当地税务机关作为监督检查的重点，有关娱乐业兼营和关联业务定价的筹划，税务部门和税务筹划专家的观点存在分歧，成为筹划和操作的难点，涉及的税务风险值得关注。

①娱乐业被税务机关核定营业额。娱乐业计算缴纳营业税，确认营业额是关键，一旦申报的营业额与企业的经营规模、税法规定等不相符，被税务机关认定营业额明显偏低而无正当理由，税务机关有权核定营业额，就会人为地增加企业税负。

首先，确认营业额应注意区分混合销售和兼营行为。一项销售行为如果既涉及应税劳务又涉及货物的，为混合销售行为。娱乐公司在娱乐场所向顾客提供的烟酒、饮料、茶水、鲜花等，是典型的混合销售行为，无论是否分别核算，都应当并入娱乐业的营业额征税。若从节税角度考虑，将商品零售业务或餐饮业务从娱乐业中分离，前提是超市或餐厅必须构成独立纳税人，可以是子公司或个人独资企业、合伙企业、个体工商户。

其次，关联业务定价筹划应适度。娱乐企业兼营不同应税项目，由于适用税率或税种不同，利用关联业务定价筹划可以减轻税负，但是筹划操作不能过度。例如，在量贩式KTV经营中如果过分提高商品销售收入或者餐饮价格，减少娱乐业收入，就会造成娱乐业收入明显偏低且无正当理由，主管税务机关有权核定娱乐业收入，并补征营业税。

②兼营项目仍按娱乐业税率征税。由于娱乐业营业税税率较高，将娱乐业收入中的商品销售额和餐饮费从娱乐业收入中分离，是常见的税务筹划思路。根据《国家税务总局关于印发〈营业税税目注释〉（试行稿）的通知》（国税发［1993］149号）的规定，娱乐场所为顾客进行娱乐活动提供的饮食服务及其他各种服务，均属于娱乐业税目征收范围。因此，娱乐场所提供的餐饮服务仍属于娱乐业的征税范围，如果将量贩式KTV分设为具有独立法人资格的歌厅和自助餐厅，分别开具发票，按照税法规定，自助餐的消费额可以按照饮食业适用5%的税率缴纳营业税，然而，KTV和餐饮业确实存在不可分割的消费关系，对于那些存在明显避税嫌疑的操作，一旦被主管税务机关认定为"企业实施其他不具有合理商业目的的安排而减少应税收入"，税务机关有权按照合理方法调整，可能将独立核算的餐饮收入按照娱乐业税率征收营业税。

关于量贩式KTV内设超市收入如何征税，目前没有统一的政策规定。如果超市作为独立纳税人单独核算销售额，可以认定为增值税纳税人。然而有的省级税务机关明确规定，KTV内设超市收入应按娱乐业征收营业税，例如，内蒙古自治区地税局2004年下发的《关于对量贩式KTV超市征收营业税批复》规定，在量贩式KTV内设立的超市，经营时间与KTV的营业时间相同，在KTV为顾客进行娱乐活动提供服务的同时，以向顾客销售饮料、烟酒、食品等为主，无论办理何种税务登记，均应暂按娱乐业征收营业税。因此，从事量贩式KTV经营的投资人，在企业开设初期就要与当地税务机关沟通，明确相关政策，降低涉税风险。

七、建筑设计企业营业税的税收筹划①

【导入案例】

建筑设计企业是指那些既提供图纸设计又承揽建筑工程的公司，即这些企业的经营业务主要有两种：一是提供设计服务，也就是画图，按所设计工程造价的一定比例收费，低的只有百分之零点几，高的有百分之二、三，这些收入按"服务业"征税，税率为5%。二是提供建筑服务，也就是承接建筑工程，工程收入按"建筑业"纳税，税率为3%。"服务业"和"建筑业"都属于营业税的征税项目（营业税也是建筑设计企业的主干税种），其中的税负之差是40%。请问：建筑设计企业缴纳营业税应如何筹划？

---

① 根据《财会学习》2010年第06期葛长银的论文"建筑设计企业营业税的节税筹划思路和方法"编写。

【筹划思路】

建筑设计企业的提供图纸行为和承揽建筑工程行为属于兼营不同税目营业税的纳税行为。根据《中华人民共和国营业税暂行条例》第三条明确规定,纳税人兼有不同税目的应当缴纳营业税的劳务、转让无形资产或者销售不动产,应当分别核算不同税目的营业额、转让额、销售额;未分别核算营业额的,从高适用税率。因此:

(1)画图的收入和工程的收入(尤其是小工程)应分别核算。应注意的是,对同一客户,要是会计把画图款记入到工程收入里,企业就按低税率纳税,但这属于偷逃税款,查到了,除了补交应纳税款和滞纳金外,还要罚款1~5倍。总之,会计只要入错账,企业就比较麻烦。

(2)低价卖图纸,避免免费送图纸。比较而言,画图收入远远低于工程收入,而且工程项目的利润也比较"肥"。所以,一些建筑设计企业就把工作重点放在了承揽工程项目上,图纸就免费送了,这就形成了"接工程送图纸"的普遍现象。问题是,送的图纸视同销售,那图纸也要按市场价格的5%的税率缴纳营业税。但这些企业很少缴纳这笔税,这也属于偷逃税款的行为。因此,图纸不能免费送,送了就可能要按市场价计算收入并纳税,那就不合算。但正如每个建筑物都不同一样,每份图纸的定价也没有可比性,所以图纸可以低价卖,比如按工程造价3%收费的图纸,我们按0.3%收费,那按5%纳税的图纸收入税负就大大地降低了。以10 000万元的工程项目来计算,按3%收取设计费是300万元(10 000×3%),纳税15万元(300×5%);若按0.3%收费则为30万元,纳税1.5万元,之间差了13.5万元的税款。这就是图纸由"免费送"转为"低价卖"的节税效应。

八、建安企业[①]自产自用的建筑材料如何纳税[②]

【导入案例】

一家建筑企业,为节约施工成本,自行生产部分建筑材料,如混凝土空心砖、水泥预制构件等,并将这部分材料用于建筑安装项目。近期,国税机关检查人员要求对这部分材料计算缴纳增值税。理由是,《国家税务总局关于印发增值税若干具体问题的规定的通知》(国税发〔1993〕154号)规定,基本建设单位和从事建筑安装业务的企业附设的工厂、车间生产的水泥预制构件、其他构件或建筑材料,用于本单位或本企业的建筑工程的,应在移送使用时征收增值税。但对其在建筑现场制造的预制构件,凡直接用

---

① 建安企业是指建筑安装企业的简称。

② 根据2011年11月8日《中国税务报》钟美辉、肖汉平"建安企业自产自用的建筑材料如何缴税"编写。

于本单位或本企业建筑工程的，不征收增值税。请问：税务机关的要求是否正确？

【分析】

（1）对国税发〔1993〕154号相关规定的理解。《国家税务总局关于印发增值税若干具体问题的规定的通知》（国税发〔1993〕154号）规定，基本建设单位和从事建筑安装业务的企业附设的工厂、车间生产的水泥预制构件、其他构件或建筑材料，用于本单位或本企业的建筑工程的，应在移送使用时征收增值税。但对其在建筑现场制造的预制构件，凡直接用于本单位或本企业建筑工程的，不征收增值税。因此，此处按照生产地点不同需要区分两种情况：一是非独立核算的企业是在车间生产的水泥预制构件、其他构件或建筑材料，应当在移送使用时缴纳增值税；二是非独立核算的企业在建筑安装工程现场制造的预制构件，不用缴纳增值税。具体是否要缴纳增值税，应由当地主管税务机关根据实际情况确定。由于税务机关不可能随时对其企业的生产地点进行监管，因此，实际执行时，往往企业都会将自产自用的构件视为在建筑安装工程现场制造的，从而不用缴纳增值税。

（2）建安企业（建筑安装企业的简称）内部非独立核算的企业自产自用的建筑材料不缴增值税。《中华人民共和国营业税暂行条例实施细则》规定，提供建筑业劳务的同时销售自产货物的行为，应当分别核算应税劳务的营业额和货物的销售额，未分别核算的，由主管税务机关核定其应税劳务的营业额。《中华人民共和国增值税暂行条例实施细则》第六条规定，纳税人销售自产货物并同时提供建筑业劳务的行为，应当分别核算货物的销售额和非增值税应税劳务的营业额，并根据其销售货物的销售额计算缴纳增值税，非增值应税劳务的营业额不缴纳增值税。未分别核算的，由主管税务机关核定其货物的销售额。因此，对于生产型企业销售自产货物并提供安装劳务行为，应分别就货物销售征收增值税，安装劳务征收营业税。这里的生产企业是独立核算的企业，因此，建安企业内部非独立核算的企业自产自用的建筑材料涉税问题由于不涉及销售而不适用本规定，而应适用国税发〔1993〕154号的规定。为此，对建安企业内部非独立核算的企业自产自用的建筑材料不用征增值税，只对建安企业内部独立核算单位销售自产货物并同时提供建筑业劳务的行为，或提供建筑业劳务的同时销售自产货物的行为，根据其销售货物的销售额计征增值税。

例1：一家桥梁公司承建一座公路桥梁，造价为1750万元。建设过程中施工队用水泥、钢筋、沙石等浇铸桥板，统一安装，成本价为330万元。对于这部分桥板，不征收增值税，而是并入工程总造价征收营业税。

该桥梁公司应纳营业税 = 1 750 × 3% = 52.5（万元）

（3）建安企业内部独立核算单位视同生产经营单位要缴增值税。建安企业内部若设立独立核算单位，且中间产品既有企业自用也有对外销售，此种情况下，独立核算单位视为从事生产经营的单位，按照《中华人民共和国增值税暂行条例实施细则》第六条、《中华人民共和国营业税暂行条例实施细则》第七条规定，对自用及对外销售的半成品征收增值税，对营业额减除自用货物价值后的余额征收营业税。对内部独立核算单位，要申请办理一般纳税人资格，在经营过程中取得增值税专用发票，并按规定核算销项税额和进项税额，或者按规定申请实行增值税简易征收办法。

例2：一家建筑公司内设一个独立核算的预制构件厂，为公司或其他客户加工销售建筑用材料。2011年5月销售建筑构件450万元，其中销售给公司310万元，其他客户140万元，当月可抵扣的进项税额为69.7万元。则：

该预制构件厂5月份应纳增值税 = 450 × 17% − 69.7 = 6.8（万元）

（4）外购材料用于工程项目不缴增值税。《中华人民共和国营业税暂行条例实施细则》第十六条规定，除《中华人民共和国营业税暂行条例实施细则》第七条的规定外，纳税人提供建筑业劳务（不含装饰劳务）的，其营业额应当包括工程所用的原材料、设备及其他物资和动力价款在内，但不包括建设方提供的设备价款。外购材料用于工程有两种情况，一种是纳税人将外购材料用于自建工程，按照规定不缴增值税；另一种是纳税人将工程分包给其他单位，但分包单位仍使用纳税人外购的材料，在这种情况下，纳税人并未将材料销售给分包方，而是将材料用于工程，这部分材料价款已包括在总承包额扣除分包金额中，仍属于应缴营业税的营业额，不缴增值税。

例3：甲企业从事建筑工程业务，2010年承包了一项建筑工程，工程价款为1 200万元，将其中的"门窗安装"分包给乙企业，共计250万元，乙企业使用的门窗料由甲企业购入，金额为190万元。甲企业分包给乙企业的工程，可以确认为分包工程，按差额征收营业税，即甲企业分包给乙企业的250万元工程款，可以抵减营业税应税收入，则甲企业应纳营业税 = （1 200 − 250）× 3% = 28.5（万元），乙企业应纳营业税 = 250 × 3% = 7.5（万元）。

因此，本节【导入案例】中，如果自行生产的建筑材料是该建安企业内部独立核算单位生产的，则应缴纳增值税，如果是该建安企业内部非独立核算单位生产的，则不用缴纳增值税。

九、建安企业[①]营业税纳税筹划[②]

【建筑工程承包公司的税收筹划】

根据《中华人民共和国营业税暂行条例》规定，建筑工程承包公司承包建筑安装工程业务时，如果该公司不与建设单位签订承包建筑安装工程合同，只是负责工程承包的组织协调业务，则工程承包公司的此项业务收入应按"服务业"税目征收营业税，即实行5%的税率；如果该公司与建设单位签订承包建筑安装工程合同，然后再将工程分包，这样工程承包公司取得的收入可按"建筑业"税目征收营业税，即实行3%的税率。即

---

① 建安企业是建筑安装企业的简称。
② 根据《厦门科技》2007年第6期陈天美论文"建安企业营业税纳税筹划"编写。

其是否签订承包合同将适用不同的税率，这就为进行税收筹划提供了很好的契机。

例4：A工程承包公司得知某建设单位将发包一建筑工程，A如果采用协助方式让B施工企业中标，由建设单位与B单位签订工程承包合同，总金额为120万元，A公司从中收取服务费用20万元，则A公司对该笔业务收入应按"服务业"税目计算缴纳营业税为20×5%＝1（万元）。而在合同金额相同的情况下，若A公司自己中标，采取直接与建设单位签订承包合同，然后再将工程分包给B施工企业，分包款为100万元，则A公司按"建筑业"税目应缴纳营业税为（120－100）×3%＝0.6（万元），可少缴税款0.4万元。

【建筑工程"转包"的税收筹划】

签订多方合同解决。营业税暂行条例第五条规定，纳税人的营业额为纳税人提供应税劳务、转让无形资产或者销售不动产收取的全部价款和价外费用。针对建筑业又明确"纳税人将建筑工程分包给其他单位的，以其取得的全部价款和价外费用扣除其支付给其他单位的分包款后的余额为营业额"。同时将扣除适用范围由"工程分包或者转包"调整为"建筑工程分包"，对转包业务不再允许扣除（对分包给个人的也不得扣除分包价款）。因此，建筑工程"转包"过程中由于不能扣除转包额而存在重复纳税问题。但在建筑业实务中，很多工程属于转包而不是分包。对于需要转包的工程（符合相关规定的转包），可以签订三方或多方合同，联合承揽工程，甲方依据合同约定金额分别向各个承包单位打款，即可消除工程合法转包过程中的重复纳税问题，减轻建筑设计企业的税负。

【设备安装公司的税收筹划】

根据《中华人民共和国营业税暂行条例》的规定，从事安装工程作业，凡所安装的设备价值作为安装工程产值的，营业额包括设备价款。这就要求建筑安装企业在从事安装工程作业时，应尽量不将设备价值计入所安装工程的产值，可由建设单位提供机器设备，企业只负责安装并取得安装费收入，从而使得营业额中不包括所安装设备价款，达到节税的目的。

例5：某安装企业承包某单位传动设备的安装工程，有两个方案可选择：方案一，由安装企业提供设备并负责安装工程，总价款为300万元，其中设备款为200万元；方案二，设备由建设单位负责提供，安装企业只负责安装业务，收取100万元安装费。根据税法的规定，采用方案一，企业应缴纳的营业税为300×3%＝9（万元）；采用方案二，企业应缴纳的营业税为100×3%＝3（万元）。由此可看出，采用方案二，企业可节税6万元。税法规定，从事建筑、安装、修缮、装饰工程作业的纳税人，无论对方如何估算，其应纳税营业额均应包括工程所用原材料及其他物资和动力的价款。依据这项规定，可做出相应的筹划安排。用改变原材料购买方的办法，可实现不同的营业额，达到节税的目的。

例6：甲施工企业为乙建设单位建造一座房屋，总承包价为600万元。工程所需的材料由乙购买，价款为400万元。价款结清后，甲应缴纳的营业税为：

（600 + 400）×3% = 30（万元）

而如果经过筹划，工程所需材料由甲自己购买，则甲方就可利用自己在建材市场上的优势（熟悉建材市场能以较低价格买到质优的材料），以300万元的价款买到所需的建材，这样，总承包价就成了900万元，甲企业应缴纳的营业税为：

900 × 3% = 27（万元）

与之前相比，甲企业可少缴纳营业税款3万元。

【建安企业混合销售、兼营和租赁改分包的税收筹划】

（1）建安企业销售自产货物并同时提供建筑业劳务时，应当注意取得建设行政部门批准的建筑业施工（安装）资质，并且在签订建设工程施工总包或分包合同中单独注明建筑业劳务价款，这样对纳税人提供建筑业劳务取得的收入（不包括按规定征收增值税的自产货物）缴纳营业税，不缴纳增值税。因为增值税税率一般高于建筑业营业税税率，所以按上述方案实施筹划可以减轻税收负担。

（2）税法规定，纳税人兼营免税、减税项目的，应当单独核算免税、减税项目的营业额，未单独核算营业额的，不得免税、减税；因此，建安企业应当根据收入性质进行明细核算，然后将征、免项目的营业额分别申报，这样才能按规定享受减免税，否则，即使符合减免条件也不能享受税收优惠。

（3）建安企业采取租赁方式，租用其他纳税人的铲车、挖掘机等设备进行拆除、平整等工程施工，那么建安企业应当按建筑收入总额全额缴纳建筑业营业税，其他纳税人应当按实际取得的收入缴纳建筑业营业税（其他纳税人只出租铲车、挖掘机等设备不提供劳务的，按"服务业"税目缴纳营业税）。如果建安企业将拆除、平整等工程"分包"给其他纳税人，则建安企业可扣除"分包"金额缴纳建筑业营业税，而其他纳税人的税负不变。

十、联营转自营超市不纳营业税[①]

【导入案例】

某超市主要经营方式为两种：自己经营和组织商家（或个人）经营。自己经营即超市本身自己组织货源、自行保管、自行销售，按销售收入减除购进商品进价作为自己的经营毛利。组织商家经营即超市与商家（或个人）签订《联营协议》，规定由超市提供场地和经营便利，商家自己组织货源，自行定价销售，自负盈亏。但商家在超市内的所有商品，均以超市名义销售，由超市统一收取销售商品货款。双方约定，商品销售前，

---

① 根据中国税网陈萍生"联营转自营超市不纳营业税"编写。

商品的所有权不属于超市，仍然属于商家，商品的主要风险也由商家自己承担；商品销售后，超市按照销售收入的一定比例收取费用，扣除规定比例的费用后，超市再将售货款余额返给商家。2010 年，联营业务共取得销售收入 2 300 万元，超市按销售收入的不同比例共计收取差价收入 340 万元。该市地税部门对该超市进行税务检查时，提出要对超市收取的联营商家的 340 万元收入征收营业税及相关税费 18.7 万元。请问：该市地税部门的要求是否合理？

【分析】

（1）超市认为不纳营业税的理由。超市认为，根据《国家税务总局关于商业企业向货物供应方收取的部分费用征收流转税问题的通知》（国税发〔2004〕136 号）文件规定，与销售收入挂钩的收入不应该征收营业税。该文规定，对商业企业向供货方收取的与商品销售量、销售额挂钩（如以一定比例、金额、数量计算）的各种返还收入，均应按照平销返利行为的有关规定冲减当期增值税进项税金，不征收营业税。

（2）地税部门认为应纳营业税的理由。地税部门却认为超市的实际情况并不适用国税发〔2004〕136 号文件的规定。其主要理由为：商家的商品所有权不属于超市，商品的主要风险与超市无关，因此，商家不是超市的供货单位。同时，商家与超市的结算是按扣除价差后的内部计算单支付，商家与超市也没有形成平销行为，超市也就不可能冲减当期进项税金。虽然超市收取的收入与商品销售额挂钩，但由于前面所述原因，这部分收入显然不属于文件规定的平销返利。税务部门认为，根据实际情况反映，超市按销售收入所获得的收益，是超市将自己的部分资产（场地、营业许可等）出包、租赁给商家而收取的承包、租赁性质的费用，应按《财政部、国家税务总局关于营业税若干政策问题的通知》（财税〔2003〕16 号）文件的规定，征收营业税。该文件规定：双方签订承包、租赁合同（协议），将企业或企业部分资产出包、租赁，出包、出租者向承包、承租方收取的承包费、租赁费按"服务业"税目征收营业税。出包方收取的承包费凡同时符合以下三个条件的，属于企业内部分配行为不征收营业税：承包方以出包方名义对外经营，由出包方承担相关的法律责任；承包方的经营收支全部纳入出包方的财务会计核算；出包方与承包方的利益分配是以出包方的利润为基础。由于超市与商家双方之间的"联营"事实关系只符合第一个条件，即商家以超市的名义经营，由超市承担相关的法律责任，但不符合后两个条件，所以，超市收取商家的费用应该视同承租费用，按照"服务业"征收营业税。

可见，税务部门征收营业税的认定是有充分依据的。

【筹划思路】

此例中，超市要想使"联营"中获取的差价不征收营业税，就只有将"联营"转为自营方式，将内部结算关系改变为购销关系，即超市与商家结算时，要求商家开具符合税务规定的发票，而且财务上也要按照正常的购销进行核算。为了减少超市的购货风险，可以约定将滞销商品无条件退货，同时不改变在销售商品以后结算货款的规定。

第3章 消费税筹划实务

一、先销售后换取生产资料的消费税纳税筹划[①]

【导入案例】

华庭摩托车生产企业，当月对外销售同型号的摩托车时共有三种价格，以4 000元的单价销售50辆，以4 500元的单价销售10辆，以4 800元的单价销售5辆。当月以20辆同型号的摩托车与某企业换取原材料。双方按当月的加权平均销售价格确定摩托车的价格，摩托车消费税税率为10%。请问：该企业应如何进行消费税纳税筹划？

【法规解读】

企业用自产的应税消费品进行对外投资、换取生产资料和消费资料以及抵偿债务，虽然没有直接发生销售行为，但仍是一种有偿转让应税消费品所有权的行为，应当视同销售应税消费品计算缴纳消费税。根据《中华人民共和国消费税暂行条例》的规定，纳税人自产的应税消费品用于换取生产资料和消费资料、投资入股或抵偿债务等方面，应当按照纳税人同类应税消费品的最高销售价作为计税依据。但是在实际操作中，纳税人用应税消费品换取货物或者投资入股，一般是按照双方的协议价或评估价确定的，而协议价往往是市场的平均价。如果按照同类应税消费品的最高销售作为计税依据，显然会加重纳税人的负担。本例中，按税法规定，应纳消费税为：

应纳消费税 = 4 800 × 20 × 10% = 9 600（元）

如果该企业按照当月的加权平均单位将这20辆摩托车销售后，再购买原材料，则：

应纳消费税 = （4 000 × 50 + 4 500 × 10 + 4 800 × 5）÷（50 + 10 + 5）× 20 × 10%
= （200 000 + 45 000 + 24 000）÷ 65 × 20 × 10% = 8 276.92（元）

节税额 = 9 600 − 8 276.92 = 1 323.08（元）

【筹划思路】

如果采取先销售后入股（换货），则会少缴消费税，从而达到减轻税负的目的。

---

① 根据世界经理人博客网刘天永"先销售后入股的避税筹划"编写。

二、消费税的筹划技巧①

【包装物的纳税筹划】

消费税条例规定，实行从价定率办法计征消费税的产品，连同产品一起销售的包装物，无论包装物如何计价，也不论会计如何处理，均应并入消费品的销售额中计算征收消费税。

如果想在包装物的纳税上做文章，其做法是：包装物不能作价随同产品一并销售，而应采用收取包装物"押金"的方式，并且押金应单独开发票和计账，这样包装物就不并入销售额计征消费税。

例1：上海市某轮胎生产企业，2004年5月销售汽车轮胎2万个，每个销售价1 000元，其中包装材料价值100元，消费税率为10%。

采用连同包装一并销售，其应纳税额为：

应纳消费税 = 2 × 1 000 × 10% = 200（万元）

如果包装物用收取押金的形式销售，且包装物单独开发票并单独记账，则应纳税额为：

应纳消费税 = 2 × (1 000 - 100) × 10% = 180（万元）

很明显，只是把包装物以押金的形式收取，并单独列账，则可少缴税款20万元，说明进行纳税筹划是很有必要的。

【独立销售公司与关联企业转移定价的纳税筹划】

由于消费税属于单一环节纳税的税种，因此，对于在生产环节纳消费税的消费品，在流通环节不纳消费税。因而生产企业将销售部门设立为独立核算的销售公司，通过转移定价可使集团的整体税负下降。如果生产企业能以较低的销售价格将应税消费品销售给独立核算的销售公司，将更大限度降低消费税。

《中华人民共和国税收征收管理法》第36条规定，纳税人与关联企业的购销业务，不按独立企业之间的业务往来作价的，税务机关可调整其计税收入额或所得额，核定应纳税额。可见关联企业之间进行节税是有限度的，价格的确定也是有弹性的，在弹性区域内，利用价格的差异可以节税。

例2：天一化妆品厂，批发化妆品给一般批发商的单价为400元/件，销售给独立核算的销售公司按市场最低价380元/件，销售公司当年共销1 000件。则相关计算如下：

转移定价前：

应纳消费税 = 400 × 1 000 × 30% = 120 000（元）

---

① 根据世界经理人博客网刘天永"消费税的筹划技巧"编写。

转移定价后：

应纳消费税 = 380 × 1 000 × 30% = 114 000（元）

结果，转移定价前后的差额 = 120 000 - 114 000 = 6 000（元）。

【委托加工方式的纳税筹划】

（1）委托他方加工的应税消费品收回后，在本企业继续加工成另一种应税消费品销售。

例3：天一卷烟厂委托昆仑厂将一批价值 100 万元的烟叶加工成烟丝，协议规定加工费 75 万元；加工的烟丝运回天一厂后，天一厂继续加工成甲类卷烟，加工成本、分摊费用共计 95 万元，该批卷烟售出价格 700 万元。烟丝消费税税率为 50%。

①天一厂向昆仑厂支付加工费的同时，向受托方支付其代收代缴的消费税。

消费税组成计税价格 =（100 + 75）÷（1 - 30%）= 250（万元）

应纳消费税 = 250 × 30% = 75（万元）

②天一厂销售卷烟后，应纳消费税 = 700 × 50% - 75 = 275（万元）。

（2）如果委托加工收回的应税消费品运回后，委托方不再继续加工，而是直接对外销售。仍以上例，如果天一厂委托昆仑厂将烟叶加工成甲类卷烟，烟叶成本不变，加工费用为 160 万元；加工完毕，运回天一厂后，天一厂对外售价仍为 700 万元。

①天一厂向昆仑厂支付加工费的同时，向其支付代收代缴的消费税。

应纳消费税 =（100 + 160）÷（1 - 50%）× 50% = 260（万元）

②由于委托加工应税消费品直接对外销售，天一厂在销售时，不必再缴消费税。

（3）如果天一厂自己生产该批卷烟，其发生的生产成本恰好等于昆仑厂的加工费，即为 160 万元。天一厂应纳消费税为：700 × 50% = 350（万元）。

通过计算，我们可以发现，该笔业务由天一厂自行生产要比委托加工多支付消费税 90 万元。由此可见，计算委托加工的应税消费品应缴纳的消费税与自行加工的应税消费品应缴纳的消费税的税基不同。委托加工时，受托方（个体工商户除外）代收代缴税款，税基为组成计税价格或同类产品销售价格；自行加工时，计税的税基为产品销售价格。在通常情况下，委托方收回委托加工的应税消费品后，要以高于成本的价格售出以求盈利。不论委托加工费大于或小于自行加工成本，只要收回的应税消费品的计税价格低于收回后直接出售价格，委托加工应税消费品的税负就会低于自行加工的税负。对委托方来说，其产品对外售价高于收回委托加工应税消费品的计税价格部分，实际上并未纳税。因此，在各相关因素相同的情况下，彻底的委托加工方式（收回后不再加工直接销售）比自行加工方式的税后利润多，其税负要低。因此，企业可根据这个结果，结合企业的实际情况确定应税消费品的加工方式，以达到节税的目的。

【生产不同消费税税率产品的纳税筹划】

消费税条例规定，纳税人生产销售不同消费税税率的产品未分别核算的，或将不同消费税税率产品组成成套销售的，适用从高税率征收消费税。因此，如果有生产不同消费税税率产品的企业，应将不同消费税税率的产品分别核算，并分别申报纳税。

例3：某酒厂既生产粮食白酒（消费税税率为25%），又生产药酒（消费税税率为10%），该厂对生产的上述二类酒应分别核算，才能分别申报纳税，否则按消费税税率25%征收消费税。

实际中，工业企业销售产品，大都采取"先包装后销售"的方式进行。按照上述规定，如果改成"先销售后包装"方式，不仅可以大大降低消费税税负，而且增值税税负仍然保持不变。

例4：某日用化妆品厂，将生产的化妆品、护肤护发品、小工艺品等组成成套消费品销售。每套消费品由下列产品组成：化妆品包括一瓶香水（30元）、一瓶指甲油（10元）、一支口红（15元）；护肤护发品包括两瓶浴液（25元）、一瓶摩丝（8元）、一块香皂（2元）；化妆工具及小工艺品（10元）、塑料包装盒（5元）。化妆品消费税税率为30%，护肤护发品税率为17%。上述价格均不含税。按照习惯做法，将产品包装后再销售给商家。

应纳消费税 = (30 + 10 + 15 + 25 + 8 + 2 + 10 + 5) × 30% = 31.5（万元）

但是，若改变做法，将上述产品先分别销售给商家，再由商家包装后对外销售（注：实际操作中，只是换了个包装地点，并将产品分别开具发票，账务上分别核算销售收入即可）。

应纳消费税 = (30 + 10 + 15) × 30% + (25 + 8 + 2) × 17% = 16.5 + 5.95 = 22.45（元）

每套化妆品节税额 = 31.5 − 22.45 = 9.05（元）

三、白酒企业消费税筹划①

【法规解读】

自古以来，白酒就是我国财政收入的重要来源。现行白酒税政的分界点是1994年的税制改革。1994年之前，对白酒征收的最主要税种是产品税，税率高达60%。1994年之后，酒类企业的产品税被增值税和消费税取代。白酒消费税实行从价定率征收，粮食白酒税率为25%，薯类白酒税率为15%。2006年，两类白酒的税率统一调整为20%。对于白酒企业，消费税是负担最重的税种，往往占总体税负的50%左右。可以看出，白酒企业的税负远远高于一般不缴纳消费税的企业。然而，继1994年白酒高税负的税政框架确定之后，税务部门针对白酒行业又连续不断地出台了一系列苛刻的政策。其中比较重要的有如下规定：

1995年，国家税务总局发192号文件规定，1995年6月1日起，对销售除啤酒、黄

---

① 根据中国论文下载中心网"浅析白酒上市公司消费税税收负担及避税行为"编写。

酒外的其他酒类产品而收取的包装物押金，无论是否返还以及会计上如何核算，均应并入当期销售额征收消费税。

1998年，财政部、国家税务总局发45号文件规定，从1998年1月1日起，粮食类白酒（含薯类白酒）的广告宣传费一律不得在税前扣除。凡已扣除的部分，在计算缴纳企业所得税时应作纳税调整处理。

2001年，财政部、国家税务总局发84号文件规定，2001年5月1日起，对粮食白酒、薯类白酒在从价征收消费税的同时再按实际销售量每公斤征收1元的定额消费税；取消以往外购酒可以抵扣消费税的政策；停止执行对小酒厂定额、定率的双定征税办法，一律实行查实征收。这次税政调整对白酒行业冲击巨大，企业纷纷调整产品价位结构，减少低价酒生产，向高端白酒发展。

2002年，国家税务总局发109号文件针对关于酒类生产企业利用关联企业之间关联交易规避消费税问题作出了规定，要求各地税务局按照征管法实施细则第三十八条规定对其计税收入额进行调整。同时规定白酒生产企业向商业销售单位收取的品牌使用费，均应并入白酒的销售额中缴纳消费税。

2008年，新修订的消费税暂行条例规定在生产、委托加工和进口白酒时，其消费税的组成计税价格需加上从量定额消费税税额。

最近一次的白酒政策的重大调整是2009年国家税务总局发〔2009〕380号函。该文件明确了白酒消费税最低计税价格核定管理办法。这是国家继2002年以来第二次针对白酒低价销售问题作出规定。这次调整对白酒企业形成了不小的压力。

【筹划方案】

（1）关联交易。按税法规定，消费税属于价内税，实行单一环节征收，在生产、委托加工和进口环节缴纳，而在以后的批发、零售等环节中，不再缴纳消费税。针对上述特点，白酒企业找到了有效的筹划方案。具体办法是酒企分设独立的生产公司和销售公司，生产公司以低价将白酒销售给销售公司，销售公司再以市场价对外销售，通过关联交易方式降低计税价格，达到降低税负的目的。下面举例说明，为简化起见暂不考虑每斤0.5元从量税。某白酒企业避税前一瓶白酒出厂价为100元，20%的从价消费税就需要缴税20元，税负为20%。实施避税方案后，该企业分设生产公司A和销售公司B，A以40元价格将每瓶酒卖给B，按规定在生产环节纳消费税，A需缴20%的从价税为8元，B再以100元价格批发给经销商，无需缴纳消费税。总体来看，税负仅为8%，前后对比，消费税负担足足下降了12%。避税效果如此明显，因此上述方案成了白酒行业最通行的做法，所有的白酒上市公司都分设了独立的销售公司。

（2）税负转嫁。当白酒税负提高时，酒类企业采用提价的方式将一部分税负转嫁给下游的消费者。税负转嫁这种方式不是每个企业都可以用的。事实上能够进行税负转嫁的产品是很少的，因为它取决于产品的需求弹性。对于纺织、家具、服装等产品，需求弹性很高，企业稍一提价，消费者立刻改用其他替代品，销量就大受影响。而对于白酒，尤其是高端白酒，需求弹性很低，消费者对价格并不敏感，因此提价对销售的影响很小。白酒上市公司高端酒占比例很大，因此税负转嫁的空间也很大，譬如 2009 年名酒集体提价后财务指标均得到改善，而茅台在 2010 年甚至宣布在未来 3～5 年每年提价 10%。需要注意的是，对于规模小、品牌弱的酒类企业，产品的需求弹性并不低，不一定有多少税负转嫁空间。人们对高端白酒的刚性需求使得白酒上市公司拥有了得天独厚的筹划空间，这是一般消费品不可比拟的。

　　白酒企业的上述两种避税方法逐渐被税务机关熟悉。对于税负转嫁方式，由于对外价格调整是酒类企业的正常经营决策，税务机关没有必要去干预；但对于酒类企业内部的关联交易，却有悖于税法规定的公允价格原则。实际上税务机关对关联交易早有规定，不认可企业的非正常低价。然而在实际征收过程中，产品公允价格并不好判定，因此导致了白酒企业关联交易愈演愈烈，实际上这种行为属于灰色地带，已经带有偷漏税性质了。因此，2009 年 7 月 17 号，国家税务总局出台了 380 号文件，规定自 2009 年 8 月 1 日起，白酒生产企业消费税计税价格低于销售单位对外销售价格 70% 的，税务机关应核定消费税最低计税价格。其中生产规模较大、利润水平较高的企业，可在 60%～70% 比例范围内浮动。这意味着，如果销售公司 B 以 100 元价格将一瓶白酒批发给经销商，那么生产公司 A 销售给 B 的最低价格只能是 70 元，如果企业生产规模较大、利润水平较高，最低的价格也只能确定为 60 元。上例 40 元的定价将不再被税务机关认可，这就是所谓的最低计税价格核定。这意味着白酒企业的消费税税负为 14%，最低也只能是 12%。最低计税价格核定没有禁止酒类企业的关联交易，但给关联交易划定了一条红线，结束了白酒企业任意降低消费税税负的局面。

四、消费税筹划中的平衡点分析[①]

【外购未税与已税原材料的平衡点分析】

　　根据消费税的制度规定，企业外购已税的原材料，其已纳税可以扣除（另有规定者除外），因此一些税务筹划的研究文献指出，企业外购已税的原材料比未税的原材料可能具有税收优势。前者可以扣税，但一般价格高一些，后者不可扣税，价格会低一些，但需要自己再付出一定的加工费。对于企业而言，加工到相同程度的同类原材料，两种情况下的付出成本对比就构成"外购未税与已税"的平衡点，表述如下：

　　当外购已税原材料价值 =（外购未税原材料价值 + 加工到外购已税原材料的加工费）÷（1－外购已税原材料消费税税率）时，外购未税与已税原材料所产生的利润相等，此时的外购已税原材料价值为平衡点外购已税原材料价值，当外购已税原材料价值低于平衡点外购已税原材料价值时，外购已税原材料产生的利润更高，因此外购已税原材料更合算，反之，外购未税原材料更合算。

---

　　① 根据中国税网申嫦娥"消费税筹划中的平衡点分析"编写。

为了说明平衡点的计算，下面用例4和例5进行说明，而为了证实平衡关系，我们先计算到税后利润进行对比，再用（1）式进行验证。

例4：购入未税原材料的情形。A卷烟厂外购一批未纳消费税的烟叶，其价值500万元，由一车间加工成烟丝，预计加工费为200万元（即烟丝成本700万元），然后由二车间加工成卷烟，预计加工费为100万元，生产完成后出售，预计不含税（指增值税，下同）销售收入为1 500万元（2 000箱，每箱250条，每条价格30元，乙级）。卷烟消费税税率按36%计算，烟丝消费税税率为30%，从量定额税每一标准箱150元，企业所得税税率为25%。因为在平衡关系的分析中，流转税附加基本没有影响，未予考虑。其相关计算如下：

应纳消费税 = 1 500 × 36% + 0.2 × 150 = 570（万元）

税后利润 = ［卷烟销售价格 － 外购未税原材料 － 自行加工成烟丝的加工费 － 自行加工成卷烟的加工费 － 应纳消费税］× （1 － 25%）= （1 500 － 500 － 200 － 100 － 570）× （1 － 25%）= 97.5（万元）　　　　　　　　　　　　　　　　　　　（1）

例5：购入已税原材料的情形。A卷烟厂购进已经缴纳消费税烟丝，成本1 000万元［相当于（500 + 200）÷（1 － 30%）］，购入后再由二车间继续加工成卷烟对外出售，加工费100万元，其余条件同例4。其相关计算如下：

应纳消费税 = 1 500 × 36% + 0.2 × 150 － 1 000 × 30% = 270（万元）

税后利润 = 卷烟销售价格 － 外购已税原材料 － 自行加工成卷烟的加工费 － （购入未税原材料应纳消费税 － 外购已税原材料 × 外购已税原材料消费税税率）× （1 － 25%）= ［卷烟销售价格 － 外购已税原材料 × （1 － 外购已税原材料消费税税率）］= （1 500 － 1 000 － 100 － 270）× （1 － 25%）= 97.5（万元）　　　　　　　　（2）

当加工程度到烟丝时，根据（1）=（2）计算的平衡点为：

外购已税原材料 = （500 + 200）÷（1 － 30%）= 1 000（万元）

如果外购烟丝成本低于平衡点1 000万，比如900万元，则根据（2）可知：利润会提高，计算如下：

应纳消费税 = 1 500 × 36% + 0.2 × 150 － 900 × 30% = 300（万元）

税后利润 = （1 500 － 900 － 100 － 300）× （1 － 25%）= 150（万元）

所以在外购原材料的税务筹划中，对于已税与未税的决策，应根据平衡点外购已税原材料价值进行决策。

【自行加工与委托加工的税负平衡点分析】

1. 自行加工与委托加工半成品的平衡点分析

假定购入没有经过加工的、未税的原材料，购入后需要在自行加工与委托加工之间决策，而委托加工收回的半成品，其已纳税可以扣除。

例6：委托加工成半成品。A卷烟厂外购一批未纳消费税的烟叶，其价值500万元，准备委托加工成烟丝，预计加工费为200万元，收回后由二车间加工成卷烟，预计加工费为100万元，其余条件同例4。则企业的税后利润计算如下：

受托方代收代缴烟丝消费税 = （500 + 200）÷ （1 - 30%）× 30% = 300（万元）

A卷烟厂应纳消费税 = 1 500 × 36% + 0.2 × 150 - 300 = 270（万元）

税后利润 = ［卷烟销售价格 - 外购未税原材料 - 含消费税的委托加工费 - 自行加工成卷烟的加工费 - （应纳消费税 - 受托方代收代缴的消费税）］× （1 - 25%）= ［（1 500 - 500 - （200 + 300）- 100 - 270）］× （1 - 25%）= 97.5（万元）

下面计算平衡点：

与自行加工的例4相比，当税后利润相等时，则：

［卷烟销售价格 - 外购未税原材料 - 自行加工成烟丝的加工费 - 自行加工成卷烟的加工费 - 应纳消费税］×（1 - 25%）= ［卷烟销售价格 - 外购未税原材料 - 含消费税的委托加工费 - 自行加工成卷烟的加工费 - （应纳消费税 - 受托方代收代缴的消费税）］×（1 - 25%）

上式中，含消费税的委托加工费 = 委托加工成烟丝的加工费 + 受托方代收代缴的消费税

整理得：

自行加工成烟丝的加工费 = 委托加工成烟丝的加工费

即当自行加工成烟丝的加工费 = 委托加工成烟丝的加工费时，对于加工到相同程度的同类半成品（如本例的烟丝）而言，自行加工与委托加工所产生的利润相等，此时的委托加工费为平衡点委托加工费，当委托加工费低于平衡点委托加工费时，委托加工带来的利润更高，因此委托加工更合算，反之，自行加工更合算。

例如本例，由于自行加工成烟丝的加工费与委托加工的加工费相等，均为200万元，所以两种方式下利润相同。

2. 自行加工与委托加工产成品的平衡点分析

自行加工产成品对外销售，其计税依据就是不含税售价，而委托加工产成品，收回后直接销售的，由受托方代扣代缴，收回后不再纳税，其计税依据则是组成计税价格。

例7：A卷烟厂外购一批未纳消费税的烟叶，其价值500万元，准备委托加工成卷烟，预计加工费为300万元，其余条件同例4。则相关计算如下：

受托方代收代缴卷烟消费税 = （外购未税原材料 + 委托加工成卷烟的加工费 + 卷烟从量税）÷ （1 - 卷烟消费税税率）× 卷烟消费税税率 + 卷烟从量税 = （500 + 300 + 0.2 × 150）÷ （1 - 36%）× 36% + 0.2 × 150 = 497（万元）

税后利润 = （卷烟销售价格 - 外购未税原材料 - 委托加工成卷烟的加工费 - 受托方代收代缴卷烟消费税）× （1 - 25%）= （1 500 - 500 - 300 - 497）× （1 - 25%）= 152.25（万元）

下面计算平衡点：

与自行加工的例4相比，当税后利润相等时，则：

［卷烟销售价格 - 外购未税原材料 - 自行加工成卷烟的加工费 - 应纳消费税］×

（1－25%）＝（卷烟销售价格－外购未税原材料－委托加工成卷烟的加工费－受托方代收代缴卷烟消费税）×（1－25%）

整理得：

自行加工成卷烟的加工费＋应纳消费税＝委托加工成卷烟的加工费＋受托方代收代缴卷烟消费税

即当自行加工成卷烟的加工费＋应纳消费税＝委托加工成卷烟的加工费＋受托方代收代缴卷烟消费税，对于加工到相同程度的同类产成品（如本例的卷烟）而言，自行加工与委托加工所产生的利润相等，此时为自行加工和委托加工的平衡点。当委托加工成卷烟的加工费与受托方代收代缴卷烟消费税之和低于平衡点时，委托加工带来的利润更高，因此委托加工更合算，反之，自行加工更合算。

例4中：

自行加工成卷烟的加工费＋应纳消费税＝300＋1 500 ×36% ＋0.2×150＝870 （元）

例7中：

委托加工成卷烟的加工费＋受托方代收代缴卷烟消费税＝300＋[（500＋300＋0.2×150）÷（1－36%）]×36% ＋0.2×150＝300＋1 297 ×36% ＋0.2×150＝796.92 （元）

可见，委托加工成卷烟的加工费＋受托方代收代缴卷烟消费税低于委托加工成卷烟的加工费＋受托方代收代缴卷烟消费税，因此委托加工更合算。

【生产企业是否设置下属卷烟批发企业的平衡点分析】

2009 年，财政部、国家税务总局《关于调整烟产品消费税政策的通知》规定在卷烟的批发环节加收5%的消费税。对于卷烟的生产企业而言，如果设立下属批发企业，一方面可以通过转让定价降低生产企业的税负，但另一方面又会增加批发环节的消费税，那么转让定价的幅度为多少是可行的？

生产企业如果不设立下属批发企业，其直接对外的售价为P；如果设立下属批发企业，其转让给批发企业的价格为 $P×R$ （R 为价格折扣），批发企业对外售价仍然为P，税负平衡点的 R 是多少？

甲级卷烟（消费税税率为56%），设下属批发企业和不设下属批发企业的平衡点为：

$P×R×56% ＋P×5% ＝P×56%$

$R ＝91.07%$

乙级卷烟（消费税税率为36%），设下属批发企业和不设下属批发企业的平衡点为：

$P×R×36% ＋P×5% ＝P×36%$

$R ＝86.11%$

因此，只要生产企业销售给下属批发企业的价格折扣在91.07%或86.11%以下，设立下属的批发企业就是有利的。

【消费品价格制定中的平衡点分析】

在消费税制度中，卷烟和啤酒的税率是根据对外售价全额累进的，因此在税率变化的临界点上，如何合理定价就十分重要。下面对卷烟和啤酒的平衡点分别介绍。

1. 卷烟

根据前述财税〔2009〕84号文的规定，每标准条（200支）对外调拨价在70元以上（含70元，不含增值税）的为甲级卷烟，其税率为56%，以下的为乙级，税率为36%。因此如果每标准条的价格只比70元高一点，加价可能反而不划算，在征税临界点上（70元）需要计算利润平衡点的加价幅度。

设税率临界点每标准箱的售价为P，在其基础上提高的倍数为G，成本为C，企业所得税率t，城建税及教育费附加10%。税后利润的平衡点为：

$$[P - C - (150 + P \times 36\%) \times (1 + 10\%)] \times (1 - t) = [P \times G - C - (150 + P \times G \times 56\%) \times (1 + 10\%)] \times (1 - t) \tag{7}$$

解得：$G = 1.57$（倍）

也就是说，如果在每标准条70元的基础上提价，需要提高到109.9元（70×1.57）才划算。

2. 啤酒

根据消费税制度的规定，每吨啤酒出厂价在3 000元以下的（不含3 000元，不含增值税），单位税额220元/吨；啤酒不含增值税价格在3 000元/吨以上的（含3 000元），单位税额250元/吨。与卷烟类似，如果每吨价格只比3 000元高一点，加价可能也是不划算的，在征税临界点上也需要计算利润平衡点的加价幅度。

设税率临界点每吨的售价为P，在其基础上提高金额为S，成本为C，企业所得税税率为t。税后利润的平衡点为：

$$[P - C - 220 \times (1 + 10\%)] \times (1 - t) = [P + S - C - 250 \times (1 + 10\%)] \times (1 - t)$$

解得：

$S = 33$（元）

也就是说提高价格到3 033元（3 000+33）以上才划算。

五、消费税纳税人合并的筹划[①]

由于消费税是单一环节纳税的税种，因此可以通过企业的合并递延纳税时间，主要可以从以下两个方面进行：

（1）通过合并使原来企业间的购销环节转变为企业内部的原材料转让环节，从而递

---

① 根据中国中介联盟网陈孝丽"税收筹划之消费税"编写。

延部分消费税税款。如果两个合并企业之间存在着原材料供应关系，则在合并前，这笔原材料的转让关系为购销关系，应按正常的购销价格缴纳消费税税款。而在合并后，企业之间的原材料购销关系转变为企业内部的原材料转让关系，因此这一环节不用再缴纳消费税，而是递延到销售环节再缴纳。

例8：A市某粮食白酒生产企业（以下简称"甲企业"）委托某酒厂（以下简称"乙企业"）为其加工酒精6吨，粮食由委托方提供，发出粮食成本510 000元，支付加工费60 000元，增值税10 200元，用银行存款支付。受托方无同类酒精销售价。收回的酒精全部用于连续生产套装礼品白酒100吨，每吨不含税售价30 000元，当月全部销售。其相关计算如下：

受托方代收代缴消费税 = （510 000 + 60 000）÷ （1 − 5%）× 5% = 30 000（元）

由于委托加工已税酒精不得予以抵扣，委托方支付的30 000元消费税将计入原材料的成本。

销售套装礼品白酒应纳消费税 = 100 × 30 000 × 20% + 100 × 2 000 × 0.5 = 700 000（元）

应纳城建税及教育费附加 = 700 000 × （7% + 3%） = 70 000（元）

若不考虑销售费用，该笔业务盈利为：

销售收入 − 销售成本 − 销售税金 = 100 × 30 000 − （510 000 + 60 000 + 30 000） − （700 000 + 70 000） = 3 000 000 − 600 000 − 770 000 = 1 630 000（元）

如果改变方案，甲企业将乙企业吸收合并，甲企业在委托加工环节支付的30 000元消费税将得到抵扣，节省的消费税、城建税及教育费附加费将转化为公司利润。

以上只是白酒生产企业并购上游企业的节税效应。在实际筹划时还需要考虑许多问题，如乙企业股东是否愿意被并购等。此外，甲企业如果不采取兼并乙企业，而是筹资投资一个生产酒精的项目，也能达到节税的目的，不过这需要增加投资成本。

（2）如果后一环节的消费税税率较前一环节低，通过合并可直接减轻企业的消费税税负。因为前一环节应该征收的税款延迟到后面环节再征收，由于后面环节税率较低，合并前企业间的销售额在合并后适用了较低的税率而减轻税负。

例9：某地区有两家大型酒厂甲和乙，他们都是独立核算的法人企业。甲企业主要经营粮食类白酒，以当地生产的大米和玉米为原材料进行酿造，按照消费税税法的规定，应该适用20%的比例税率，粮食白酒的定额税率每500克为0.5元。乙企业以甲企业生产的粮食酒为原料，生产系列药酒，按照税法的规定，应该适用于10%的税率。甲企业每年要向乙企业提供价值2亿元、共计5 000万千克的粮食酒。经营过程中，乙企业由于缺乏资金和人才，无法经营下去，准备破产，此时乙企业欠甲企业共计5 000万元的货款，经评估，乙企业的资产恰好为5 000万元，甲企业领导经过研究，决定对乙企业进行收购，其决策依据主要如下：

①这次收购支出费用较小。由于合并前，乙企业的资产和负债均为5 000万元，净资产为0，因此，按照现行税法规定，该并购行为属于以承担被兼并企业全部债务方式

实现的吸收合并，可以不视为被兼并企业按照公允价值转让、处置全部资产，不计算资产转让所得，不用计算缴纳企业所得税。此外，两家企业之间的行为属于产权交易行为，按照税法规定，不用缴纳营业税。

②合并可以递延部分税款。合并前，甲企业向乙企业提供的粮食酒，每年应该缴纳的税款为：消费税 9 000 万元（20 000×20% + 5 000×2×0.5），增值税 3 400 万元（20 000×17%），而这笔税款一部分合并后可以递延到药酒销售环节缴纳（消费税从价计征部分和增值税），并获得递延纳税的好处，另一部分税款（从量计征的消费税税款）则免于缴纳。

③乙企业生产的药酒市场前景很好，企业合并以后可以将经营的主要方向转向药酒生产，而且转向后企业应纳的消费税税款将减少，由于粮食酒的消费税税率为 20%，而药酒的消费税税率为 10%，如果企业转型为药酒生产企业，则税负将会大大降低。举例说明。

假定药酒的销售额为 25 000 万，销售数量为 5 000 万千克，则合并之前应纳消费税的计算如下：

甲企业应纳消费税 = 20 000×20% + 5 000×2×0.5 = 9 000（万元）

乙企业应纳消费税 = 25 000×10% = 2 500（万元）

合计应纳税额 = 9 000 + 2 500 = 11 500（万元）

合并以后应纳消费税 = 25 000×10% = 2 500（万元）

合并后节约的消费税税款 = 11 500 − 2 500 = 9 000（万元）

六、变自制消费品为委托加工消费品的税收筹划[①]

【导入案例】

根据现行税法的规定，生产企业甲接受企业乙委托加工一批卷烟，其税负会低于甲自行加工该批卷烟销售给企业乙的税负。也就是说，对于生产者而言，委托加工消费品的税负会明显低于自制消费品销售的税负。请问：加工企业应如何利用这一税收政策进行纳税筹划？

【法规解读】

1. 现行税法规定，<u>工业企业自制消费品销售时，依销售收入计算缴纳消费税和增值税</u>。作为纳税人的工业企业接受其他企业单位或个人委托代为加工的消费品，由受托方在向委托方交货时代收代缴消费税。但纳税人委托个体经营者加工应税消费品的，一律由委托方收回后在委托方所在地缴纳消费税。委托加工的应税消费品，按照受托方的同

---

① 根据中国税网"委托加工避税案例"编写。

类消费品的销售价格计算纳税，没有同类消费品销售价格的，按照组成计税价格计算纳税。组成计税价格计算公式如下：

组成计税价格＝（材料成本＋加工费）÷（1－消费税税率）

但是受托方仅就企业收取的加工费收入（低于消费品的销售价格和组成计税价格）计算缴纳增值税。可见，对工业企业制造出的同样的消费品，如属受托加工则因为增值税税负较低而比自制产品税负轻。因此，上述案例中，生产企业甲接受企业乙委托加工一批卷烟，其税负会低于甲自行加工该批卷烟销售给企业乙的税负。

2. 税法明确规定，委托加工的应税消费品是指由委托方提供原料和主要材料，受托方只收取加工费和代垫部分辅助材料加工的应税消费品。对于由受托方提供原材料生产的应税消费品，或者受托方以委托方名义购进原材料生产的应税消费品，以及受托方将自己所有的原材料卖与委托方，然后再由委托方提供原料和主要材料进行生产加工的应税消费品，不论企业在财务上是否作销售处理，受托方均应按销售自制产品缴纳消费税。

【筹划思路】

一些企业为了减轻税收负担，在自制产品和受托加工产品之间合理筹划。比如，当企业按照合同为其他企业加工定做产品时，先将本企业生产该产品需要耗用的原材料以"卖给对方"的名义转入往来账。待产品生产出来后，不做产品销售处理，而是向购货方分别收取材料款和加工费。也有的企业在采购原材料时，就以购货方的名义进料。实际上这些筹划方法存在较大的纳税风险。由于委托加工消费品的税负明显低于自制消费品销售的税负，为了堵塞漏洞，国家通过严格立法，对委托加工消费品与自制消费品进行区别。税法明确规定，委托加工的应税消费品是指由委托方提供原料和主要材料，受托方只收取加工费和代垫部分辅助材料加工的应税消费品。对于由受托方提供原材料生产的应税消费品，或者受托方以委托方名义购进原材料生产的应税消费品，以及受托方将自己所有的原材料卖与委托方，然后再由委托方提供原料和主要材料进行生产加工的应税消费品，不论企业在财务上是否作销售处理，均应按销售自制产品缴纳消费税。所以，在税收筹划过程中，不要违反税法，否则不仅达不到避税的宗旨，而且将带来严重的后果，适得其反。

第 4 章　个人所得税筹划实务

一、劳务报酬的个人所得税筹划①

【导入案例】

目前，将工作地点选择在家中，靠为他人提供劳务的"宅人"越来越多。作为"宅人"，为他人提供劳务主要涉及缴纳个人所得税。小李大学毕业后一直"宅"在家中，通过网络为客户提供广告设计。2010 年 7 月份，小李应一家公司要求为其设计广告宣传语和不同主题的现场宣传策划。该公司与小李约定设计费用共计 10 000 元，包括广告宣传语 3 000 元和现场宣传策划 7 000 元。期限为 2010 年 7 月 1 日至 7 月 31 日。请问：对小李应如何对这笔收入进行个人所得税筹划？

【法规解读】

（1）根据《中华人民共和国个人所得税法》的规定，劳务报酬所得、稿酬所得、特许权使用费所得、财产租赁所得，每次收入不超过 4 000 元的，减除费用 800 元；4 000 元以上的，减除 20% 的费用，其余额为应纳税所得额。劳务报酬所得，适用比例税率，税率为 20%，对劳务报酬所得一次收入畸高的，可以实行加成征收，具体为：对一次性劳务报酬超过 20 000 元不满 50 000 元的部分，依照税法规定计算应纳税额后再按照应纳税额加征五成，即适用税率30%；对超过 50 000 元的部分，加征十成，即适用税率40%。所以，实行加成征收后，劳务报酬所得实际适用特殊的三级超额累进税率。

（2）根据《中华人民共和国个人所得税法实施条例》的规定，劳务报酬所得属于一次性收入的，以取得该项收入为一次；属于同一项目连续性收入的，以一个月内取得的收入为一次。根据《国家税务总局关于征收个人所得税若干问题的规定》的规定，这里的"同一项目"，是指劳务报酬所得列举具体劳务项目中的某一单项，个人兼有不同劳务报酬所得，应当分别减除费用，计算缴纳个人所得税。因此，小李为该公司分别设计广告宣传语、现场宣传策划，可以分别缴纳个人所得税。广告宣传语应纳个人所得

---

① 根据 2012 年 1 月 10 日中国新闻网"时尚'宅人'的个人所得税税收筹划"编写。

税：（3 000 － 800）×20% ＝ 440（元）。现场宣传策划应纳个人所得税：7 000 ×（1 －20%）×20% ＝1 120（元）。两项共计1 560 元（440 ＋1 120）。

（3）根据1996 年《国家税务总局关于个人所得税偷税案件查处中有关问题的补充通知》的规定，对劳务报酬所得"次"的规定：考虑属地管辖与时间划定有交叉的特殊情况，统一规定以县（含县级市、区）为一地，其管辖区域内的一个月内的同一项目劳务服务为一次；当月跨县地域的，则应分别计算。例如，某人2010 年8 月份，分别从A、B 两地各取得22 000 元的设计收入。如A、B 分属不同县，则应纳个人所得税：[22 000 ×（1 －20%）×30% －2 000]×2 ＝6 560（元）。如A、B 同属一县，将二者合并纳税，应纳个人所得税：22 000 ×2 ×（1 －20%）×30% －2 000 ＝8 560（元）。

【筹划思路】

正确理解劳务报酬"每次收入"的含义，通过对同一项目收入的时间和地域的筹划，在总收入不变的情况下，使每次收入减少，从而少纳个人所得税。如将在一个月内取得的连续性劳务收入，分成多个月取得；将同一项目来源于一地的收入分成来源于不同地点的收入。

【筹划方案】

小李可以在一个月内的收入次数上做些文章。假如小李与该公司约定现场宣传策划期限为2010 年7 月15 至8 月15 日，费用按天收取。在此种情况下，小李缴纳的个人所得税为：广告宣传语应纳个人所得税：（3 000 －800）×20% ＝440（元）。由于现场宣传策划为连续性劳务，按照上述税法规定，可以以一个月内取得的收入为一次。7 月份小李现场宣传策划劳务应纳个人所得税：（3 500 －800）×20% ＝540（元）。8 月份小李现场宣传策划劳务应纳个人所得税：（3 500 －800）×20% ＝540（元）。共纳税1 520 元（440 ＋540 ＋540），节税40 元（1 560 －1 520）。

二、年终奖个人所得税的筹划缴纳①

【导入案例】

今年年底，单位发给小李年终奖18 800 元，小李应为这笔收入缴税1 775 元，即税后小李实际拿到手的钱是17 025 元。同单位的小王年终奖是18 000 元，同样方法计算，应该缴税540 元，税后小王实际拿到手的钱是17 460 元。这样，就造成小李比小王只是多了800 元年终奖，但却要比小王多缴1 235 元的税，导致小李实际上是"得不偿税"，

---

① 根据2012 年1 月19 日天津日报的"年终奖个人所得税的筹划缴纳"编写。

结果拿到手的钱就比小王少了 435 元。请问：为什么会出现这种所得与税负不匹配的情况？我们应该如何对年终奖进行个人所得税筹划？

【法规解读】

（1）根据国家税务总局发〔2005〕9 号文件的规定，纳税人取得的全年一次性奖金，单独作为一个月工资、薪金所得计算纳税，并按以下计税办法，由扣缴义务人发放时代扣代缴个人所得税。

①先将雇员当月内取得的全年一次性奖金，除以 12 个月，按其商数确定适用税率和速算扣除数。

如果在发放年终一次性奖金的当月，雇员当月工资、薪金所得低于税法规定的费用扣除额，应将全年一次性奖金减除"雇员当月工资、薪金所得与费用扣除额的差额"后的余额，按上述办法确定全年一次性奖金的适用税率和速算扣除数。

②全年一次性奖金应纳个人所得税的计算公式如下：

a. 如果雇员当月工资、薪金所得高于（或等于）税法规定的费用扣除额时，适用公式为：

应纳税额 = 雇员当月取得全年一次性奖金×适用税率 - 速算扣除数

b. 如果雇员当月工资、薪金所得低于税法规定的费用扣除额的，适用公式为：

应纳税额 =（雇员当月取得全年一次性奖金 - 雇员当月工资、薪金所得与费用扣除额的差额）×适用税率 - 速算扣除数

（2）上述"全年一次性奖金"是指行政机关、企事业单位等扣缴义务人根据其全年经济效益和对雇员全年工作业绩的综合考核情况，向雇员发放的一次性奖金，也包括年终加薪、实行年薪制和绩效工资办法的单位根据考核情况兑现的年薪和绩效工资。

（3）在一个纳税年度内，对每一个纳税人，该计算纳税办法只允许采用一次。对于实行全年考核、分次发放奖金的企事业单位，该办法也只能采用一次。雇员取得除全年一次性奖金以外的其他各种名目奖金，如半年奖、季度奖、加班奖、先进奖、考勤奖等，应一律与当月工资薪金收入合并，按税法规定计算缴纳个人所得税。

（4）根据我国年终奖个人所得税计算方法，会出现这样一个规律：如果年终奖数额增加到或超过某个临界点时，使得对应的纳税税率提高一档，如从 3% 提高到 10%，纳税额也相应地大幅增加，这时会出现一种特别的情况，就是年终奖数额增加"一小步"纳税额却提高"一大步"、"得不偿税"、"多发不能多得"的情况。由于个人所得税税率有七档，这些临界点也有多个，每个临界点与平衡点之间的区间，在业内，人们形象地称之为"盲区"或者"无效区间"，表明在这些区间内，所得增加与税负增加不相匹配，税收调节功能的失效与盲目。例如：某人取得 420 000 元年终奖，对应税率（用420 000 ÷ 12 的商 35 000 确定）是 25%，应纳个人所得税 = 420 000 × 25% - 1 005 = 103 995（元），税后可以拿到 316 005 元。

但若年终奖增加 1 元到 420 001 元，对应的计税税率为 30%，应纳税上升到

123 245.30 元，结果，税后能拿到的年终奖只有 296 755.7 元。即多发 1 元年终奖会导致税后少得 19 249.30 元。

根据计算，"盲区"共有六个，分别是：[18 001 元，19 283.33 元]；[54 001 元，60 187.50 元]；[108 001 元，114 600 元]；[420 001 元，447 500 元]；[660 001 元，706 538.46 元]；[960 001 元，1 120 000 元]。如果发给员工的年终奖数额正好落在"盲区"内，对员工、企业、单位都不利。

【筹划思路】

关注"盲区"，想办法合理避开盲区；在员工当月收入与年终奖之间进行平衡，将收入尽可能地纳入低一档的税级，与之相对应的税率也会降低，从而减轻员工税负。

【筹划方案】

（1）企业应当在年初将全年的员工月薪和年终奖做一个总体的纳税筹划，分别计算一次性全部作为年终奖发放适用的税率，以及分项、分次发放或部分并入当月工薪收入适用的税率，取二者中税率较低的一个作为节税最佳方案。例如，某员工月薪 1 万元，拟发年终奖 25 万元。依据规定，其每月工资适用的税率为 20%，而年终奖适用的税率是 25%，高于工资适用税率。这种情况就可以考虑降低年终奖，将一部分奖金并入当月工资，降低年终奖的适用税率。

（2）以"舍"来避"盲区"。以上面的例子来看，小李的年终奖是 18 800 元，如果小李选择只要 18 000 元，捐出去 800 元；又或者企业选择只发 18 000 元；这样，不仅小李实得的奖金不会"缩水"，同时还做了善事，企业、单位也可以节省工资费用把钱花到职工其他福利上。

（3）多设年终奖项构成，化整为零避开"盲区"。如某员工当月工资为 5 000 元，公司年底决定奖励其 2 万元，假设对该年底奖励全部作为年终奖一次性发放，则该员工当月 5 000 元工资应纳个人所得税为 45 元；2 万元年终奖正好越过了"临界点"，适用第二级 10% 的税率，应纳个人所得税为 1 895 元。这样，该员工当月个人所得税为 1 940 元。假如将该员工的奖励分成 1.8 万元"业绩年终奖"和 2 000 元"先进奖"两笔发放。那么先进奖 2 000 元加工资 5 000 元将达到 7 000 元，减去 3 500 元免征额，适用税率 10%，速算扣除数 105，按工资个人所得税的计算公式可以得出，这部分收入应纳个人所得税 245 元；1.8 万元作为年终奖，除以 12 个月后正好在"临界点"之下，适用 3% 的最低一档税率，这部分个人所得税额应为 540 元。这样，该员工当月个人所得税总数为：245 + 540 = 785（元），少缴税 1 155 元（1 940 - 785）。也就是说，由于奖项设置不同，税款缴纳也会有较大不同。

【注意问题】

应避免被所谓"分红险代替年终奖免税"所误导。时下的年终奖让不少保险公司"牵挂"。"为员工买分红保险代替年终奖吧！不但有收益还免缴个人所得税。"这种说法成了保险业务员口中推销的"敲门砖","年终奖是 10 万元，如果公司用价值 10 万元的保单代替奖金，这 10 万元就不用交税了。"这种"避税"的说法有明显有误导之嫌。国税函〔2005〕318 号文件明确规定，依据《个人所得税法》及有关规定，对企业为员工支付各项免税之外的保险金，应在企业向保险公司缴付时（即该保险落到被保险人的保险账户）并入员工当期的工资收入，按"工资、薪金所得"项目计征个人所得税，税款由企业负责代扣代缴。此外国家税务总局从未出台针对投资分红保险的免税规定，企业为职工购买的投资分红保险应计征个人所得税。因此，依据现行税收规定，以所谓的"分红险代替年终奖"根本不能达到免税目的，企业应当避免被保险销售人员误导。

三、高管股权激励的个人所得税筹划[①]

【导入案例】

目前，我国很多公司在设计高管股权激励体系时，往往忽视纳税问题，致使公司虽然投入了大笔资金，却往往达不到设想的激励效果。实施股权激励纳税筹划，将有助于公司规避纳税风险，通过降低激励对象的税负，增加税后收益，使薪酬方案达到最理想的激励效果。

【法规解读】

（1）为了健全上市公司治理结构，建立对上市公司高级管理人员的激励与约束机制，中国证监会在 2006 年初发布了《上市公司股权激励管理办法》（试行）。在该办法中，明确规定了上市公司可以对其董事、监事、高级管理人员及其他员工进行长期性激励。根据该文件的规定，长期股权激励的形式包括限制性股票、股票期权及法律、行政法规允许的其他方式。目前，财税〔2009〕5 号、财税〔2005〕35 号、国税函〔2006〕902 号和财税〔2009〕40 号以及国税函〔2009〕461 号一起，构成了我国个人所得税法对于《上市公司股权激励管理办法》（试行）中各种股权激励计划如何征收个人所得税的体系。特别是国税函〔2009〕461 号文，对上市公司实施股权激励过程中涉及的个人所得税征税项目的确定、应纳税所得额和税额的计算、纳税义务发生时间的确定以及资料报送和其他相关问题进行了明确。目前涉及三种股权激励计划：一是股票期权；二是股票增值权；三是限制性股票。统计数据显示，目前 A 股市场实行股权激励的上市公司中多采取期权激励的方式，而股票增值权的方式仅得润电子和广州国光等 3 家公司在实行，采用限制性股票激励的上市公司也只有 27 家。

（2）股票期权个人所得税的征纳。股票期权是指买方在交付了期权费后即取得在合约规定的到期日或到期日以前按协议价买入或卖出一定数量相关股票的权利。对期权所

---

① 根据《上海国资》2009 年 08 期胡燕珊论文"高管股权激励如何税收筹划"编写。

得，除可公开交易的股票期权外，征税环节在期权行权日，按工资、薪金所得项目征税。具体按照财税〔2005〕35 号和国税函〔2006〕902 号的规定计算个人所得税。其计算公式为：

股票期权形式的工资、薪金应纳税所得额＝（行权股票的每股市场价－员工取得该股票期权支付的每股施权价）×股票数量

应纳税额＝（股票期权形式的工资、薪金应纳税所得额÷规定月份数×适用税率－速算扣除数）×规定月份数

上述公式中的规定月份数，是指员工取得来源于中国境内的股票期权形式工资、薪金所得的境内工作期间月份数，长于 12 个月的，按 12 个月计算；公式中的适用税率和速算扣除数，以股票期权形式的工资、薪金应纳税所得额除以规定月份数后的商数，对照工资、薪金个人所得税税率表确定。

对因特殊情况，员工在行权日之前将股票期权转让的，以股票期权的转让净收入，作为工资、薪金所得征收个人所得税。

员工将行权后的股票再转让时获得的高于购买日公平市场价的差额，是因个人在证券二级市场上转让股票等有价证券而获得的所得，应按照"财产转让所得"适用的征免规定计算缴纳个人所得税。

可公开交易的股票期权，是指在授权时即约定可以转让，且在境内或境外存在公开市场及挂牌价格的期权。员工接受可公开交易的股票期权，按以下规定进行税务处理：

①员工取得可公开交易的股票期权，作为员工授权日所在月份的工资、薪金所得，计算缴纳个人所得税，即员工取得可公开交易的股票期权的纳税环节是期权授权日。如果员工以折价购入方式取得股票期权的，可以授权日股票期权的市场价格扣除折价购入股票期权时实际支付的价款后的余额，作为授权日所在月份的工资、薪金所得。

②员工取得可公开交易的股票期权后，转让该股票期权所取得的所得，属于财产转让所得纳税。

③员工取得上述可公开交易的股票期权后，实际行权时，不再计算缴纳个人所得税。

例 1：假设 2009 年 8 月 1 日某内资上市公司实施员工期权计划，A 员工获得 10 000 股可公开交易的股票期权（按价格 1 元购买）的配额，授权日市场价格为 4 元/股，当月还取得正常工资 3 000 元。2010 年 4 月 1 日为行权日。请分析该业务应纳个人所得税额。

分析：2009 年 8 月，应纳个人所得税额＝（3 000 － 2 000）×10% － 25 ＋ 10 000 ×（4 － 1）×25% － 1 375 ＝ 6 200（元），则在 2010 年 4 月 1 日行权时不再纳税。

如果 A 员工在 2010 年 2 月 1 日将该项期权转让，属于财产转让，但是将境内上市公司股票再行转让而取得的所得，暂不征收个人所得税。

员工以在一个公历月份中取得的股票期权形式工资、薪金所得为一次。员工在一个纳税年度中多次取得股票期权形式工资、薪金所得的，其在该纳税年度内首次取得股票

期权形式的工资、薪金所得应按财税〔2005〕35 号文件第四条第（一）项规定的公式计算应纳税额；本年度内以后每次取得股票期权形式的工资、薪金所得，应按以下公式计算应纳税额：

应纳税额＝（本纳税年度内取得的股票期权形式工资、薪金所得累计应纳税所得额÷规定月份数×适用税率－速算扣除数）×规定月份数－本纳税年度内股票期权形式的工资、薪金所得累计已纳税额

上述公式中的本纳税年度内取得的股票期权形式工资、薪金所得累计应纳税所得额，包括本次及本次以前各次取得的股票期权形式工资、薪金所得应纳税所得额；上述公式中的规定月份数，是指员工取得来源于中国境内的股票期权形式工资、薪金所得的境内工作期间月份数，长于 12 个月的，按 12 个月计算；上述公式中的本纳税年度内股票期权形式的工资、薪金所得累计已纳税额，不含本次股票期权形式的工资、薪金所得应纳税款。

员工多次取得或者一次取得多项来源于中国境内的股票期权形式工资、薪金所得，而且各次或各项股票期权形式工资、薪金所得的境内工作期间月份数不相同的，以境内工作期间月份数的加权平均数为财税〔2005〕35 号文件第四条第（一）项规定公式和本通知第七条规定公式中的规定月份数，但最长不超过 12 个月，计算公式如下：

规定月份数＝Σ各次或各项股票期权形式工资、薪金应纳税所得额与该次或该项所得境内工作期间月份数的乘积÷Σ各次或各项股票期权形式工资、薪金应纳税所得额

（3）限制性股票个人所得税的征纳。限制性股票是指职工或其他方按照股份支付协议规定的条款和条件，从企业获得一定数量的企业股票，在一个确定的等待期内或者在满足特定业绩指标之后，方可出售。对于限制性股票，我们在征税时需要注意以下几点：

①授予日。限制性股票的授予日是指公司根据其股东大会通过的《限制性股票股权激励计划》，在达到计划要求的授予条件时，实际授予公司员工限制性股票的日期。因此，对于限制性股票而言，它的授予日和股票期权激励计划的授予日的定义是不一样的。股票期权激励计划的授予日是指股票期权协议获得股东大会批准的日期。

②禁售期（锁定期）。禁售期是指公司员工取得限制性股票后不得通过二级市场或其他方式进行转让的期限。目前，根据我国《上市公司股权激励管理办法》（试行）的规定，限制性股票自授予日起禁售期不得少于 1 年。

③解锁期。在禁售期结束后，进入解锁期。在解锁期内，如果公司业绩满足计划规定的条件，员工取得的限制性股票可以按计划分期解锁。解锁后，员工的股票就可以在二级市场自由出售了。

④惩罚性条款。上市公司的限制性股票激励计划中一般会规定一些惩罚性条款，分授予前和授予后。比如授予前如被授予对象发生严重违规的，公司将取消当初计划的股份授予。当然，比较常见的惩罚性条款是授予后。对于限制性股票，并不是过了禁售期后就可以直接出售，而是要在一定的解锁期内分批解锁。上市公司根据当初计划的解锁

条件对员工进行考核，达到解禁条件的，当期可解锁的股份才予以解锁，员工取得的实际解锁后的股票才可以在二级市场自由出售。但是，如果当期员工考核不合格，不符合解禁条件，则当期可以解锁的股份就终止解锁，一般由上市公司根据当初计划中的惩罚性条件进行回购或注销。当然，当期的惩罚不影响其他批次的限制性股票的解锁。

⑤纳税义务发生时间。对于限制性股票，在授予日，公司员工就取得了公司授予的股票，只不过这些股票是有限制的，员工只能享受这些股票对应的投票权和收益分配权，但不能以任何形式转让取得的所得。因此，在授予日，员工取得的限制性股票和国税函〔2006〕902号文所说的可公开交易的股票期权是不一样的，它不像可公开交易股票期权，在授予后就可以转让取得所得。员工实际并没有取得有确定价值的财产。同时，从限制性股票的惩罚性条款可以看出，在解锁期内，如果不符合解锁条件，员工取得的限制性股票还要被公司回购或注销。员工在解锁期内并没有实际取得有确定价值的财产。因此，限制性股票的授予日不能作为个人所得税的纳税义务发生时间。对于限制性股票，只有在解锁期内，员工符合股权激励计划的解锁条件，公司对员工符合条件的限制性股票实际解锁时，员工才实际取得了有确定价值的财产，他才可以在二级市场上自由出售取得的所得。因此，限制性股票所得的纳税义务发生时间应为员工限制性股票的实际解锁日。

⑥应纳税所得额的确定。员工取得的限制性股票所得，应在实际解锁日按工资、薪金所得计算缴纳个人所得税。如果公司当初是按有偿方式授予员工限制性股票的，可以实际解锁日限制性股票的市场价格扣除员工购入限制性股票时实际支付的价款后的余额，作为实际解禁日所在月份的工资、薪金所得。员工取得上述限制性股票，在实际解锁日后再转让取得的所得，属于财产转让所得，按财税〔2005〕35号文件第四条第（二）项规定进行税务处理。即对于个人转让的如果是在上海、深圳证券交易所公开交易的股票，不征收个人所得税。转让在海外市场上市交易的股票，按20%的税率征收财产转让所得的个人所得税。

根据国税函〔2009〕461号文件的规定，上市公司实施限制性股票计划时，应以被激励对象限制性股票在中国证券登记结算公司（境外为证券登记托管机构）进行股票登记日期的股票市价（指当日收盘价，下同）和本批次解禁股票当日市价（指当日收盘价，下同）的平均价格乘以本批次解禁股票份数，减去被激励对象本批次解禁股份数所对应的为获取限制性股票实际支付资金数额，其差额为应纳税所得额。被激励对象限制性股票应纳税所得额计算公式为：

应纳税所得额＝（股票登记日股票市价＋本批次解禁股票当日市价）÷2×本批次解禁股票份数－被激励对象实际支付的资金总额×（本批次解禁股票份数÷被激励对象获取的限制性股票总份数）

国税函〔2009〕461号文对于限制性股票个人所得税征税政策规定中的一个很大亮点就是在确认被激励对象限制性股票所得时，综合考虑了他们的预期收益与实际收益。根据《国有控股上市公司（境内）实施股权激励试行办法》的规定，在股权激励计划有效期内，高级管理人员个人股权激励预期收益水平，应控制在其薪酬总水平（含预期的期权或股权收益）的30%以内。因此，国内上市公司在制定限制性股票激励计划时，一般都会根据方案公布日股票收盘价或前20日交易日股票平均价格与授予价格之差，测算预期收益，从而决定授予高管的限制性股票股数，以符合上述30%的比例标准。因此，根据股票登记日股票市价减去授予价格计算出来的收益是当期股权激励计划实行时，被激励对象的预期收益。而实际解禁日股票的当日市价和授予价格价差则是他们的实际收益。被激励对象最终的实际收益可能高于也可能低于其预期收益。从平衡纳税人和国家税收利益角度来考虑，这里取了两个收益的一个平均值。

⑦应纳税额的计算。对于限制性股票所得应纳税额的计算，根据财税［2005］35号文和国税函［2006］902号文的规定，应纳税额的计算和股票期权所得的应纳税额的计算基本是一致的。即：

a. 区别于所在月份其他工资、薪金所得，单独计算。

b. 应纳税额 =（股票期权形式的工资、薪金应纳税所得额÷规定月份数×适用税率 - 速算扣除数）×规定月份数

规定月份数，是指员工取得来源于中国境内的股票期权形式工资、薪金所得的境内工作期间月份数，长于12个月的，按12个月计算。与股票期权与现金增值权类似，对于计算限制性股票时"规定月份数"的计算，应按如下方式确定起止日期。起始日期应为限制性股票计划经公司股东大会批准的日期，截止日期应为员工对于的限制性股票实际解禁日。考虑到我国目前的《上市公司股票激励管理办法（试行）》的规定，限制性股票从授予日到禁售期结束不得少于1年。因此，在计算限制性股票所得时，"规定月份数"一般就是12个月。当然，对于非居民纳税人，"规定月份数"应和划分境内外收入时的境内工作月份数一致，最长不超过12个月。

c. 对于非居民个人取得的限制性股票所得，需要按照《国家税务局关于在中国境内无住所个人以有价证券形式取得工资、薪金所得确定纳税义务有关问题的通知》（国税函［2000］190号）有关规定，进行境内外收入划分。

d. 个人在一个纳税年度内多次取得限制性股票所得的，应按国税函［2006］902号文第七条、第八条所列公式计算扣缴个人所得税。

e. 享受优惠计税方法的条件。这一点在国税函［2009］461号文以前的文件中都没有明确。国税函［2009］461号文规定，财税［2005］35号、国税函［2006］902号和财税［2009］5号以及本通知有关股权激励个人所得税政策（包含股票期权、限制性股票和股票增值权），适用于上市公司（含所属分支机构）和上市公司控股企业的员工，其中上市公司占控股企业股份比例最低为30%（间接控股限于上市公司对二级子公司的持股）。间接持股比例，按各层持股比例相乘计算，上市公司对一级子公司持股比例超过50%的，按100%计算。这里，需要注意以下几点：第一，上市公司的控股企业计算仅限于两层。比如A公司为上市公司，其持有非上市公司B 60%的股份，B持有非上市公司C 51%的股份，C又持有非上市公司D 40%的股份。这里，我们可以看出，A直接

控股 B，间接控股 C（间接控股比例为 51%），同时还间接控股 D（间接控股比例为 40%）。但是，根据规定，只有 B 公司和 C 公司员工取得的各种股权激励所得才可以享受优惠计税待遇。而对于 D 公司，虽然也由上市公司间接控股，但由于它已属于上市公司三级控股公司，不符合条件。第二，第一层的控股比例只要不低于 30%，即符合条件了。但是，对于第二层间接控股的公司必须是子公司。因此，如果仅从持股比例的角度考虑，只有在上市公司持有一级公司股份超过 50%，且一级公司持有二级公司股份比例也超过 50% 的情况下，二级公司才符合时上市公司间接控股子公司的概念。这两个条件有一个不符合，二级控股公司员工都不符合先手优惠计税方法的资格。但是，在实践中母子关系的形成既可以通过股份控制方式，也可以通过订立某些特殊契约或协议而使某一公司处于另一公司的支配之下形成母公司、子公司的关系。这里，有些纳税人就可能会问，如果 A 上市公司持有非上市公司 B 的股份只有 40%，但该上市公司通过其他方式实际控制 B 公司，他们是实质意义上的母子关系，此时，B 又持有非上市公司 C 100% 的股份。此时，C 公司员工能否享受优惠计税待遇呢？笔者认为，从该文件对于间接持股比例计算的规定来看，目前税务机关对于母子关系的认定可能还是仅限于通过持股比例的计算来确定。因此，在这种情况下，按持股比例计算，A 上市公司只间接持有 C 公司 40% 的部分，不符合母子公司条件，C 公司员工不能享受税收优惠待遇。但是，对于 B 公司员工，由于 A 公司持股比例虽然只有 40%，但已经超过了文件规定的最低标准 30%。因此，B 公司员工可以享受税收优惠待遇。第三，对于同时具有下列情形之一的股权激励所得，不适用本通知规定的优惠计税方法，直接计入个人当期所得征收个人所得税：ⓐ除本条第（一）项规定之外的集团公司、非上市公司员工取得的股权激励所得；ⓑ公司上市之前设立股权激励计划，待公司上市后取得的股权激励所得；ⓒ上市公司未按照本通知第五条规定向其主管税务机关报备有关资料的。

⑧限制性股票所得能否享受分期纳税待遇。我们知道，根据《财政部、国家税务总局关于上市公司高管人员股票期权所得缴纳个人所得税有关问题的通知》（财税〔2009〕40 号）的规定，对上市公司高管人员取得股票期权在行权时，纳税确有困难的，经主管税务机关审核，可自其股票期权行权之日起，在不超过 6 个月的期限内分期缴纳个人所得税。其他股权激励方式参照本通知规定执行。这里，肯定会有人问，对于取得限制性股票激励人员能否也享受自解禁之日起不超过 6 个月的分期纳税的待遇呢。笔者认为，对于限制性股票形式的股权激励是不可以的。因为，对于股票期权激励方式，被激励对象行权后取得的股票可能存在一个限售期，因此，考虑到被激励对象可能无法通过变卖股票取得收入来纳税，我们给予了一个分期纳税的待遇。但是，对于限制性股票激励，我们的纳税义务发生时间是实际解禁日。既然解禁了，被激励对象就可以自由卖出股票取得所得了。因此不会存在纳税上的困难。同时综合考虑国税函〔2009〕461 号文关于被激励对象为缴纳个人所得税款而出售股票，其出售价格与原计税价格不一致的，按原计税价格计算其应纳税所得额和应纳税额的规定，我们也可以看出，对于限制性股票激励，被激励对象应在解禁当期纳税，不能享受按不超过 6 个月分期纳税的待遇。

例2：A为上海证交所上市公司，2006年5月31日经股东大会通过一项限制性股票激励计划，决定按每股5元的价格授予公司总经理王某20 000股限制性股票，王经理支付了100 000元。2006年7月1日，中国证券登记结算公司将这20 000股股票登记在王某的股票账户名下。当日，该公司股票收盘价为15元/股。根据计划规定，自授予日起至2007年12月31日为禁售期。禁售期后3年内为解锁期，分三批解禁。第一批为2008年1月1日，解禁33%，第二批为2008年12月31日，解禁33%，最后一批于2009年12月31日，解禁最后的34%。2008年1月1日，经考核符合解禁条件，公司对王经理6 600股股票实行解禁。当日，公司股票的市场价格为25元/股。2008年12月31日，符合解禁条件后，又解禁6 600股。当日，公司股票的市场价格为19元/股。2009年12月31日，经考核不符合解禁条件，公司注销其剩余的6 800股未解禁股票，返还其购股款34 000元。该公司应如何依法履行个人所得税扣缴义务？

分析：

2008年1月11日：

限制性股票的纳税义务发生时间为实际解禁日2008年1月1日。

应纳税所得额 = $(15 + 25) \div 2 \times 6\,600 - 100\,000 \times 6\,600 \div 20\,000 = 99\,000$（元）

应纳税额 = $(99\,000 \div 12 \times 20\% - 375) \times 12 = 15\,300$（元）（注：由于授予日至实际解禁日根据规定至少在一年，因此，规定月份数直接就取12个月）

2008年12月31日：

应纳税所得额 = $(15 + 19) \div 2 \times 6\,600 - 100\,000 \times 6\,600 \div 20\,000 = 79\,200$（元）

由于该纳税人在一个纳税年度内对此取得限制性股票所得，应按照《国家税务总局关于个人股票期权所得缴纳个人所得税有关问题的补充通知》（国税函〔2006〕902号）第七条、第八条所列公式规定合并计算个人所得税。

由于规定的月份数肯定是大于12，因此对于限制性股票，我们就无需按"规定月份数 = ∑各次或各项股票期权形式工资、薪金应纳税所得额与该次或该项所得境内工作期间月份数的乘积 ÷ ∑各次或各项股票期权形式工资、薪金应纳税所得额"这个公式计算了，直接就取12。

根据第七条规定：

应纳税额 =（本纳税年度内取得的股票期权形式工资、薪金所得累计应纳税所得额 ÷ 规定月份数 × 适用税率 - 速算扣除数）× 规定月份数 - 本纳税年度内股票期权形式的工资、薪金所得累计已纳税额

因此，2008年12月31日，上市公司应扣缴该经理的个人所得税应按如下方式计算：

应纳税额 = $[(99\,000 + 79\,200) \div 12 \times 20\% - 375] \times 12 - 15\,300 = 15\,840$（元）

2009年12月31日，由于考核不符合条件，该经理取得的限制性股票不予解禁，公司全部注销后返还购股款，被激励对象实际没有取得所得，因此不产生个人所得税纳税义务。

当然，员工因取得的限制性股票而参与企业税后利润分配取得的所得，应按照"利息、股息、红利所得"适用的规定计算缴纳个人所得税。目前除外籍个人从我国外商投资企业取得的股息、红利所得以及从发行 B 股或海外股的中国境内企业取得的股息（红利）所得暂不征税外，其他个人投资者从中国境内企业取得的股息、红利所得，应按 50% 作为应纳税所得额，按照"利息、股息、红利所得"项目征收个人所得税。

（4）股票增值权的个人所得税的征纳。根据财税［2009］5 号文件的定义，"股票增值权"是指上市公司授予公司员工在未来一定时期和约定条件下，获得规定数量的股票价格上升所带来收益的权利。被授权人在约定条件下行权，上市公司按照行权日与授权日二级市场股票差价乘以授权股票数量，发放给被授权人现金。其计算公式为：

股票增值权某次行权应纳税所得额 ＝（行权日股票价格－授权日股票价格）×行权股票份数

下面以广州国光（SZ 002045）的股票增值权计划为例来进行说明。根据广州国光发布的股票增值权的规定，广州国光授予部分高管 20 万份股票增值权，在授权日后 36 个月内每 12 个月执行一次增值权收益或罚款，如执行日前 30 个交易日广州国光平均收盘价（即执行价）高于本激励计划首次公告前 30 个交易日平均收盘价（即基准价），即 9.25 元/股，每份股票增值权可获得每股价差收益；如价差为负，则以差价总额的二分之一平均分 12 个月扣罚该高管工资，股票增值权对应的价差收益或处罚计入执行时公司当期损益。根据该企业文件披露，该企业计划授予其财务总监 2 万份的股票增值权，授权的价格为 9.25 元/股，到行权日假设行权的价格是 19.25 元/股，则根据股票增值计划，该财务总监可以获得 20 万元的股票增值权收益，即 （19.25 － 9.25）× 20 000 ＝200 000 （元）。但是，如果到期日的行权价格为 6.25 元/股，则亏损 3 元/股，则根据方案差价总额的二分之一，即 3 万元，应按 12 个月每月扣减该财务总监的工资 2 500 元［（9.25 －6.25）× 20 000 ÷ 2 ÷ 12］。

根据财税［2009］5 号文件的规定，对于股票增值权所得是比照财税［2005］35 号文件和国税函［2006］902 号文件征税的。因此，对于股票增值权所得的征税原则可以明确为：①员工在接受股票增值权时即授权日不征个人所得税；②行权日，员工取得的股票增值权所得应作为"工资、薪金"项目所得征收个人所得税；③股票增值权所得金额区别于所在月份的其他工资、薪金所得，单独计算缴纳个人所得税；④员工在一个纳税年度内，多次行权取得所得的，应按国税函［2006］902 号文件的规定进行累加计算。

在明确了以上四条征税原则后，还需要关注股票增值权计划的几个关键时间点。

①授权日。授权日的确定一般是在相关上市公司的激励计划报中国证监会备案且中国证监会无异议、股东大会批准后由董事会确定授权日。我们一般可以通过上市公司董事会发布的公告来确定授权日。

②行权日。行权日是授予人行使权利并可以获得收益的日期。这里要注意行权日和可行权日是存在区别的。可行权日是指授予人可以行使权利的一个期间。比如根据广州国光的股票增值权计划，激励对象自股票期权授权日满一年后可以开始行权，每年可行

权数量为其所获授股票期权总额的三分之一，前一年未行权额度累加计入下一年可行权额度，可行权日为广州国光定期报告公布后第 2 个交易日，至下一次定期报告公布前 10 个交易日内。在这段时间，授予人都可以行权。但是，只有在授予人实际行权时，税务机关才可以计算出授予人实际取得的股票增值权所得。因此，实际的行权日就是股票增值权所得个人所得税的纳税义务发生时间。

③根据财税［2005］35 号文件，股票期权所得的计算公式为：

应纳税额＝（股票期权形式的工资薪金应纳税所得额÷规定月份数×适用税率－速算扣除数）×规定月份数

这里我们还要关注的就是这个规定月份数。根据财税［2005］35 号文件规定的精神，这里股票增值权的规定月份数是指员工取得来源于中国境内的股票增值权形式工资薪金所得的境内工作期间月份数，长于 12 个月的，按 12 个月计算。虽然有这个规定，但对于这个规定月份数如何计算可能有不同的理解。

比如，张某在 1995 年 5 月 10 日进入某上市公司任职，2000 年 11 月担任该公司财务总监，2007 年 11 月 10 日该公司实行股票增值权计划，授予公司高管股票增值权。由于张某是财务总监也取得了股票增值权。张某在 2008 年 12 月 20 日行权。

这里，规定月份数的计算可能会有两种意见：第一种是从 1995 年 5 月 10 日～2008 年 12 月 20 日。即从张某受雇于该上市公司就开始计算；第二种是从 2000 年 11 月～2008 年 12 月 20 日。即从张某开始担任该公司财务总监之日开始计算。这两种计算方法都有一定的理由，而财税［2005］35 号文件有没有明确的规定。但是好在如果计算出来的月份数长于 12 个月的话，就只按 12 个月计算。而一般的股票增值权计划从授权日到可行权日之间的间隔根据《上市公司股权激励管理办法》（试行）的相关规定是不得少于 1 年的。因此，即使从授权日开始计算，这个规定的月份数是大于或等于 12 个月的。所以，一般我们的规定月份数取 12。

当然，如果在授权日和可行权日之间，公司进行了现金股利分配或转增股本或股本回购的情况，行权价格也要进行调整，这个调整的方法一般在计划中都有明确的规定。从征税角度讲，究竟是如何调整来确定行权价我们不关心，我们关心的就是这个确定的行权价格，而这个价格一般公司的公告都是很明确的。

例3：某上市公司实行股票增值权计划，经公司股东会决议，该公司给予总经理王某 5 万份的股票增值权，授予日为 2006 年 10 月 15 日，授权价格为 10 元/股。行权限制期为 2006 年 10 月 15 日至 2008 年 1 月 14 日。同时，计划规定该股票增值权必须在 2008 年 1 月 15 日～12 月 31 日期间行权，过期作废。王某在行权日，如果股票当日收盘价高于授权日价格，公司直接将价差收益作为股票增值权所得给予王某。2008 年 1 月 15 日，王某行使 1 万份股票增值权，当时股票的收盘价为 24 元/股。2008 年 5 月 31 日，王某行使了剩余的 4 万份股票增值权，当时的股票收盘价为 32 元/股。

分析：授予日是 2006 年 10 月 15 日，可行权日为 2008 年 1 月 14 日。行权有效期为 2008 年 1 月 15 日～2008 年 12 月 31 日。2008 年 1 月 15 日，王某行权 1 万份，该日为这部分股权增值权所得的纳税义务发生时间，即股票增值权所得 = (24 - 10) × 10 000 = 140 000（元）；规定的月份数为 12（因为授予日到可行权日超过了 12 个月）。

应纳税额 = (140 000 ÷ 12 × 20% - 375) × 12 = 23 500（元）

2008 年 5 月 31 日，王某行权 4 万份，股票增值权所得为 (32 - 10) × 40 000 = 880 000（元），由于该纳税人是在一个纳税年度内分次行权，根据《国家税务总局关于个人股票期权所得缴纳个人所得税有关问题的补充通知》（国税函〔2006〕902 号）文件的规定，我们要进行合并计算：

规定月份数 = ∑各次或各项股票期权形式工资、薪金应纳税所得额与该次或该项所得境内工作期间月份数的乘积 ÷ ∑各次或各项股票期权形式工资、薪金应纳税所得额

由于这两次行权时，计算的归属该项所得的境内工作期间的月份数都是大于 12 个月的。因此，加权平均计算的规定月份数肯定也大于 12，但由于最长不超过 12 个月。因此，这里的规定月份数为 12。

应纳税额 = (本纳税年度内取得的股票期权形式工资、薪金所得累计应纳税所得额 ÷ 规定月份数 × 适用税率 - 速算扣除数) × 规定月份数 - 本纳税年度内股票期权形式的工资、薪金所得累计已纳税款

公式中的"本纳税年度内取得的股票期权形式工资、薪金所得累计应纳税所得额"，包括本次及本次以前各次取得的股票期权形式工资、薪金所得应纳税所得额；"本纳税年度内股票期权形式的工资、薪金所得累计已纳税款"，不包含本次股票期权形式的工资、薪金所得应纳税款。

应纳税额 = [(880 000 + 140 000) ÷ 12 × 40% - 10 375] × 12 - 23 500 = 260 000（元）

【筹划思路】

（1）如果实行权益结算的股权激励计划（股票期权激励计划和限制性股票激励计划）。

①应正确选择行权的时机，以充分利用 6 个月的缓冲纳税期限。

根据财税〔2009〕40 号文件的规定，上市公司董事、监事、高级管理人员等（以下简称"上市公司高管人员"）受到《中华人民共和国公司法》和《中华人民共和国证券法》对转让本公司股票在期限和数量比例上的一定限制，导致其股票期权行权时无足额资金及时纳税问题，经主管税务机关审核，可自其股票期权行权之日起，在不超过 6 个月的期限内分期缴纳个人所得税。上市公司高管人员可以使用 6 个月内的收入，或者在 6 个月跨年的基础上，在《中华人民共和国公司法》允许范围内再转让部分股份，作为纳税资金来源；此外，由于增加了 6 个月的缓冲期，高管人员可综合个人现金流情况、股价预期等因素，更为灵活地选择行权时间。例如不同于一般激励对象在股价高点行权后可立即抛售获益，高管人员也可为降低行权收入的纳税基数而选择在股价低点行权，再按股权强制锁定要求，继续持有一段时间后选择适当的时点再行售出股权，减轻税负。但是，该方法不适用于限制性股票激励计划。

②应尽量选择境内上市公司的股权激励。

根据财税〔2009〕5号文件以及财税〔2005〕35号文件的规定，员工将行权后的股票再转让时获得的高于购买日公平市场价的差额，是因个人在证券二级市场上转让股票等有价证券而获得的所得，应按照"财产转让所得"适用的征免规定计算缴纳个人所得税。即如果授予人将所持有的股票流通变现，则在变现的当天确认财产转让所得，我国目前对个人买卖境内上市公司股票的差价收入暂免征收个人所得税（财税字〔1998〕061号）；对个人转让境外上市公司的股票而取得的所得以及转让非上市公司的股权，没有相关税收优惠，应按税法的规定计算应纳税所得额和应纳税额，依法缴纳税款。

（2）获得现金结算股权激励工具，如股票增值权、业绩股票单位以现金支付的股权计划时，公司可以在年终奖的制度中将股票增值权解释成年薪或年终奖金。

以现金结算的股权激励计划包括股票增值权、虚拟股票、业绩单位等。当股权激励计划采取以现金形式结算时，在结算的当天确认"工资、薪金"所得的实现。根据《关于调整个人取得全年一次性奖金等计算征收个人所得税方法问题的通知》（国税发〔2005〕9号）的规定，纳税人取得全年一次性奖金，单独作为一个月工资、薪金所得计算纳税；由于工资、薪金采用的是超额累进税率，把全年一次性奖金除以12后再确定适用的税率，能大大降低税负。上述全年一次性奖金的计算方法每年只能用一次，实务中可以把股票增值权、业绩股票单位等以现金支付的股权计划解释成具有年薪或年终奖金的双重性质，从而使用国税发〔2005〕9号文件的规定，这样既没有增加公司的成本，又使激励对象获得相对有竞争力的税后收入。

四、个体工商户生产经营所得的纳税筹划①

【导入案例】

个体工商户的经营者是生产经营的实体，其纳税与企业的生产经营活动密不可分。因此，个体工商户生产经营所得不同于工资、薪金、劳务报酬、稿酬等其他所得，其纳税筹划方法与企业所得税的纳税筹划方法类似，但也有自己的特点。

【筹划思路】

核定征收与查账征收作为个体工商户应纳税额计算的两种方法，如果个体工商户每年的利润较高而稳定，采用核定征收方式比较好；若利润不稳定，则采用查账征收方式比较好。另外，纳税人实行核定征收方式的，不得享受企业所得税的各项税收优惠，同时投资者个人也无法享受个人所得税的优惠政策。所以，个体工商户在考虑享受某项个人所得税的优惠政策时，便不宜采取核定征收方式。

---

① 根据中华会计网校程斌"个体工商户生产经营所得的纳税筹划"编写。

绝大多数个体工商户采用查账征收方式，因此个体工商户的纳税筹划主要在收入、成本费用、税率这三个环节，即在保证纳税筹划行为合法的前提下，如何使应税收入最小化，如何使与取得收入有关的成本费用最大化，如何使自己的应纳税所得额适用低档次的税率。

【筹划方案】

1. 收入环节的筹划方案

（1）递延收入实现的时间。个体工商户缴纳个人所得税，采取的是每月预缴、年终汇算清缴的管理模式。如果个体工商户某一纳税年度的应纳税所得额过高，就要按较高的税率纳税，此时，个体工商户可以通过采取递延收入的方式延期纳税或使纳税人当期适用较低的税率。一般递延收入的方式有：一是让客户暂缓支付货款和劳务费用；二是改一次性收款销售为分期收款销售。

例4：个体工商户小李经营一家饰品店。第一年由于小李眼光独特，经营的饰品大受欢迎，虽然价格贵了点，但仍有很多顾客，甚至在圣诞前夕有几个客户订购了 20 000 元的饰品，第一年取得净收益 60 000 元。第二年，在小李店旁又开了 2 家饰品店，竞争异常激烈，小李只得调低商品售价，即便如此，第二年的生意还是不怎么好，净收益只有 20 000 元。

根据这一情况，第一年应纳个人所得税 = 60 000 × 20% − 3 750 = 8 250（元）；第二年应纳个人所得税 = 20 000 × 10% − 750 = 1 250（元）；两年合计应纳个人所得税 = 8 250 + 1 250 = 9 500（元）。

现假设小李在第一年与其客户商议圣诞前夕的那部分货款 20 000 元延至第二年支付。则：第一年应纳个人所得税 = 40 000 × 10% − 750 = 3 250（元）；第二年应纳个人所得税 = 40 000 × 10% − 750 = 3 250（元）；两年合计应纳个人所得税 = 3 250 + 3 250 = 6 500（元）。共可减轻税负 = 9 500 − 6 500 = 3 000（元）。

（2）分散收入。个体工商户通过分散收入，可以使其适用较低的税率，从而达到节税的目的。常用的方法有：①区分收入的性质，不同性质的收入分别适用不同的税目。②借助与分支机构和关联机构的交易将收入分散。③由于我国个人所得税实行的是"先分后税"的原则，将一人投资变更为多人投资，便可以将全年实现的应纳税所得额分散到多个投资人的名下。④借助信托公司，将集中的收入分散到信托公司的名下。

例5：陈某开了一家小饭馆，由于经营不善，只得缩小经营规模，空出一间房准备另行出租。

现有两个方案：方案一是以小饭馆为出租人；方案二为把这个空房产权归到陈某名下，以陈某为出租人。假设陈某的饭馆年经营净收益 80 000 元，房屋出租取得净收益 30 000 元。

方案一：应纳个人所得税 = （80 000 + 30 000）× 35% − 14 750 = 23 750（元）。

方案二：饭馆经营应纳个人所得税 = 80 000 × 30% − 9 750 = 14 250（元）；出租房屋

应纳个人所得税＝30 000×（1－20%）×20%＝4 800（元）；合计应纳个人所得税＝14 250＋4 800＝19 050（元）。

方案二比方案一减轻税负4 700元（23 750－19 050），本例中就是通过出租的方式分散了收入，达到了节税的目的。

2. 成本费用环节的筹划方案

合理扩大成本费用的列支范围，是个体工商户减少应纳税所得额进而实现节税目的的有效手段。需要注意的是，在税务机关的纳税检查过程中，很多纳税人申报的成本费用被剔除，不允许在税前扣除，究其原因，是因为纳税人不能提供合法的凭证，所以纳税人平时应注意保管好原始凭证，发生的损失必须报告备案。成本费用环节的纳税筹划方法如下：

（1）尽量把一些收入转换成费用开支。因为个人收入主要用于家庭的日常开支，而家庭的很多日常开支事实上很难与其经营支出区分开，如电话费、水电费、交通费等。这样，个体工商户就可以把本来应由其收入支付的家庭开支转换成其经营开支，从而既能满足家庭开支的正常需要，又可减少应纳税所得额。

（2）尽可能地将资本性支出合法地转化为收益性支出。对于符合税法规定的收益性支出，可以将其作为一次性的成本费用在税前扣除。例如：个体工商户可以以零星采购的方式购进生产经营所需的物品，将一次性购买改为零星购买等。

（3）如果使用自己的房产进行经营，则可以采用收取租金的方法扩大经营支出范围。虽然收取租金会增加个人的应纳税所得额，但租金作为一项经营费用可以冲减个人的应纳税所得额，减少个人经营所得的应纳税额。同时自己的房产维修费用也可列入经营支出，这样既扩大了经营支出范围，又可以实现自己房产的保值甚至增值。

（4）使用家庭成员或雇用临时工，扩大工资等费用的支出范围。这些人员的开支具有较大的灵活性，既能增加个人家庭收入，又能扩大一些与之相关的人员费用支出范围，增加了税前列支费用，从而降低了应纳税所得额。按税法规定，个体工商户工作人员的工资及规定的津贴可以计入产品成本，这样就达到了"个人有所得，商户少交税"的目的。

例6：个体工商户钱某开了一家电脑零配件批发的小店，第一年经营所得400 000元，发生准予扣除的成本费用150 000元（不包含业务招待费），另发生业务招待费4 000元；第二年经营所得500 000元，发生准予扣除的成本费用200 000元（不包含业务招待费），另发生业务招待费500元。以上业务招待费均取得合法单据。

根据《个体工商户个人所得税计税办法（试行）》的规定，个体工商户发生的与生产经营有关的业务招待费，由其提供合法凭证或单据，经主管税务机关审核后，在其收入总额5‰以内据实扣除。

本例中，若钱某未进行纳税筹划，则按税法规定第一年可扣除的业务招待费＝400 000×5‰＝2 000（元）。

但因其实际发生业务招待费4 000元＞2 000元，故第一年实际扣除的业务招待费为

2 000 元，另外 2 000 元由于超出了规定限额，无法扣除。

第一年应纳个人所得税 =（400 000 - 150 000 - 2 000）× 35% - 14 750 = 72 050（元）。

按税法规定第二年可扣除的业务招待费 = 500 000 × 5‰ = 2 500（元）。

但因其实际发生业务招待费 500 元 < 2 500 元，故第二年实际扣除的业务招待为 500 元。

第二年应纳个人所得税 =（500 000 - 200 000 - 500）× 35% - 14 750 = 90 075（元）

两年合计应纳个人所得税 = 72 050 + 90 075 = 162 125（元）

若钱某进行纳税筹划，第一年业务招待费只申报 2 000 元，余下 2 000 元于第二年申报，则按税法规定第一年可扣除的业务招待费 = 400 000 × 5‰ = 2 000（元）。

因其实际只申报 2 000 元，故第一年实际扣除的业务招待费为 2 000 元。

第一年应纳个人所得税 =（400 000 - 150 000 - 2 000）× 35% - 14 750 = 72 050（元）

按税法规定第二年可扣除的业务招待费 = 500 000 × 5‰ = 2 500（元）

因第二年申报的业务招待费 = 2 000（上年转入）+ 500（本年发生）= 2 500（元），故第二年实际扣除的业务招待费为 2 500（元）。

第二年应纳个人所得税 =（500 000 - 200 000 - 2 500）× 35% - 14 750 = 89 375（元）

两年合计应纳个人所得税 = 72 050 + 89 375 = 161 425（元）

共可减轻税负 = 162 125 - 161 425 = 700（元）

3. 筹资环节的筹划方案

个体工商户由于自身资金的限制，往往需要通过筹措资金来开发新项目、购买新设备。个体工商户筹集资金的方法主要有金融机构贷款、自我积累、相互拆借和融资租赁四种方式。一般来说，从纳税筹划的角度来讲，相互拆借的减税效果最好，金融机构贷款次之，融资租赁第三，自我积累效果最差。

（1）相互拆借。个体工商户与其他经济组织之间的资金拆借可以为纳税筹划提供极其便利的条件，他们之间可以通过互相借款来解决资金问题。相互拆借与向金融机构贷款不同的是，相互拆借的利率不是固定的，可以由双方协定后自由调节。而且，相互拆借的利息在归还时间和归还方式上还有很大的弹性。高利率不仅给贷款人带来高收益，也给借款人带来更多的可抵税费用。当然，关于利息的支付标准国家有一定的规定，应控制在国家规定的范围之内；否则，超过规定标准部分的利息将不予扣除。

（2）融资租赁。融资租赁把"融资"与"融物"很好地结合起来。对于个体工商户来说，融资租赁可获得双重好处：一是可以避免因自购设备而占用资金并承担风险；二是可以在经营活动中以支付租金的方式冲减个体工商户的利润，减少个人所得税税基，从而减少个人所得税税额。

例 7：个体工商户王某准备购买一台生产用的固定资产来拓宽其业务范围。据调查，此固定资产售价 200 000 元，另需支付手续费 2 000 元。预计使用 10 年，无残值，采用直线法计提折旧。王某现面临两种选择，即直接购入和融资租赁设备。租赁合同规定：

设备价款 30 万元；租赁费按年支付，租赁期为 10 年；市场利率为 5%；未确认融资费用采用直线法分摊。

若直接购买设备，则购买时固定资产入账价值 = 200 000 + 2 000 = 202 000（元）；每年折旧 = 202 000 ÷ 10 = 20 200（元）。假设当年生产的产品全部销售，则每年可抵税的费用为 20 200 元。

若采用融资租赁设备，则手续费 2 000 元直接计入当期损益，固定资产入账价值为 200 000 万元。每年偿还额 = 300 000 ÷ 10 = 30 000（元）；最低租赁付款额现值 = 30 000 ×（P/A，5%，10）= 30 000 × 7.721 7 = 231 651（元）；未确认融资费用 = 231 651 − 200 000 = 31 651（元）。假设当年生产的产品全部销售，除每年可抵税的折旧费用 20 000 元（200 000 ÷ 10）外，每年还有 3 165.1 元（31 651 ÷ 10）可供抵税。即：第一年共计可用来抵税的费用 = 2 000 + 20 000 + 3 165.1 = 25 165.1（元），比直接购入多了 4 965.1 元（25 165.1 − 20 200）的可抵扣费用。以后 9 年每年可抵税的费用 = 20 000 + 3 165.1 = 23 165.1（元），比直接购入多了 2 965.1 元（23 165.1 − 20 200）的可抵扣费用。

从本案例可以看出，采用融资租赁固定资产，不但在短期内缓解了个体工商户流动资金的压力，而且从长远来看，比直接购入设备多支付的金额也可以为其带来节税的好处。

（3）金融机构贷款。个体工商户向银行或其他金融机构贷款，不仅可以在较短的时间内完成资金的筹措，而且归还的利息部分可以用作抵税，因此实际税负也减轻了。所以，个体工商户利用金融机构贷款从事生产经营活动是减轻税负、合理避税的一个很好的方法。

（4）自我积累。从税负和经营的效益关系看，如果个体工商户采用自我积累的筹资方法，则需要很长时间才能完成资金的筹措，容易错过最佳的投资时机，不利于其自身的发展。另外，个体工商户采用自我积累的筹资方法，其资金的所有者和使用者是一致的，无法带来抵税的好处，投入生产经营活动之后，产生的全部税负由个体工商户自己承担。

五、平安"税务门"事件中员工持股的个人所得税筹划[①]

【导入案例】

2010 年，平安"税务门"事件引起了资本市场的广泛关注。随着 3 月 1 日中国平安迈入全流通，1.9 万名平安员工持有的 8.6 亿平安员工股将在 5 年内全部减持。以账面计算，这 1.9 万名平安员工人均可套现超过 200 万元。但是，员工减持实际取得的收入

---

① 根据《中国税务报》赵国庆"平安'税务门'事件的启示"编写。

可能因为缴税而要打近六折。原来，平安1.9万员工是通过深圳市新豪时投资发展有限公司、深圳市景傲实业发展有限公司和深圳市江南实业发展有限公司这三家公司，以公司名义持有平安上市公司的股票。如果这些股票解禁后减持，这三家公司首先要就减持所得缴纳25%的企业所得税。而当这三家企业将减持所得分给平安1.9万员工时，这些员工还要按20%缴纳个人所得税。如此高的减持税负引起了平安员工的极大不满。事件的来龙去脉：中国平安2008年年报第六节股本变动及股东情况中介绍：中国平安设立了员工受益所有权计划，由参与员工认缴员工集合资金并获得单位权益，而该投资集合分别通过深圳市新豪时投资发展有限公司、深圳市景傲实业发展有限公司间接投资于中国平安，员工投资集合的权益持有人以中国平安保险（集团）股份有限公司工会委员会、平安证券有限责任公司工会委员会的名义，分别受益拥有深圳市新豪时投资发展有限公司100%的股权，深圳市景傲实业发展有限公司100%的股权。也就是说中国平安员工持有中国平安的股份的路线是：员工投资集合以公司工会委员会的名义设立深圳市新豪时投资发展有限公司、深圳市景傲实业发展有限公司和深圳市江南实业发展有限公司，然后由这三家公司持有中国平安的股份。在法律上，中国平安员工不是中国平安的股东，而是这三家公司的个人股东，中国平安员工通过这三家公司间接持有中国平安的股份。根据证监会的有关规定，这三家公司自愿承诺限售3年，2010年3月1日起解禁。这样，如果这三家公司的解禁股在二级市场转让，其收益要经过两道程序才能到员工手中。首先，由于这些股权是这三家公司的资产，转让股权的所得要交一道企业所得税；然后，在税后再分配给个人股东，再按"利息、股息、红利所得"征一道个人所得税。这样，转让股权所得重复征税了。假设2010年内解禁股股权转让，其税负 ＝ 转让所得 × [22% ＋（1 － 22%）× 20%] ÷ 转让所得 ＝ 37.6%。如此高的减持税负引起了平安员工的极大不满。请问：平安员工应该怎么办？

【法规解读】

1. 中国平安的三家限售股股东公司的企业所得税税率

经第十届全国人民代表大会第五次会议于2007年3月16日通过了《中华人民共和国企业所得税法》，并已于2008年1月1日实施，新企业所得税法引入了包括将内、外资企业所得税税率统一为25%等一系列变化。深圳市新豪时投资发展有限公司、深圳市景傲实业发展有限公司和深圳市江南实业发展有限公司三家公司都设在深圳，适用的所得税税率在五年内逐步过渡到25%，2008年内按18%税率执行，2009年、2010年、2011年及2012年分别按20%、22%、24%及25%的税率执行。因此，平安解禁年度的2010年适用税率应为22%。

2. 现行税制还没有专门关于信托的税收安排是导致重复征税问题的根本原因

我国自2010年1月1日起，对个人转让限售股取得的所得，按照"财产转让所得"，适用20%的比例税率征收个人所得税。因此，员工对取得平安限售股减持所得缴纳20%的个人所得税是没有争议的。问题的关键在于，由于平安员工以信托形式通过三家法人公司持有的上市公司股份，这三家公司在股份减持中要缴纳25%的企业所得税。正是这道重复征税导致了平安员工的极大不满。

而重复征税从形式上来看都是因为"代持股"问题所导致的。代持股在我国是一种比较普遍的现象，其成因主要有：①隐名股东不方便直接登记为股东，如隐名股东是国家工作人员或者对现任职单位存在竞业禁止义务；②隐名股东希望通过代持股隐匿财产，把夫妻共有财产变成私房钱，万一离婚，自己可以多得一点；③隐名股东希望通过代持股，逃避债务或法定纳税义务；④隐名股东想通过隐名隐藏非法目的，如洗钱或者规避法律强制性规定；⑤隐名股东力图利用代持股，骗取他人钱财，而又不承担法律责任；⑥公司股东太多，超过法定的股东人数限额（有限公司法定股东人数限额为50人，股份有限公司法定发起人人数限额为200人）；⑦隐名股东持股比例小，认为工商登记手续复杂，太过麻烦；⑧隐名股东不希望露富。

一般认为，如果因为上述①至⑤的原因形成代持股，代持股不受法律保护。而基于上列⑥至⑧的原因形成的代持股，对于隐名股东和登记股东具有法律约束力。而平安员工的代持股主要是由于第⑥个原因所导致的。

深圳市新豪时投资发展有限公司、深圳市景傲实业发展有限公司和深圳市江南实业发展有限公司这三家公司是按我国《中华人民共和国公司法》规定由平安员工出资成立的有限责任公司。该公司以股东出资额购买的平安股票属于公司资产。公司出售自己资产取得的转让所得缴纳25%的企业所得税是符合《中华人民共和国企业所得税法》的规定的。同时，平安员工作为这三家公司股东，取得他们税后利润的分配，按"股利、利息、红利"所得缴纳20%的个人所得税也是符合《中华人民共和国个人所得税法》的规定的。

但是，这三家公司在身份和目的上却有其特殊之处。他们成立的目的不是开展实际生产经营，而是以员工的名义代持股票。因此在本质上，这三家公司与平安员工的关系是一种信托关系。中国平安员工通过三家公司间接持有中国平安的股权，这三家公司的股权是中国平安员工的信托资产，这三家公司是信托资产的受托人，受托人只是拥有信托资产的名义所有权，作为受益者的中国平安员工才是信托资产真正的所有权人。信托是典型的"代人理财"行为，信托财产转让和信托受益分配环节必然要比一般经济业务多，而现行税制对信托实行与其他经济业务相同的税收政策，未考虑所有权的二元化问题，课税环节重复也就成为必然：一是信托设立时就信托财产转移产生的纳税义务与信托终止时信托财产真实转移所产生的纳税义务相重复；二是信托存续期间信托收益产生的所得税纳税义务与信托收益分配时产生的所得税纳税义务相重复。在平安税务门中，一笔转让股权所得被征收两次所得税。在私募股权投资信托的整个信托过程中，同一信托财产的转让将被征收两次印花税，同一笔所得将被征收两次所得税。

表面上看，"代持股"是导致平安员工限售股减持中重复征税的直接原因。但是，从本质来看，我国税制对这样一些特殊公司群体的纳税主体资格缺乏一个有效的认定才是导致重复征税问题的根本原因。

在美国的联邦税制中，S型公司取得的所有所得，自身不需要缴纳所得税，而是由其股东缴税。一个合格的 S 型公司需要满足以下条件：必须是一家国内公司；股东不超过 75 个；股东必须是个人、政治团体、免税组织和某些企业联合；不能有非居民的外国人做股东；必须只有一种未偿付的股票；必须由全部股东同意选择 S 公司的身份。因此，在美国税制下，平安员工投资成立的这三家代持股公司就可以通过申请取得 S 公司的身份认定来避免代持股中的重复征税的问题。

3. 合伙企业个人所得税的征纳

根据财政部、国家税务总局 2008 年《关于合伙企业合伙人所得税问题的通知》的规定，合伙企业以每一个合伙人为纳税义务人。合伙企业合伙人是自然人的，缴纳个人所得税；合伙人是法人和其他组织的，缴纳企业所得税。即合伙企业本身不作为所得税的纳税人。合伙企业取得的所得按照"先分后税"的原则分给其合伙人分别缴税。但是对于合伙制律师事务所、会计师事务所和审计师事务所等中介机构另有规定。

《中华人民共和国税收征收管理法》和《国家税务总局关于律师事务所从业人员取得收入征收个人所得税有关业务问题的通知》文件对律师事务所从业人员如何计征个人所得税，作了如下明确规定：

（1）律师个人出资兴办的独资和合伙性质的律师事务所的年度经营所得，从 2000 年 1 月 1 日起，停止征收企业所得税，作为出资律师的个人经营所得，按照有关规定，比照"个体工商户的生产、经营所得"应税项目征收个人所得税。在计算其经营所得时，出资律师本人的工资、薪金不得扣除。

（2）合伙制律师事务所应将年度经营所得全额作为基数，按出资比例或者事先约定的比例计算各合伙人应分配的所得，据以征收个人所得税。

（3）律师事务所支付给雇员（包括律师及行政辅助人员，但不包括律师事务所的投资者）的所得，按"工资、薪金所得"应税项目征收个人所得税。

（4）作为律师事务所雇员的律师与律师事务所按规定的比例对收入分成，律师事务所不负担律师办理案件支出的费用（如交通费、资料费、通讯费及聘请人员等费用）的，律师当月分成收入按规定扣除办理案件支出的费用后，余额与律师事务所发给的工资合并，按"工资、薪金所得"应税项目计征个人所得税。律师从其分成收入中扣除办理案件支出费用的标准，由各省级地方税务局根据当地律师办理案件费用支出的一般情况、律师与律师事务所之间的收入分成比例及其他相关参考因素，在律师当月分成收入的 30% 比例内确定。

（5）兼职律师从律师事务所取得的工资、薪金性质的所得，律师事务所在代扣代缴其个人所得税时，不再减除个人所得税法规定的费用扣除标准，以收入全额（取得分成收入的为扣除办理案件支出费用后的余额）直接确定适用税率，计算扣缴个人所得税。兼职律师应于次月 7 日内自行向主管税务机关申报两处或两处以上取得的工资、薪金所得，合并计算缴纳个人所得税。兼职律师是指取得律师资格和律师执业证书，不脱离本职工作从事律师职业的人员。

（6）律师以个人名义再聘请其他人员为其工作而支付的报酬，应由律师按"劳务报酬所得"应税项目负责代扣代缴个人所得税。为了便于操作，税款可由其任职的律师事务所代为缴入国库。

（7）律师从接受法律服务的当事人处取得的法律顾问费或其他酬金，均按"劳务报酬所得"应税项目征收个人所得税，税款由支付报酬的单位或个人代扣代缴。

此外，根据国家税务总局 2002 年《关于强化律师事务所等中介机构投资者个人所得税查账征收的通知》的规定，属个人独资、合伙企业性质的会计师事务所、税务师事务所、审计师事务所等中介机构的个人所得税征收管理比照律师事务所的征税办法征收个人所得税。

例 8 ①：某县地方税务稽查局对某会计师事务所从业人员个人所得税进行检查。具体情况如下：该会计师事务所由张、王两会计师合伙出资兴办，另聘请李（兼职会计师）、谢会计师为从业人员。合伙协议约定，张、王两人按出资比例 6∶4 分配利润。张、王、李、谢四会计师平时均按本人为事务所创造的服务收入的 35% 分成，作为日常工资，按月结算，会计师事务所不再负担李、谢会计师的办理案件费用（如交通费、资料费、通讯费及聘请人员等费用）。该省规定，会计师办理案件费用支出按当月分成收入的 30% 进行扣除。其他资料如下：

（1）2012 年，张一共取得服务收入分成 10 次，合计金额 50 000 元；王一共取得服务收入分成 5 次，合计金额 37 500 元；2000 年事务所累计实现营业利润 90 000 元。

（2）李 2012 年 7 月份从事务所取得分成收入 15 000 元，原单位本月发放工资 900 元。此外，李本月份还从接受会计事务服务的某公司取得酬金 4 000 元。

（3）谢 2012 年 7 月份从事务所取得分成收入 30 000 元，从中拿出 3 125 元支付给为其提供工作帮助的王某。

（4）除上述内容外，该事务所的生产经营所得无其他纳税调整项目。

分析与计算：

（1）根据规定，合伙制会计师事务所应将年度经营所得作为基数，按出资比例或者事先约定的比例计算各合伙人应分配的所得，据以征收个人所得税。在计算其经营所得时，出资者本人的工资、薪金不得扣除，而按每位出资者费用扣除标准 42 000 元/年（3 500 元/月）统一扣除业主的生计费用。合伙企业向其从业人员实际支付的合理的工资、薪金支出，允许在税前据实扣除。相关计算如下：

张应纳税所得额 = 90 000 × 60% + 50 000 = 104 000（元）

张应纳税额 = 104 000 × 35% − 14 750 = 21 650（元）

王应纳税所得额 = 90 000 × 40% + 37 500 = 73 500（元）

王应纳税额 = 73 500 × 30% − 9 750 = 12 300（元）

（2）李会计师的收入按"工资、薪金项目"纳税。事务所应代扣李会计师个人所得税计算如下：

应纳税所得额 = 分成收入（工资、薪金收入） − 允许扣除的办案费用 = 15 000

---

① 本例摘自中国税务出版社出版的《税务检查实务与案例分析（地税分册）》。

$-15\,000 \times 30\% = 10\,500$（元）

  事务所应代扣个人所得税 $= 10\,500 \times 25\% - 1\,005 = 1\,620$（元）

  李原单位应代扣个人所得税 $= 0$（元）

  李本月份工资、薪金项目应纳个人所得税 $= (10\,500 + 900 - 3\,500) \times 20\% - 555 = 1\,025$（元）

  李应在次月 7 日前向主管税务机关申报两处取得的工资、薪金所得，并补缴个人所得税，应退个人所得税 $= 1\,620 - 1\,025 = 595$（元）

  支付酬金的某公司应代扣个人所得税，该酬金应按劳务报酬所得项目征税。

  应代扣个人所得税 $= (4\,000 - 800) \times 20\% = 640$（元）

  李本月合计应纳个人所得税 $= 1\,620 + 640 = 2\,260$（元）

  （3）由于办案费用中包含交通费、资料费、通讯费及聘请人员等费用，因此，谢会计师取得的分成收入按规定的比例扣除办案费用后，支付给王某的费用不得重复扣除。相关计算如下：

  谢会计师 9 月份应纳税所得额 $= 30\,000 - 30\,000 \times 30\% = 21\,000$（元）

  谢应纳个人所得税 $= 21\,000 \times 25\% - 1\,005 = 4\,245$（元）

  （4）税法规定，会计师以个人名义再聘请其他人员为其工作而支付的报酬，由该会计师按劳务报酬所得应税项目负责代扣代缴个人所得税。为了便于操作，税款可由其任职的会计师事务所代为缴入国库。

  王某应纳个人所得税 $= (3\,125 - 800) \times 20\% = 465$（元）

【筹划思路】

  如果平安员工当初是以成立三家合伙企业的形式持有平安股份，此时在减持时，合伙企业取得的所得直接按平安员工的出资份额分给个人，由个人分别申报缴纳个人所得税，从而可以避免重复征税的问题。同时，考虑到普通合伙企业只有最低人数两人的限制，而无最高人数限制，1.9 万员工完全可以以三家合伙企业形式持有平安股份。

【筹划方案】

  有几个方案可供选择：

  一是此时申请将这三家代持股法人公司改制为普通合伙企业。这种做法只能避免以后不再犯类似的错误。法人公司清算，先算清算企业的所得税，税后分配给个人股东，又缴一遍个人所得税。可见，企业的税收筹划一定要未雨绸缪，不能等事后出现税务问题后才想起税收筹划。

  二是不转让解禁股，不在转让差价中获利，而在长期持久收益中获利。这样，暂时避免了转让所得的双重征税，但是由于事前设定的间接持股方式，任何一笔股权投资收益都存在双重征税的问题。这是一种钝刀子割肉的方案。而且越到后面，企业所得税税率越高，税负越重。

三是适当时机转让解禁股。既然不能从头再来，又不能经受长痛，那就选择短痛的方案。在适当时机转让解禁股。什么时候税负轻些？这里有两个关键点：企业所得税税率低的时候；转让收益少的时候。前者是相对税负的概念，后者是绝对税负的概念。2008 年以前企业所得税税率最低，但没有解禁，2010 年 3 月 1 日才解禁，五年过渡期企业所得税税率逐渐增高，那么选择 2010 年解禁税负最少。同样金额的转让所得在 2010 年适用 22% 的企业所得税税率时转让，税负是 37.6%，在 2012 年适用 25% 的企业所得税税率时转让，税负是 40%。股价低的时候，转让收益也少些，绝对税负也会相对减轻。因此转让年度越早越好，股价越低越好。从股市来看，中国平安 2010 年 3 月 1 日前后是股价的极小值，在 2010 年 3 月 1 日后即行转让是转让解禁股的好时机。

六、企业年金的个人所得税筹划[①]

【导入案例】

企业年金，即补充养老保险，又称"第二养老金"，是指企业及其职工在依法参加基本养老保险的基础上，自愿建立的补充养老保险，其主要由个人缴费、企业缴费和年金投资收益三部分组成。请问：企业应如何对企业年金进行税收筹划？

【法规解读】

（1）在 2008 年的《企业所得税法》实施以前，企业年金作为既能提高员工收入，又能有效避税的工具，在效益好的企业，特别是国有企业中大行其道。

①企业所得税方面，在 2008 年的《企业所得税法》实施前，企业实行计税工资制度，超过计税工资标准支付给员工的工资、薪金，不能在税前扣除，企业需要多缴纳企业所得税。而按国税发〔2003〕45 号文件的规定，企业为全体雇员按国务院或省级人民政府规定的比例或标准缴纳的补充养老保险、补充医疗保险，可以在税前扣除。企业为全体雇员按国务院或省级人民政府规定的比例或标准补缴的基本或补充养老、医疗和失业保险，可在补缴当期直接扣除；金额较大的，主管税务机关可要求企业在不低于三年的期间内分期均匀扣除。换句话说，通过建立企业年金制度，企业把支付给员工的一部分工资、薪金转化成企业年金形式，可以少缴企业所得税。

②个人所得税方面，不少地区税务机关由于征管不到位，没有严格执行《关于基本养老保险费、基本医疗保险费、失业保险费、住房公积金有关个人所得税政策的通知》（财税〔2006〕10 号）的有关规定，企业年金中企业缴费部分企业没有代扣代缴个人所得税，个人缴费部分在税前扣除，使企业年金实际上享受了免税优惠。

（2）在 2008 年的《中华人民共和国企业所得税法》实施以前，企业年金个人所得

---

① 根据刘晓伟等的"企业年金计税调整后缴费还需精打细算"编写。

税征收管理主要执行的是财税〔2006〕10号的有关规定。该文件规定，企事业单位和个人超过规定的比例和标准缴付的基本养老保险费、基本医疗保险费和失业保险费，应将超过部分并入个人当期的工资、薪金所得，计征个人所得税。按照此项规定，无论是企业还是个人缴付的补充养老保险即企业年金，都要并入个人当期的工资、薪金所得，计征个人所得税。

（3）在2008年的《中华人民共和国企业所得税法》实施以后，出台了一系列对企业年金税务处理的规定。

①企业所得税方面。财税〔2009〕27号文件明确规定，自2008年1月1日起，企业根据国家有关政策规定，为在本企业任职或者受雇的全体员工支付的补充养老保险费、补充医疗保险费，分别在不超过职工工资总额5%标准内的部分，在计算应纳税所得额时准予扣除；超过的部分，不予扣除。财税〔2009〕27号文件与国税发〔2003〕45号文件相比发生如下变化：一是缴费对象不同。原政策规定缴纳补充养老保险费和补充医疗保险费的对象是全体雇员，新政策规定的缴费对象为投资者或者职工。二是缴费标准的依据不同。原政策规定按国务院或省级人民政府规定的比例或标准缴纳，新政策规定按国务院财政、税务主管部门规定的范围和标准缴纳，不再授权省级人民政府作出相关规定，避免全国各地执行标准不一，税法授权由国务院财政、税务主管部门统一作出规定，从而保证新税法的执行统一。三是扣除额税前扣除规定不同。新政策规定在标准内准予扣除，超过标准不予扣除；原政策规定金额较大的在不低于三年期间分期均匀扣除。

例9：某工业企业，2009年实际发放的职工工资薪金总额为100万元，假设均为合理的并且是实际发生的。同时为职工支付补充养老保险费10万元，支付补充医疗保险费10万元。按照财税〔2009〕27号规定，该单位在计算应纳税所得额时允许税前扣除的补充养老保险费和补充医疗保险费限额均为100×5%=5（万元）。因此，应调增应纳税所得额为(10-5)+(10-5)=10（万元），在无其他调整项目的情况下，该企业补缴企业所得税为10×25%=2.5（万元）。

②个人所得税方面。国家税务总局《关于企业年金个人所得税征收管理有关问题的通知》（国税函〔2009〕694号）规定，企业年金的企业缴费计入个人账户的部分是个人因任职或受雇而取得的所得，属于个人所得税应税收入，在计入个人账户时，应视为个人一个月的工资、薪金所得（不与正常工资、薪金所得合并），不扣除任何费用，按照工资、薪金所得项目计算当期应纳个人所得税税款，并由企业在缴费时代扣代缴。归纳起来，如果严格执行有关政策，与财税〔2006〕10号的变化在于：企业缴费计税时从当期工资、薪金所得中独立出来。

例10：某企业员工每月工资、薪金所得10 000元，年金账户中个人部分自行用个人税后工薪缴费150元，企业缴费600元。按照财税〔2006〕10号的规定，应纳税所得额为7 100元（10 000+600-3 500），应纳所得税额为865元（7 100×20%-555）。

而按照国税函〔2009〕694号的规定，应纳税款应分为两部分计算，第一部分是月工资、薪金所得，应纳个人所得税为 745 元［（10 000 − 3 500）×20% − 555］；第二部分是企业缴费部分，不扣除任何费用，按照"工资、薪金所得"项目计算当期应纳个人所得税为 18 元（600 × 3%），应纳税额合计为 763 元（745 + 18）。

此外，企业年金的个人缴费部分，不得在个人当月工资、薪金计算个人所得税时扣除。这一点，新老政策规定是相同的。

【筹划思路】

企业缴年金要均衡。对企业按季度、半年或年度缴纳企业年金的，国税函［2009］694 号文件明确在计税时不得平均还原至所属月份，均作为一个月的工资、薪金，不扣除任何费用，按照适用税率计算扣缴个人所得税。从这一点来讲，企业应当按月计算并缴纳年金，尽量减少合并缴纳，以降低个人所得税负担。

【注意问题】

根据现行规定，补充养老保险与补充医疗保险两个补充险的个人所得税处理方式不同。

补充养老保险的个人所得税处理适用国税函［2009］694 号文件规定，而补充医疗保险则应根据《国家税务总局关于单位为员工支付有关保险缴纳个人所得税问题的批复》（国税函［2005］318 号）的规定处理，即企业为员工支付各项免税险之外的保险费，应在企业向保险公司缴付时（即该保险落到被保险人的保险账户）并入员工当期的工资收入，按"工资、薪金所得"项目计征个人所得税，税款由企业代扣代缴。另外上述两险均不属于免税险种，在计征个人所得税时不得扣除个人缴付部分。

七、股权转让的个人所得税筹划①

【导入案例】

某公司注册资金 100 万元，由股东 A 和股东 B 各出资 50 万元组成。2009 年，该公司经评估，净资产为 1 000 万元。A、B 拟向自然人 C 转让其各自持有的 37.5% 的股份。转让价参照每股净资产计算。为了少纳个人所得税，该公司聘请税务顾问为其筹划。根据税务顾问的筹划方案，该公司通过改变股东各自持股比例的增资方式，间接达到转让股份的目的。实施情况为：2009 年，该企业接受新股东 C 增资 60 万元，企业注册资本增加到 160 万元，股东结构由原 A、B 各占 50% 调整为 A、B 各占 31.25%、C 占 37.5%。该公司目前已经省工商部门批准登记。这样，股东 A、B 由原享有 50% 股权比例对应的净资产 500 万元，在股权结构变化后，变为享有 37.5% 股权比例对应的净资产

---

① 根据中国税务报 2010 年 12 月 2 日"股权结构变化难掩纳税风险"编写。

331.25 万元（1 060×31.25%），而股东 C 出资 60 万元，即享有 37.5% 的股权，相对的净资产为 397.5 万元。股东 A、B 的净资产损失由新股东 C 私下另行补偿支付。股权结构的变化绕开了股权转让应缴纳个人所得税的问题。请问：这样的筹划方案可行吗？

【法规解读】

国家税务总局 2009 年《关于加强股权转让所得征收个人所得税管理的通知》规定，股权交易各方已签订股权转让协议，但未完成股权转让交易的，企业在向工商行政管理部门申请股权变更登记时，应填写《个人股东变动情况报告表》并向主管税务机关申报。对申报的计税依据明显偏低（如平价和低价转让等）且无正当理由的，主管税务机关可参照每股净资产或个人股东享有的股权比例所对应的净资产份额核定。

就该公司而言，增资后注册资本为 160 万元，净资产为 1 060 万元，参照每股净资产或个人股东享有的股权比例，原股东 A、B 按照正常交易，A、B 对应的净资产为 50÷160×1 060＝331.25（万元），可见，通过增资导致股权结构变化，A、B 实际持有净资产 500 万元变成了 331.25 万元，其差额 168.75 万元应视为已经转让给新股东 C。按照公平交易原则，股东 C 应分别支付 A、B 两股东 168.75 万元，合计 337.5 万元，从而拥有公司 37.5% 的股份。

A、B 两股东资本金转让所得 168.75 万元。根据个人所得税法的有关规定，个人转让股权应按"财产转让所得"项目依 20% 的税率计算缴纳个人所得税。A、B 两股东应就资本金转让所得分别缴纳个人所得税为 168.75×20%＝33.75（万元）。股东 C 若未按照公平交易原则实际支付 A、B 两股东经济利益，则相当于获得了 337.5 万元捐赠收入，存在按照"偶然性所得"或"利息、股息、红利"所得计算个人所得税的可能性，若是企业，则要并入收入总额计算缴纳企业所得税。

可见，如此增资方式，有违公平交易原则，虽然工商部门已给予登记，但难掩潜在的纳税风险。

【筹划方案】

方案一：某公司注册资金 100 万元，由股东 A 和股东 B 各出资 50 万元组成。2009 年，该公司经评估，净资产为 1 000 万元。A、B 拟向自然人 C 转让其各自持有的 37.5% 的股份。转让价参照每股净资产计算。A、B 分别应缴纳的个人所得税为（500×37.5%－50×37.5%）×20%＝33.75（万元）。通过股权转让，C 分别向 A 和 B 支付了 187.5 万元，从而获得该公司 37.5% 的股份。A、B 分别得到税后转让款为 187.5－33.75＝153.75（万元），分别持有公司 31.25% 的股份。

方案二：如案例中税务顾问的筹划方案。如由 C 私下分别付 168.75 万元给 A 和 B，如不缴纳个人所得税，则 A、B 可以得到 168.75 万元，但是，根据现行税法规定，是要纳个人所得税的，A、B 分别得到税后转让款为 168.75－33.75＝135（万元），少于方案一的 153.75 万元。所以，应该选择方案一。

八、股权投资个人所得税征纳实务[①]

【导入案例】

2000年，A（公司）和B（自然人）共同出资成立甲公司，注册资本1 000万元。其中，A出资750万元，持股75%；B出资250万元，持股25%。2009年3月31日，甲公司所有者权益为3 000万元。

2009年1月1日，B用货币资金10万元投资成立一人独资有限公司——乙公司，注册资本为10万元。同年4月，B将其持有的甲公司25%的股份投资到乙公司名下。

经评估，甲公司评估价为4 000万元，则B持有的25%股权的评估价即转让价为1 000万元，由此B持有的甲公司25%的股权增值了750万元。

请分析该案例中股权出资应履行的手续和个人所得税的征纳。

【分析】

（1）股权出资应办理两次股权变更登记，一是对股权公司的股东进行变更登记，二是股权投资增加注册资本的变更登记。

①股东变更登记：在股权公司注册地办理股权公司股东变更登记。

根据2009年的《股权出资登记管理办法》第七条规定，投资人以持有的有限责任公司股权实际缴纳出资的，股权公司应当向公司登记机关申请办理将该股权的持有人变更为被投资公司的变更登记。因此，股权公司甲公司应向登记机关办理股权变更手续，将其股东B持有的25%股权变更为乙公司持有，从而实现乙公司对甲公司25%股权的合法持有。

为什么以股权出资要先进行股权变更呢？不能直接进行股权投资吗？根据《公司注册资本登记管理规定》第十二条规定，公司增加注册资本，以货币出资的，股东或者发起人应当将出资足额存入公司的账户并经验资机构验资，以实物、工业产权、非专利技术、土地使用权出资的，股东或者发起人应当在依法办理财产转移手续后，经评估、验资机构评估、验资。股权出资的转移手续就是将该股权进行转移，由原来的股权持有者B变更为新的股东乙公司。就如同用货币出资，一定要出资人将货币存入被投资公司名下，用土地出资一定要在土地登记部门将其权属转移到被投资公司名下才能进行验资等相关程序。由此可见，甲公司必须将B持有的25%股权转移到乙公司名下，才能办理股权出资。

②增加注册资本变更登记：在被投资公司注册地办理增加注册资本的变更登记。

以股权出资增加注册资本有何特殊的要求呢？根据《股权出资登记管理办法》第十

[①] 根据中国税网刘科影、周新标"个人股权投资暂不缴纳个人所得税"编写。

一条规定，被投资公司依照本办法第九条规定申请办理有关登记手续，除按照《公司登记管理条例》和国家工商行政管理总局有关企业登记提交材料的规定执行外，还应当提交以下材料：

a. 以股权出资的投资人签署的股权认缴出资承诺书。有关投资人应当对所认缴出资的股权符合本办法第三条第一款规定，且不具有该条第二款规定情形等作出承诺。

b. 股权公司营业执照复印件（需加盖股权公司印章）。

上述案例中，出资人 B 要出具一份股权认缴出资承诺书，出具该承诺书的目的是要求出资人对其予以出资的股权进行承诺，承诺其用于出资的股权权属清楚、权能完整、依法可以转让。

（2）对被投资方注册资本的确定。

《股权出资登记管理办法》规定，全体股东以股权作价出资金额和其他非货币财产作价出资金额之和不得高于被投资公司注册资本的 70%。由于乙公司注册资本只有 10 万元，如果股权转让价格为 1 000 万元，如何确定乙公司的注册资本呢？

《股权出资登记管理办法》中之所以有此项规定，是依据《中华人民共和国公司法》第二十七条的规定作出的，即全体股东的货币出资金额不得低于有限责任公司注册资本的 30%。

乙公司股东的货币出资金额仅有 10 万元，为了符合《中华人民共和国公司法》的此项规定，用股权出资后被投资公司的注册资本不能超过 30 万元，这样股权出资就占有被投资公司注册资本的 70% 即 20 万元，而剩余的 980 万元应作为股本溢价计入资本公积。这样既符合《中华人民共和国公司法》和《股权出资登记管理办法》的要求，又实现了以股权出资的目的。

乙公司是 B 的一人独资有限公司，如此处理不会涉及股东之间的利益关系，如果乙公司有多个股东，那就要在章程中对公司控制权作另行约定。

（3）在以 B 持有的甲公司 25% 的股权出资过程中，B 持有的甲公司 25% 的股权增值了 750 万元，对这个 750 万元的股权增值是否需要缴纳个人所得税。

国家税务总局《关于非货币性资产评估增值暂不征收个人所得税的批复》（国税函〔2005〕319 号）规定，考虑到个人所得税的特点和目前个人所得税征收管理的实际情况，对个人将非货币性资产进行评估后投资于企业，其评估增值取得的所得在投资取得企业股权时，暂不征收个人所得税。在投资收回、转让或清算股权时如有所得，再按规定征收个人所得税，其"财产原值"为资产评估前的价值。但是，《关于资产评估增值计征个人所得税问题的通知》（国税发〔2008〕115 号）规定，个人以评估增值的非货币性资产对外投资取得股权的，对个人取得相应股权价值高于该资产原值的部分，属于个人所得，按照"财产转让所得"项目计征个人所得税。税款由被投资企业在个人取得股权时代扣代缴。可见，国税发〔2008〕115 号的规定否定了国税函〔2005〕319 号的规定。同时，根据国家税务总局公告〔2011〕2 号文件规定，国税函〔2005〕319 号已经废止。

根据上述文件的规定，B 持有的甲公司 25% 股权在投资中评估增值的 750 万元要按照财产转让所得缴纳个人所得税，税款由被投资企业乙公司取得股权时代扣代缴。乙公司应代扣代缴个人所得税额 = 750×20% = 150（万元）。

从以上分析看出，《股权出资登记管理办法》的出台有着非同一般的意义。第一，它可以激活股东的资产，增加股权利用的渠道，同时降低转让的交易成本。第二，通过资本纽带，既能够对原有产业保持影响控制，又能实现向新领域的转移，为企业优化产业结构、重组兼并、扩大规模、做大做强提供了帮助。

九、私营企业对税后分红的个人所得税筹划①

【导入案例】

曾有人把"中国（内地）私营企业纳税百强"名单与《福布斯》所公布的"中国富豪排行榜"相比较，结果令人吃惊：《福布斯》的前50名富豪进入"纳税百强"前50名的仅有4人。我们看到的是一个倒挂的纳税结构，进入富豪榜的大都是私营企业老板，他们却未进入纳税百强榜。有媒体披露，《福布斯》中国内地富豪榜的前10名都缴了增值税、消费税、营业税、企业所得税，但多数人没有缴纳个人所得税。原因何在？由于现行个人所得税采取分类计征方法，作为私营企业老板，如果他没有分红，税务机关就不能征他的个人所得税。对绝大多数私营企业来说，他们利润不分红的背后，是将本应由投资者个人取得的分红所得，通过股权转让方式，转化成了投资者个人的财产转让所得，下面以案例作具体分析。A公司由3个自然人投资设立，经过5年经营，企业净资产已增加9倍。该企业效益很好，却一直不进行利润分配。今年年初，A公司有2个自然人将其拥有的股权转让给了其绝对控股的B公司（B公司与A公司不在同一个省），转让价格按照原始股权投入价格计算。但是在企业股权变更后就进行了股利分配，而且是将5年来的未分配利润进行了全部分配，直接少缴个人所得税几百万元。请分析这样的个人所得税筹划方案是否合法。

【分析】

根据我国税法的规定，A企业如果分配企业税后利润给投资者个人，要依20%的税率征收自然人股东"股利、红利所得"个人所得税。而如果投资者个人将企业未分配利润转化为投资者借款、用于投资者个人支出、转增投资者个人股本等，根据现行税法的规定，同样也要比照股息、红利所得缴纳20%的个人所得税，避免缴税的唯一办法只有不分配利润。

虽然国家税务总局《关于进一步加强对高收入者个人所得税征收管理的通知》（国税发〔2001〕57号）中规定，对私营有限责任公司的企业所得税后剩余利润，不分配、

---

① 根据宋宇论文"私营企业低价转让股权的避税做法面临税法的调整"编写。

不投资、挂账达 1 年的，从挂账的第 2 年起，依照投资者（股东）出资比例计算分配征收个人所得税。但财政部、国家税务总局《关于规范个人投资者个人所得税征收管理的通知》（财税〔2003〕158 号）已经明确上述规定停止执行。这就意味着，私营企业缴纳企业所得税后的利润，如果不分配给投资者个人，而是作为企业的留利，税务机关是不能强制征收个人所得税的。如此，A 企业才会积累 5 年的未分配利润，随后采取股权变更的方案。

假设 A 企业由张、李、王 3 个自然人投资设立，张、李分别控股 46%，B 企业由张、李分别控股 45%，当张、李将持有 A 企业各 46% 的股权转让给 B 企业，则 A 企业的股东变为 B 企业，即 A 企业由原来的个人股东转化为了法人股东，A 企业再将 5 年来的未分配利润进行分配，此时取得的股息、红利收入不再是张和李的，而是 B 企业的。毫无疑问，B 企业取得的股息、红利是不用缴纳个人所得税的，也无须缴纳企业所得税，因为《中华人民共和国企业所得税法》第二十六条规定，符合条件的居民企业之间的股息、红利等权益性投资收益，作为免税收入。所以，B 企业取得的股息、红利收入可以享受免缴企业所得税的优惠。

在股权转让环节，尽管企业净资产已增加了 9 倍，投资者个人仍然按成本价转让股权，是因为税务机关没有调整股权交易定价的权力，股权转让不属于税法监控和约束的范围。

其一，尽管《中华人民共和国个人所得税法》规定，财产转让所得适用 20% 比例税率。《中华人民共和国个人所得税法实施条例》规定，财产转让所得包括股权转让取得的所得，计算时按照一次转让财产的收入额减除财产原值和合理费用后的余额计算纳税。本案中，两个自然人将其拥有的股权转让给其绝对控股的 B 公司，转让价格是按照原始股权投入价格计算，这就意味着财产转让所得额为零，无须缴纳个人所得税。因为《中华人民共和国个人所得税法》及《中华人民共和国个人所得税法实施条例》没有涉及股权交易定价不合理的制约措施。

其二，《中华人民共和国税收征收管理法》第三十六条规定，企业或者外国企业在中国境内设立的从事生产、经营的机构、场所与其关联企业之间的业务往来，应当按照独立企业之间的业务往来收取或者支付价款、费用。不按照独立企业之间的业务往来收取或者支付价款、费用，而减少其应纳税收入或者所得额的，税务机关有权进行合理调整。从此规定可知，《中华人民共和国税收征收管理法》约束的是企业与关联企业之间的业务往来，而个人与其关联企业间的业务往来不属于《中华人民共和国税收征收管理法》的管辖范畴。

通过该案可知，私营企业避税的通常做法是积累利润不分配，到一定的时候投资者再将股权低价转让给关联企业，实现个人股东向法人股东的转换，然后进行利润分配，从而就可避免投资者个人股息、红利所得应缴纳的个人所得税。正因为股权转让不受税法的制约，个人投资者可以操纵股权交易价格实现避税。但《关于加强股权转让所得征收个人所得税管理的通知》（国税函〔2009〕285 号），专门针对个人转让股权作出了一系列规定，使私营企业通过低价转让股权变相分红的做法得到监管。国税函〔2009〕

285 号文件主要规定如下：

一是明确纳税人及扣缴义务人转让股权应承担的法律义务。文件规定，负有纳税义务或代扣代缴义务的转让方或受让方，应到主管税务机关办理纳税（扣缴）申报，并持税务机关开具的股权转让所得缴纳个人所得税完税凭证或免税、不征税证明，到工商行政管理部门办理股权变更登记手续。

二是授予税务机关调整股权交易定价的权力。《关于加强股权转让所得征收个人所得税管理的通知》要求税务机关应加强对股权转让所得计税依据的评估和审核。对扣缴义务人或纳税人申报的股权转让所得相关资料应认真审核，判断股权转让行为是否符合独立交易原则，是否符合合理性经济行为和实际情况。对申报的计税依据明显偏低（如平价和低价转让等）且无正当理由的，主管税务机关可参照每股净资产或个人股东享有的股权比例所对应的净资产份额核定。

三是加强了对股权交易的精细化管理。其具体包括要求税务机关建立股权转让所得个人所得税电子台账，加强对股权转让的评估和审核、税款征缴入库和反馈检查等工作，并且更加注重与工商行政管理部门的联系和协作等。

上述案例中，A 企业经过 5 年经营，净资产已增加 9 倍，针对企业长期不分配利润，最终投资者个人将股权按成本价转让以避税的做法，虽然税务部门不能阻止 A 企业的股权交易行为，但根据国税函［2009］285 号文件的要求，税务部门一是可以对股权转让环节的定价按每股净资产价进行核定，从而计算投资者个人的财产转让所得，依法征收个人所得税；二是纳税人有义务到主管税务机关办理纳税申报，并持税务机关开具的股权转让所得已缴纳个人所得税的完税凭证，才可到工商行政管理部门办理股权变更登记手续。所以，私营企业通过低价转让股权变相分红的做法并不能规避个人所得税的缴纳。

十、"双薪"的个人所得税筹划①

【导入案例】

国家税务总局《关于明确个人所得税若干政策执行问题的通知》（国税发［2009］121 号）规定停止"双薪"所得按月薪单独计税的办法。对此，很多媒体在报道时认为，"双薪"所得停止单独计税，将增加个人所得税税负，使"双薪"收入缩水。有关税务专家认为，上述看法并不全面。如果纳税人仔细测算月薪、"双薪"和年终奖不同发放方式的税负，选择合理的发放方式，反而有可能减轻税负。

---

① 根据中国税务报李波、邹国金、章建良"'双薪'停止单独计税，如何发放需要测算"编写。

【法规解读】

（1）国税发〔2009〕121号文件规定，《国家税务总局关于个人所得税若干政策问题的批复》（国税函〔2002〕629号）关于"双薪制"的计税方法停止执行。所谓"双薪制"的计税方法，是2002年国家税务总局针对国家机关、事业单位、企业和其他单位实行"双薪制"，即单位为其雇员多发放一个月的工资（俗称第13个月工资）制定的个人所得税征税办法。该办法规定，个人取得的"双薪"所得，应单独作为一个月的工资、薪金所得计征个人所得税。对"双薪"所得原则上不再扣除费用，应全额作为应纳税所得额按适用税率计算纳税；但如果纳税人取得"双薪"当月的工资、薪金所得低于个人所得税费用扣除标准的，应将"双薪"所得与当月工资、薪金所得合并减除个人所得税费用扣除额后的余额作为应纳税所得额，计算缴纳个人所得税。在这种计税方法下，由于"双薪"所得单独作为一个月工资计税，在大多数情况下可以适用相对较低的税率，从而在一定程度上降低了个人所得税税收负担。

（2）2005年国家税务总局针对全年一次性奖金出台了《关于调整个人取得全年一次性奖金等计算征收个人所得税方法问题的通知》（国税发〔2005〕9号）。其中规定，全年一次性奖金是指行政机关、企事业单位等扣缴义务人根据其全年经济效益和对雇员全年工作业绩的综合考核情况，向雇员发放的一次性奖金。纳税人取得全年一次性奖金，单独作为一个月工资、薪金所得计算纳税。计算方法是先将雇员当月内取得的全年一次性奖金，除以12个月，按其商数确定适用税率和速算扣除数，然后将雇员个人当月内取得的全年一次性奖金，按相应的适用税率和速算扣除数计算征税。如果在发放年终一次性奖金的当月，雇员当月工资、薪金所得低于税法规定的费用扣除额，应按全年一次性奖金减除"雇员当月工资、薪金所得与费用扣除额的差额"后的余额，确定适用的税率和速算扣除数。

【筹划思路】

"双薪"所得单独计税方法叫停后，"双薪"的纳税大体上有两种办法：一种是将"双薪"所得并入当月的工资、薪金中，合并计算缴纳个人所得税；一种是将"双薪"所得纳入年终奖，适用全年一次性奖金的计税方法计算缴纳个人所得税。

1. 中高收入者"双薪"所得并入年终奖，纳税更划算

全年一次性奖金的计税办法将年终奖除以12确定适用的税率，从而大大减轻了年终奖的个人所得税税负。由于中高收入者月薪、"双薪"和年终奖的数额较高，均适用10%以上档次的税率，把"双薪"所得纳入年终奖发放，可以适用较低的税率，大多数情况下可以减轻税负。下面举例说明。

假设王先生2012年12月取得工资、薪金8 000元，"双薪"所得12 000元。若将"双薪所得"与当月工资、薪金合并缴纳个人所得税，当月工资、薪金总额为20 000元，扣除3 500元的费用扣除额后个人所得税应纳税所得额为16 500元，按照工资、薪金税率表，适用税率为25%，速算扣除数为1 005元，当月应纳个人所得税为3 120元。

若将"双薪"所得 12 000 元作为年终奖适用全年一次性奖金的计税方法计算缴纳个人所得税，则会有不同的结果。王先生当月工资、薪金应纳税所得额为 4 500 元（8 000 - 3 500），适用税率 10%，速算扣除数 105 元，本月工资、薪金应纳个人所得税为 345 元（4 500 × 10% - 105）；"双薪"所得 12 000 元除以 12 等于 1 000 元，对应个人所得税税率为 3%，速算扣除数为 0，"双薪"所得应纳个人所得税 360 元（12 000 × 3% - 0）。当月工资、薪金与"双薪"所得共计应纳个人所得税 705 元。

由此可见，由于适用税率相对较低，在大多数情况下，将"双薪"所得按照全年一次性奖金计税方法，较将其合并入当月工资、薪金能更有效地减轻个人所得税税负。

2. 对于收入较低的纳税人，"双薪"所得合并到年终奖反而不划算

上述分析虽然适用于大多数情况，但由于个人所得税涉及费用扣除额，以及适用超额累进税率，也会存在一些特殊情况，需要针对纳税人的个别情况进行测算。特别是对于收入较低的纳税人，"双薪"所得合并到年终奖反而不划算。

假设李先生月薪收入 2 000 元，年终发放"双薪"3 000 元，年终奖 18 000 元。如果"双薪"和年终奖选择一次性发放，适用全年一次性奖金计税方法，由于（18 000 + 3 000 - 1 500）÷ 12 = 1 625 元，适用 10% 的税率和 105 的速算扣除数，应纳个人所得税 1 845 元（19 500 × 10% - 105）。如果"双薪"和年终奖分月发放，"双薪"收入并入当月工资纳税，则"双薪"所得和当月工资应纳税 45 元 [（5 000 - 3 500）× 3% - 0]，年终奖 18 000 元应纳税 540 元（18 000 × 3% - 0），合计纳税 585 元，比第一种少 1 260 元（1 845 - 585）。产生上述差距的原因是"双薪"并入年终奖后，使年终奖适用的税率由 3% 剧增到 10%。因此，纳税人在选择"双薪"纳税方法时，要特别注意"双薪"所得并入年终奖后可能提高适用税率的情况。

需要注意的是，按照国税发［2005］9 号文件的规定，在一个纳税年度内，对每一个纳税人，全年一次性奖金计税方法只允许采用一次。因此企事业单位在发放全年一次性奖金、年终加薪、根据考核情况兑现的年薪和绩效工资时，应尽量将上述不同项目合并一次性发放。对于今年已经使用过全年一次性奖金计税方法的纳税人，如果在今年内发放"双薪"，按规定不能再使用全年一次性奖金计税方法，只能把"双薪"所得合并到发放当月的工资、薪金中纳税。所以纳税人需要合理规划"双薪"的发放方式。

十一、董事费收入的个人所得税筹划①

【导入案例】

假定某内资公司董事老李每月领取的收入为 28 000 元。请问：该内资公司应如何发

---

① 根据中国税网"董事费个人所得税筹划政策空间变小"编写。

放董事费才能使老李应纳个人所得税最少?

【法规解读】

(1) 根据国税发〔1994〕89 号文件第八条的规定,个人由于担任董事职务所取得的董事费收入,属于劳务报酬收入性质,按照劳务报酬收入项目征收个人所得税。

(2) 根据国税发〔1996〕214 号文件第一条的规定,对于外商投资企业的董事(长)同时担任企业直接管理职务,或者名义上不担任企业的直接管理职务,但实际上从事企业日常管理工作的,应判定其在该企业具有董事(长)和雇员的双重身份,除其取得的属于股息、红利性质的所得应依照《国家税务总局关于外商投资企业、外国企业和外籍个人取得股票(股权)转让收益和股息所得税收问题的通知》(国税发〔1993〕45 号)有关规定免征个人所得税以外,应分别就其以董事(长)身份取得的董事费收入和以雇员身份应取得的工资、薪金所得征收个人所得税。董事(长)身份取得的董事费收入按劳务报酬收入项目征收个人所得税,以雇员身份应取得的工资、薪金所得按工资薪金所得项目征收个人所得税。因此,不少人充分利用现行个人所得税法关于"劳务报酬收入"与"工资、薪金收入"适用不同征税方法的规定,以及公司董事可分别领取董事费和工资收入的特殊政策,在董事的总收入一定的情况下,将收入在工资和董事费之间进行合理分配,可在不增加任何个人税收成本的情况下,使公司董事的个人所得税税负达到最优。这无形中也增加了税收执法的随意性。例如本案例中,可以有三种节税方案。

方案一:若全额作为"工资、薪金所得",则其每月应缴纳的个人所得税 $= (28\,000 - 3\,500) \times 25\% - 1\,005 = 5\,120$ (元)。

方案二:若全额作为"劳动报酬所得",则其每月应缴纳的个人所得税 $= 28\,000 \times (1 - 20\%) \times 30\% - 2\,000 = 4\,720$ (元)〔按"劳务报酬所得"计算纳税,董事费收入应交营业税及附加,此处应缴纳营业税及附加 $= 28\,000 \times 5\% \times (1 + 7\% + 3\%) = 1\,540$ (元),为计算方便忽略不计,下同〕。

方案三:若将其分解成两部分,一部分作为董事费,一部分作为工资,各发放 14 000 元,则:①董事费按"劳务报酬所得"计算纳税,应纳个人所得税 $= 14\,000 \times (1 - 20\%) \times 20\% = 2\,240$ (元);②工资按"工资、薪金所得"计算纳税,应纳个人所得税 $= (14\,000 - 3\,500) \times 25\% - 1\,005 = 1\,620$ (元),两者合计每月应缴纳的个人所得税 $= 2\,240 + 1\,620 = 3\,860$ (元)。

可见,方案三与方案一相比,每月可以节约个人所得税税额 $= 5\,120 - 3\,860 = 1\,260$ (元),每年可节约的税额 $= 1\,260 \times 12 = 15\,120$ (元);而第三种方法与第二种方法相比,每月可以节约个人所得税税额 $= 4\,720 - 3\,860 = 860$ (元),每年可节约的税额 $= 860 \times 12 = 10\,320$ (元)。

(3) 2009 年 8 月 31 日下发的《国家税务总局关于明确个人所得税若干政策执行问题的通知》(国税发〔2009〕121 号)明确,《国家税务总局关于印发〈征收个人所得税若干问题的规定〉的通知》（国税发［1994］89号）第八条规定的董事费按劳务报酬所得项目征税方法，仅适用于个人担任公司董事、监事，且不在公司任职、受雇的情形。个人在公司（包括关联公司）任职、受雇，同时兼任董事、监事的，应将董事费、监事费与个人工资收入合并，统一按工资、薪金所得项目缴纳个人所得税。相应地，《国家税务总局关于外商投资企业的董事担任直接管理职务征收个人所得税问题的通知》（国税发［1996］214号）第一条停止执行。该规定出台后，对于既担任公司董事、监事，又在公司任职、受雇的个人，工资、薪金所得和董事费不再分类计税，而是采取合并为一项作为工资、薪金所得纳税。这在一定程度上减少了这样一部分董事类员工，在工资、薪金所得边际税率较高（一般高于20%）的情况下，将高出部分肆意转化为董事费按劳务报酬所得课税的避税安排，是一种税制完善补漏性措施，也就是国税发［2009］121号发布后，董事费按身份性质确定项目缴纳个人所得税。本例中，如果老李只担任公司董事、监事但并不在该公司任职、受雇，则其收入按劳务报酬所得项目征税＝28 000×（1－20%）×30%－2 000＝4 720（元）［按"劳务报酬所得"计算纳税，董事费收入应交营业税及附加，此处应纳营业税＝28 000×5.5%＝1 540（元），为计算方便忽略不计，下同］；如果老李因在公司任职、受雇，而同时兼任董事、监事取得的董事费收入，则必须统一按工资项目缴纳个人所得税＝（28 000－3 500）×25%－1 005＝5 120元，而不存在通过随意调节工资和董事费金额进行税收筹划的空间，也就是说明从此董事费个人所得税筹划政策空间变得更小了。

【筹划方案】

根据应纳个人所得税的测算对老李的身份进行筹划。

十二、特许权使用费的所得税筹划[①]

【导入案例】

一个日本国居民法人将其拥有的专利技术授权给在中国广东省深圳市注册的中国居民企业新坐标公司在中国香港使用，根据现行《中华人民共和国企业所得税法》的规定，该特许权使用费收入应该由在中国广东省深圳市注册的中国居民企业新坐标公司代扣代缴预提所得税。请就该预提所得税进行税收筹划。

【法规解读】

1. 港澳台企业是中国的居民企业还是非居民企业。《香港特别行政区基本法》、《澳门特别行政区基本法》规定，中国香港、中国澳门特别行政区实行独立的税收制度。中

---

① 根据王骏"特许权使用费存在筹划空间"编写。

国香港、中国澳门特别行政区参照原在中国香港、中国澳门实行的低税政策，自行立法规定税种、税率、税收宽免和其他税务事项。全国性法律除列于基本法附件三所列法律外，不在中国香港、中国澳门特别行政区实施。因此，尽管港澳台地区是中华人民共和国的领土，但由于其实行有别于大陆的法律制度、会计制度，有必要明确企业所得税法是否适用，以及如何适用于这些区域成立的企业。《企业所得税法实施条例》第一百三十二条回答了以上问题，根据该条规定，在港澳台地区成立的企业，其实际管理机构在大陆地区时，视为《企业所得税法》规定的居民企业，其实际管理机构不在大陆地区时，则视为《企业所得税法》规定的非居民企业。可见，港澳台企业实质是参照境外企业适用《企业所得税法》的，《企业所得税法》中所指的"中国境内"实质上仅指"中国大陆地区"。

2. 我国现行的个人所得税法和企业所得税法对特许权使用费所得的来源地标准并不相同。

根据《中华人民共和国个人所得税法》的规定，个人特许权使用费所得，以特许权的使用地作为所得来源地。根据《中华人民共和国企业所得税法》的规定，企业特许权使用费所得，以负担、支付所得的企业或机构、场所所在地，或者负担、支付所得的个人的住所地作为所得来源地。可见，我国现行的个人所得税法和企业所得税法对特许权使用费所得的来源地标准并不相同，一个以特许权的使用地为所得来源地的标准，一个以特许权使用费的负担地或支付地为所得来源地的标准。

举例来说，一个日本国居民自然人将其拥有的专利技术授权给在中国广西壮族自治区防城港市注册的中国居民企业新坐标公司在中国内地使用，由于该项特许权使用地在中国内地广西壮族自治区，则该日本居民自然人取得的特许权使用费所得属于来自于中国境内的所得。而如果这个日本国居民自然人将其拥有的专利技术授权给在中国广东省深圳市注册的中国居民企业新坐标公司在中国香港使用，由于该项特许权使用地在中国香港而不是中国内地，则该日本居民自然人取得的特许权使用费所得就不属于来自于中国境内的所得。

如果我们将上述举例中的特许权所有者更换为一家日本居民企业法人，一个日本国居民法人将其拥有的专利技术授权给在中国广西壮族自治区防城港市注册的中国居民企业新坐标公司在中国内地使用，由于该项特许权使用费的负担一方是在中国内地的广西壮族自治区的企业，则该日本居民法人取得的特许权使用费所得属于来自于中国境内的所得。而如果这个日本国居民法人，现在将其拥有的专利技术授权给在中国广东省深圳市注册的中国居民企业新坐标公司在中国香港使用，此时虽然该项特许权使用地在中国香港而不是中国内地，但是由于负担支付特许权使用费的一方是中国内地的居民企业新坐标公司，那么该日本居民法人取得的特许权使用费所得就依然属于来自于中国境内的所得。

长期以来，我国对特许权使用费来源地的判定标准是以特许权的使用地为特许权使用费的来源地。例如，现行《中华人民共和国个人所得税法实施条例》第五条规定，许可各种特许权在中国境内使用而取得的所得，不论支付地点是否在中国境内，均为来源于中国境内的所得。原《中华人民共和国外商投资企业和外国企业所得税法实施细则》第六条也规定，外国企业提供在中国境内使用的专利权、专有技术、商标权、著作权等而取得的使用费，属于来源于中国境内的所得。不过，2008 年开始实施的《中华人民共和国企业所得税法实施条例》的规定与过去有所不同，这部税法专门规定，特许权使用费所得的来源地按照负担、支付所得的企业或者机构、场所所在地确定。这种标准其实是采用的特许权使用费支付者的居住地为特许权使用费的来源地，不仅我国新的企业所得税法采用这一标准，而且法国、比利时等一些欧洲国家也采用这一标准。

【筹划方案】

（1）某项特许权转让给中国境内的企业使用，但使用费由其在境外关联企业支付或者负担，则这笔特许权使用费就不属于来源于中国境内的所得。因此，如果特许权许可一方授权中国境内企业使用其特许权，同时在使用合同中约定，由该使用特许权的中国境内企业的设在不征收特许权使用费预提所得税的国家或者地区的关联企业向许可一方缴纳特许权使用费，就可能会绕开中国政府对特许权使用费课征的预提税。目前来看，不征收特许权使用费预提所得税的国家包括荷兰、挪威、瑞士、瑞典等国。当然，这种基于使用地和付费地分离的筹划也存在一定的风险，因为虽然依据中国税法该笔所得的支付地不在中国境内，但由于中国税法并未严格地界定"负担"一词的含义，如果税务当局将"负担"解释为和实际使用一致，上述筹划也可能落空。

（2）如果被授权使用许可权的一方企业所在地和特许权的使用地是一致的，所得的来源地也保持一致。如果被授权使用许可权的一方企业所在地和特许权的使用地并不一致，就上述举例中的"日本国居民法人将其拥有的专利技术授权给中国注册的居民企业新坐标公司在中国香港使用"而言，由于按照中国企业所得税法会被认定为来源于中国境内的所得，作为授权方的日本国居民法人就可能会事先将有关特许权在其本国转让给某个日本关联自然人，再由该自然人将专利技术授权给中方使用，此时非居民自然人取得的所得就不会被认定为来源于中国境内的所得，从而规避掉相应的预提所得税。

十三、房屋出租的个人所得税筹划[①]

【导入案例】

老王将房屋出租给他人，租期为 5 个月，在扣除相关费用后老王月应纳税所得额为 2 000 元。假如在出租后的第二个月，老王打算对屋顶进行防水处理，预计投资 3 200 元，工期一周。请问：老王是在出租后的第二个月对屋顶进行防水处理，还是在租期满后进行防水处理好？

---

① 根据中国税网吕风柱"选准修房时机可节税"编写。

【法规解读】

1. 按照《中华人民共和国个人所得税法》的规定，居民出租房屋的租金收入应纳个人所得税。国税函［2002］146 号也明确了关于财产租赁所得计算缴纳个人所得税时税前扣除有关税、费的次序问题：个人出租财产取得的财产租赁收入，在计算缴纳个人所得税时，应依次扣除以下费用：①财产租赁过程中缴纳的税费；②由纳税人负担的该出租财产实际开支的修缮费用；③税法规定的费用扣除标准。财产租赁所得按照上述顺序扣除相关费用后的余额为应纳税所得额。"税法规定的费用扣除标准"是指《中华人民共和国个人所得税法》第六条规定的标准：财产租赁所得，每次收入不超过四千元的，减除费用八百元；四千元以上的，减除百分之二十的费用。

2. 依照个人所得税法及国家税务总局 1994 年 89 号文件规定，纳税人出租财产取得财产租赁收入，在计算征税时，除可依法减去规定费用和有关税、费外，还准予扣除能够提供有效、准确凭证，证明由纳税人负担的该出租财产实际开支的修缮费用。允许扣除的修缮费用，以每次 800 元为限，一次扣除不完的，准予在下一次继续扣除，直至扣完为止。

【筹划思路】

适当地选择一下房屋的维修时间，选择在房产租赁期间进行维修，而且维修费用越大，就越应提早进行，这样可以使得维修费用充分地在税前列支，从而节约个人所得税。

【筹划方案】

方案一：如果老王将对屋顶防水处理的时间选择在租赁结束以后，那么老王应承担的个人所得税计算如下：

应纳个人所得税 = 2 000 × 20% × 5 = 2 000 元（依照个人所得税法规定，财产租赁所得适用 20% 的比例税率）

方案二：如果老王在出租后的第二个月对屋顶进行了防水处理，那么其花费的 3 200 元费用，可以按每月 800 元费用在以后 4 个月内扣除（假设老王已取得了合法有效的房屋维修发票）。其应纳个人所得税税额具体计算如下：

老王在房屋出租后的第一个月内应纳个人所得税计算如下：

应纳个人所得税 = 2 000 × 20% = 400（元）（依照个人所得税法规定，财产租赁所得适用 20% 的比例税率）

老王在房屋出租后的第 2、3、4、5 月共纳个人所得税税额计算如下：

应纳所得税 = ［(2 000 - 800) × 20%］× 4 = 960（元）

在整个租赁期间老王所负担的个人所得税为 1 360 元（400 + 960）。

可见，方案二比方案一节约个人所得税 640 元（2 000 - 1 360）。老王应选择在出租后的第二个月对屋顶进行防水处理。

本案例是有关维修费用列支的常见节税策划方法，有一点需要注意的是，依据规定，在支付维修费用时，一定要向维修人员索取合法、有效的房屋维修发票，并及时地报经地方主管税务机关核实，经税务机关确认后才能扣除，否则任何策划都只能是纸上谈兵，无法实现。

十四、不同身份的自由撰稿人的个人所得税筹划[①]

【导入案例】

王先生是一位长期从事自由撰稿的文字工作者。王先生每月发稿在 10 篇左右，每篇大约 2 000 字，每篇稿子的稿酬在 300～1 000 元不等。王先生平均每月的收入在 7 000 元左右。由于王先生的文字比较受读者欢迎，当地一些报社、杂志社多次找到王先生，请求王先生加入报社、杂志社做记者或编辑，每月工资 7 000 元。如果王先生不愿意也可受雇于报社或杂志社，为指定版面或栏目创作非署名文章。王先生每月向报社或杂志社提供 10 篇稿子，每篇大约 2 000 字，报社或杂志社每月付王先生 7 000 元的报酬。因此王先生面临着三种选择：一是受聘于报社或杂志社成为记者或者编辑；二是受雇于报社或杂志社，为指定版面或栏目创作非署名文章；三是继续保持自由者的身份，向报社或杂志社自由投稿。请从个人所得税税负的角度分析王先生应该如何选择。

【筹划思路】

成为记者、编辑后，按"工资、薪金所得"缴纳个人所得税；与报社或杂志社达成合作协议后，按"劳务报酬所得"缴纳个人所得税；继续保持自由撰稿人身份，按稿酬所得缴纳个人所得税。对这三种情况的个人所得税税负进行比较，选择税负低者。

【筹划方案】

方案一：王先生在成为记者或编辑后，按工资、薪金所得每月应缴纳的个人所得税计算如下：

应纳个人所得税 = (7 000 - 3 500) × 10% - 105 = 245 （元）

方案二：王先生与报社或杂志社达成创作协议后，每月从报社或杂志社取得劳务报酬，个人所得税法实施条例规定，劳务报酬所得，属于一次性收入的，以取得该项目收入为一次；属于同一项目连续性收入的，以一个月内取得的收入为一次。因为王先生是属于同一项目取得连续性收入，所以以一个月内取得的收入为一次收入。王先生按劳务报酬所得每月应缴纳的个人所得税计算如下：

---

① 根据吕凤柱"不同身份的自由撰稿人个人所得税的纳税筹划"编写。

应纳个人所得税 = [7 000 × (1 - 20%)] × 20% = 1 120 (元)

方案三: 王先生继续保持自由撰稿人身份, 个人所得税法实施条例规定, 稿酬所得以每次出版、发表取得收入为一次。在此王先生单篇稿件的稿酬按最高稿酬计算, 每篇1 000 元。按照个人所得税法规定, 稿酬所得每次不超过 4 000 元的, 减除 800 元后全额为应纳个人所得税余额。因此王先生按稿酬所得每月应缴纳的个人所得税最高额计算如下:

应纳个人所得税 = (1 000 - 800) × 20% × (1 - 30%) × 10 = 280 (元)

通过以上对照可以看出, 仅从个人收益来看王先生受聘于报社或杂志社成为记者或者编辑所获得的个人利益最大。

第5章 企业所得税筹划实务

一、企业从事农业生产的企业所得税筹划①

【导入案例】

A 公司从事马铃薯脱毒种薯繁育生产，请问：A 公司怎样可以节约企业所得税？

【法规解读】

（1）国家税务总局 2010 年《关于"公司＋农户"经营模式企业所得税优惠问题的通知》规定，一些企业采取"公司＋农户"经营模式从事牲畜、家禽的饲养，即公司与农户签订委托养殖合同，向农户提供畜禽苗、饲料、兽药及疫苗等（所有权仍属于公司），农户将畜禽养大成为成品后交付公司回收。鉴于采取"公司＋农户"经营模式的企业，虽不直接从事畜禽的养殖，但系委托农户饲养，并承担诸如市场、管理、采购、销售等经营职责及绝大部分经营管理风险，公司和农户是劳务外包关系。为此，对此类以"公司＋农户"经营模式从事农、林、牧、渔业项目生产的企业，自 2010 年 1 月 1 日起，可以按照《中华人民共和国企业所得税法实施条例》第八十六条的有关规定，享受减免企业所得税优惠政策。

（2）《中华人民共和国企业所得税法实施条例》第八十六条规定，《中华人民共和国企业所得税法》第二十七条第（一）项规定的企业从事农、林、牧、渔业项目的所得，可以免征、减征企业所得税。企业从事下列项目的所得，免征企业所得税：①蔬菜、谷物、薯类、油料、豆类、棉花、麻类、糖料、水果、坚果的种植；②农作物新品种的选育；③中药材的种植；④林木的培育和种植；⑤牲畜、家禽的饲养；⑥林产品的采集；⑦灌溉、农产品初加工、兽医、农技推广、农机作业和维修等农、林、牧、渔服务业项目；⑧远洋捕捞。企业从事下列项目的所得，减半征收企业所得税：①花卉、茶以及其他饮料作物和香料作物的种植；②海水养殖、内陆养殖。企业从事国家限制和禁止发展的项目，不得享受本条规定的企业所得税优惠。

---

① 根据中国税网"'公司＋农户'所得税享优惠"编写。

【筹划思路】

A 公司在马铃薯脱毒种薯繁育生产中,可以将种薯交给农户繁育,种子为专用种薯,生产过程由公司控制,收获时支付给农户劳务费。即 A 公司采取"公司 + 农户"模式繁育生产种薯,就享受免企业所得税的优惠政策了。

二、子公司与分公司的所得税纳税筹划①

【导入案例】

当一个企业要进行跨地区经营时,常见的做法就是在其他地区设立下属机构,即开办子公司或分公司,现有一企业甲要到异地设立下属机构,请问:从企业所得税筹划的角度,该企业应设立为子公司还是分公司?

【法规解读】

(1)《中华人民共和国企业所得税法》第五十条规定,居民企业在中国境内设立不具有法人资格的营业机构的,应当汇总计算并缴纳企业所得税。我国从 2008 年起开始实行法人所得税制度,强调法人企业或组织为企业所得税的纳税人,而非独立核算的分支机构将汇总到公司总部缴纳企业所得税。根据新的企业所得税法,依据中国法律注册成立的企业,不具有法人地位的分公司不是企业所得税的纳税人。也就是说,以前因独立核算而具有纳税人资格的分公司在新法下将不再具有纳税人资格。那么,分公司应在何地纳税就成了一个需要迫切解决的问题,因为这可能导致不同地方的税收利益关系发生相应变化,跨省设立分支机构的企业在这个问题上更为突出。

(2)为解决跨省市设立分支机构的企业应纳税所得额的计算、缴纳和分享问题,财政部、国家税务总局、中国人民银行联合发布的 2008 年《跨省市总分机构企业所得税分配及预算管理暂行办法》(以下简称《暂行办法》)明确规定,跨省市设立分支机构的企业所得税,按照统一规范、兼顾总机构和分支机构所在地利益的原则,实行"统一计算、分级管理、就地预缴、汇总清算、财政调库"的办法。

①统一计算。"统一计算"就是居民企业应统一计算包括各个不具有法人资格营业机构在内的企业全部应纳税所得额和应纳税额。也就是说,跨省市设立分支机构的企业,应汇集各分支机构的收入、成本、费用等,统一计算应纳税所得额和应纳税额,这也符合新所得税法实施条例第一百二十五条关于"企业汇总计算并缴纳企业所得税时,应当统一核算应纳税所得额"的规定。

②就地预缴。为兼顾总机构和分支机构所在地的利益关系,《暂行办法》规定,总

---

① 根据 2010 年 10 月 21 日中国税务报蔡昌"分公司和子公司的纳税选择策略"编写。

机构和分支机构应分别在当地按月或按季预缴税款，即"就地预缴"。具体方法是：总机构根据企业本期累计实际经营成果，统一计算企业实际利润额、应纳税额。将总机构计算的应纳税额分成相等的两部分，50%由总机构缴纳，另外的50%由分支机构缴纳。如果一个总机构下设多家分支机构，则再由各分支机构按照一定的比例计算自己应在当地缴纳的税款，各分支机构的分享比例按照各自的经营收入，职工工资和资产总额三个因素和0.35、0.35、0.3的权重计算得出。具体的计算公式如下：

各分支机构应分摊预缴额＝所有分支机构应分摊的预缴总额×该分支机构分摊比例

所有分支机构应分摊的预缴总额＝统一计算的企业当期应纳税额×50%

该分支机构分摊比例＝（该分支机构经营收入÷各分支机构经营收入总额）×0.35＋（该分支机构职工工资÷各分支机构职工工资总额）×0.35＋（该分支机构资产总额÷各分支机构资产总额之和）×0.30

但是，有些企业的总机构和分支机构可能适用不同的税率，如北京某高新技术企业适用15%的税率，其设在上海的一家专门从事贸易活动的分公司可能是25%的税率。针对这种情况，《暂行办法》规定，总机构和分支机构适用税率不一致的，应分别计算应纳税所得额和应纳税额，分别按适用税率缴纳。

在此需要注意几个问题：一是这里的资产不包括无形资产，因为无形资产不可能属于哪个分支机构。二是虽然根据新企业所得税法第一百二十八条的规定，纳税人按照月度或季度的实际利润额预缴有困难的，可以按照上一纳税年度应纳税所得额的月度或者季度平均额预缴，但这里提到的总机构的应纳税额是根据实际经营成果计算出来，而不是根据上年度应纳税所得额的一定比例计算。

③财政调库。"财政调库"是在坚持目前所得税由中央和地方按照60∶40的比例分享的前提下，对由总机构缴纳的部分税款，不是在中央与总机构所在地之间分配，而是由财政部在全国各地之间进行分配。目前的所得税是共享税，中央占60%，企业所在地的地方占40%。《暂行办法》在中央与地方共享的问题上，虽然没有改变目前60∶40的分享比例，但是却将总机构缴纳的部分税款变成全国各地方共同分享。具体办法如下：

总机构在其所在地缴纳全部税额的50%，但是这50%又分成相等的两部分：应纳税总额的25%就地办理缴库，所缴税款由中央与总机构所在地按照60∶40分享；应纳税总额另外的25%由总机构全额缴入中央国库，所缴纳税款的60%为中央收入，40%由财政部按照2004—2006年各省市三年实际分享企业所得税占地方分享总额的比例定期向各省市分配。各分支机构根据分摊税款就地办理缴库，所缴纳税款收入由中央与分支机构所在地按60∶40分享。可见，现行的中央、地方分享办法由以前的属于地方的40%的税款全部归属于企业总机构所在地，改为50%×25%×40%的税款由全国各地分享，这在一定程度上削弱了总机构所在地分享税款的权利，但是却会增加其他地方分享的税额。由于设在沿海经济发达地区的总机构相对较多，这种办法有利于平衡发达地区和落后地区之间的利益关系。但是，应纳税额在总分机构之间的分享采用50%∶50%的基数比例，操作比较简单，但在某些情况下，可能导致税额分配的不合理。如总机构在北京，承担主要的生产经营活动，在天津设立一分公司，只有少量的经营活动，但是天津分公司所在地可以分享 50% ×40% 的应纳税额，而总机构所在地却只能分享 50% × 25% ×40% 的应纳税额。中央和地方分享总分机构企业所得税具体情况如图 1 所示。

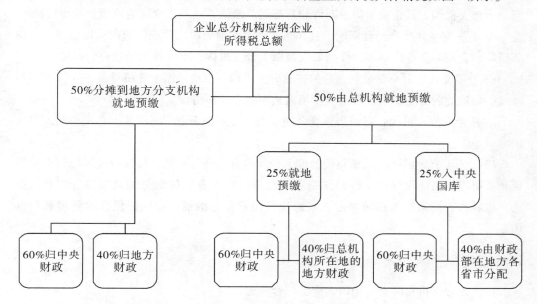

图 1　中央和地方分享总分机构企业所得税具体情况

如果某分支机构因适用税率与总机构不一致而单独计算应纳税额的，其应纳税额也不是在该分支机构所在地缴纳，而是按照《暂行办法》的方法在总分机构之间分配。

④汇算清缴。《暂行办法》规定，各分支机构不进行企业所得税汇算清缴，统一由总机构按照相关规定进行。总机构所在地税务机关根据汇总计算的企业年度全部应纳税额，扣除总机构和分支机构已预缴的税款，多退少补。

⑤税收征管。税收征管的一个基本原则是属地征管，也就是说纳税人要接受其所在地主管税务机关的监管，这样有利于提高征管效率，节约纳税人的成本。由于企业所得税采取由总分机构分别预缴的方式，所以其征管也采取分级管理的原则，即居民企业总机构、分支机构，分别由所在地主管税务机关属地进行监督和管理。居民企业总机构、分支机构所在地的主管税务机关都有监管的责任，居民企业总机构、分支机构都要办理税务登记并接受所在地主管税务机关的监管。就是跨省（自治区、直辖市和计划单列市）设立的不具有法人资格营业机构的企业。但是，以下八类分支机构不需要就地预缴企业所得税。

a. 垂直管理的中央类企业，其分支机构不需要就地预缴企业所得税。如中国银行股份有限公司、国家开发银行、中央汇金投资有限责任公司、中国石油天然气股份有限公司等缴纳所得税未纳入中央和地方分享范围的企业。

b. 三级及以下分支机构不就地预缴企业所得税，其经营收入、职工工资和资产总额统一计入二级分支机构。

c. 分支机构不具有独立生产经营的职能部门时，该不具有独立生产经营的职能部门不就地预缴企业所得税。如果分支机构具有独立生产经营的职能部门，但其经营收入、职工工资和资产总额与管理职能部门不能分开核算的，则该独立生产经营部门也不得视同一个分支机构，其企业所得税允许和总部汇总缴纳，而不需要就地预缴企业所得税。

d. 不具有主体生产经营职能，且在当地不缴纳增值税、营业税的产品售后服务、内部研发、仓储等企业内部辅助性的二级及以下分支机构，不就地预缴企业所得税。

e. 上年度认定为小型微利企业的，其分支机构不就地预缴企业所得税。

f. 新设立的分支机构，设立当年不就地预缴企业所得税。

g. 撤销的分支机构，撤销当年剩余期限内应分摊的企业所得税款由总机构缴入中央国库。

（3）为了有效解决法人所得税制度下税源跨省市转移问题，加强跨地区经营汇总纳税企业所得税的征收管理，根据《跨省市总分机构企业所得税分配及预算管理暂行办法》的精神，国家税务总局制定了《跨地区经营汇总纳税企业所得税征收管理暂行办法》。

【筹划思路】

在设置分支机构时有三个因素应当综合考虑。

（1）分支机构的盈亏情况。①当总公司盈利，新设置的分支机构可能出现亏损时，应当选择总分公司模式。根据税法规定，分公司是非独立纳税人，其亏损可以由总公司的利润弥补；如果设立子公司，子公司是独立纳税人，其亏损只能由以后年度实现的利润弥补，且总公司不能弥补子公司的亏损，也不得冲减对子公司投资的投资成本。②当总机构亏损，新设置的分支机构可能盈利时，应当选择母子公司模式；子公司不需要承担母公司的亏损，可以自我积累资金求得发展，总公司可以把其效益好的资产转移给子公司，把不良资产处理掉。当企业设立分支机构时，由于设立初期分支机构面临高昂的成本支出，所以亏损的概率较高，通常采用分公司的形式较为合适，可以享受和总部收益盈亏互抵的好处。经过两三年的经营期间，分公司开始转亏为盈时，再把分公司变更注册为子公司，这样可以降低分支机构对总机构的法律影响。

（2）享受税收优惠的情况。按照税法规定，当总机构享受税收优惠而分支机构不享受优惠时，可以选择总分公司模式，使分支机构也享受税收优惠待遇。如果分公司所在地有税收优惠政策，则当分公司开始盈利后，可以变更注册分公司为子公司，享受当地的税收优惠政策，这样会收到较好的纳税效果。

（3）分支机构的利润分配形式及风险责任问题。分公司由于不具有独立法人资格，所以不利于进行独立的利润分配。同时，分公司如果有风险及相关法律责任，可能会牵连到总公司，而子公司则没有这种担忧。

三、居民企业股权转让中"先分配后转让"的企业所得税筹划方案①

【导入案例】

长宏有限公司是由长城股份有限公司和宏达股份有限公司共同投资成立的，长城公司持有的股本为500万元。根据公司股东会决议，长城公司于2009年年底退出长宏有限公司，将其持有的股份转让给方正公司。长宏有限公司成立以来，累计实现未分配利润1 080万元，资本公积70万元，盈余公积120万元，合计1 270万元。经股东会讨论，决定在股权转让前按持股比例分配利润及公积金，分配给宏达股份利润952.5万元，长城股份利润317.5万元，合计1 270万元。这样做的目的：股东长城公司为降低股权转让价格，在股权转让前召开股东大会，将其在被投资方长宏有限公司的除股本（500万元）之外的所有净资产（317.5万元）以现金形式进行分红，股权转让收入按照股本确定，即股本500万元于2009年年底由方正公司支付给长城公司，从而股权转让所得为0，不缴企业所得税，分红部分（317.5万元）根据税法规定享受免税的税收优惠政策，也不缴企业所得税。请问：此企业所得税筹划方案是否合法？

【分析】

对于企业公积金即资本公积和盈余公积，《中华人民共和国公司法》第一百六十七条规定，公司分配当年税后利润时，应当提取税后利润的10%列入公司法定公积金。公司法定公积金累计额为公司注册资本的50%以上的，可以不再提取。公司的法定公积金不足以弥补以前年度亏损的，在依照前款规定提取法定公积金之前，应当先用当年税后利润弥补亏损。公司从税后利润中提取法定公积金后，经股东会或者股东大会决议，还可以从税后利润中提取任意公积金。公司弥补亏损和提取公积金后所余税后利润，有限责任公司依照本法第三十五条的规定分配；股份有限公司按照股东持有的股份比例分配，但股份有限公司章程规定不按持股比例分配的除外。股东会、股东大会或者董事会违反前款规定，在公司弥补亏损和提取法定公积金之前向股东分配利润的，股东必须将违反规定分配的利润退还公司。公司持有的本公司股份不得分配利润。《中华人民共和国公司法》第一百六十九条规定，公司的公积金用于弥补公司的亏损、扩大公司生产经营或者转为增加公司资本。但是，资本公积金不得用于弥补公司的亏损。法定公积金转为资本时，所留存的该项公积金不得少于转增前公司注册资本的25%。可见：

（1）企业提取的盈余公积金可以用于以下几个方面：

①弥补亏损。企业发生经营亏损的弥补方式有三种：一是用以后年度税前利润弥

---

① 根据徐永国"股权转让筹划不能过'界'"编写。

补，按规定企业亏损在规定期限（现行制度规定为 5 年）内可由税前利润弥补；二是用以后年度税后利润弥补，即指超过税前利润弥补期的剩余亏损额应由税后利润弥补；三是用盈余公积补亏，用盈余公积弥补亏损应当由董事会提议，股东大会批准，或者由类似的机构批准。

②转增资本（股本）。经股东大会决议，可将盈余公积转增资本。转增时，应先办理增资手续并经股东大会或类似的机构批准，再按所有者（股东）的原出资比例增加资本。按规定，用盈余公积转增资本时，转增后留存的盈余公积不得少于转增前公司注册资本的 25%。

③扩大企业生产经营规模。《中华人民共和国公司法》和会计制度同时规定了资本公积和盈余公积均不能用于分配现金股利，只能用于扩大公司生产经营或者转为增加公司资本。当然，盈余公积还可以用于弥补公司的亏损，而资本公积不能用于弥补公司的亏损。

（2）公司向股东分派股利，应按一定的顺序进行。按照我国公司法的有关规定，利润分配应按下列顺序进行：

①企业实现的会计利润总额按国家规定做相应调整后（包括弥补以前年度亏损），应先依法缴纳企业所得税，会计利润总额减去缴纳企业所得税后的余额即为本年净利润（即税后利润）。

②计提法定盈余公积金。提取盈余公积按税后利润的 10% 来计提，如果以前存在亏损的先补亏，用补亏后的净利润作为基数来计提。即按抵减年初累计亏损后的本年净利润计提法定盈余公积金。提取盈余公积金的基数，不一定是本年的税后利润。只有不存在年初累计亏损时，才能按本年税后利润计算应提取数。公司法定公积金累计额为公司注册资本的 50% 以上的，可以不再提取。

③计提任意盈余公积金。公司从税后利润中提取法定公积金后，经股东会或者股东大会决议，还可以从税后利润中提取任意公积金。

④计算可供分配的利润。将本年净利润（税后利润弥补以前年度亏损和法定盈余公积金和任意盈余公积金后的余额）与年初未分配利润合并，计算出可供分配的利润。如果可供分配的利润为负数（即亏损），则不能进行后续分配；如果可供分配的利润为正数（即本年累计盈利），则进行后续分配。

⑤向股东（投资者）支付股利（分配利润）。公司股东大会或董事会违反上述利润分配顺序，在抵补亏损和提取法定盈余公积金之前向股东分配利润的，必须将违反规定发放的利润退还公司。

可见，公司向股东分配利润，是按本年度税后利润在弥补以前年度亏损和提取各类公积金、公益金后的余额再加上以前年度的未分配利润，据以向股东支付股利。因此，长宏公司将资本公积和法定盈余公积用于分配现金股利显然是违法的。由于该股东会决议违反《中华人民共和国公司法》规定，实际上是将股东对公司的投资以利润分配的形式予以返还，故该决议无效。股东应将其分得的部分利润 190 万元（资本公积和盈余公积）退还公司，相关部门应根据法律规定对长宏公司进行相应的处罚。

长宏公司的利润分配中，由于分红不合法，不能按照《中华人民共和国企业所得税法》第二十六条第二项"符合条件的居民企业之间的股息、红利等权益性投资收益为免税收入"的规定享受税收优惠。股东应将其相应价值在股权转让定价时考虑进去，计入股权转让所得缴纳企业所得税。

四、非居民企业转让股权的企业所得税筹划①

【导入案例】

2006 年年初，香港非居民企业吉祥公司用现金出资 1 200 万元（持股比例为 60%），中国居民企业如意公司以现金出资 800 万元（持股比例为 40%）共同在境内设立 A 居民公司，A 公司注册资本 2 000 万元。2009 年 12 月，A 公司所有者权益总额为 2 600 万元，其中实收资本 2 000 万元、未分配利润 600 万元（2006 年到 2007 年未分配利润为 200 万元；2008 年到 2009 年未分配利润为 400 万元）。A 公司成立后一直未进行利润分配。2010 年 1 月 1 日，吉祥公司转让股权给如意公司，转让价款为 1 580 万元。吉祥公司此笔股权转让涉及的税额为 38 万元 [（1 580 − 1 200）×10%]。吉祥公司的财务经理请国内税务专家张三作纳税筹划，张三根据现行常用的纳税筹划思路得出一纳税筹划方案：A 公司先将 600 万元的未分配利润按比例分配给吉祥和如意两股东。如意公司再出资 1 220 万元购买上述股权。对于吉祥公司而言，收入金额仍为 1 580 万元(600×60% + 1 220)。请分析该税收筹划方案的合理性。

【法规解读】

1. 分回股息红利涉及的相关税收规定

（1）非居民企业分回股息红利应纳企业所得税。根据《中华人民共和国企业所得税法》第三条规定，非居民企业在中国境内设立机构、场所的，应当就其所设机构、场所取得的来源于中国境内的所得缴纳企业所得税。《中华人民共和国企业所得税法实施条例》第六条规定，《中华人民共和国企业所得税法》第三条所称所得，包括股息、红利等权益性投资所得。由此规定可知，吉祥公司作为非居民企业收到居民企业支付的股息、红利应纳企业所得税。

（2）非居民企业收到股息、红利的应纳税所得额。根据《中华人民共和国企业所得税法》第十九条第一款的规定，非居民企业取得本法第三条第三款规定的所得，按照下列方法计算其应纳税所得额：股息、红利等权益性投资收益和利息、租金、特许权使用费所得，以收入全额为应纳税所得额。由此，吉祥公司应以收入全额计算应纳税所得额。

---

① 根据龚厚平"境内新设立居民公司的纳税筹划方案解析"编写。

（3）非居民企业收到居民企业的股息红利的适用税率。根据《中华人民共和国企业所得税法》第四条规定，非居民企业取得本法第三条第三款规定的所得，适用税率为20%。第二十七条规定，本法第三条第三款规定的所得，可以免征、减征企业所得税。《中华人民共和国企业所得税法实施条例》第九十一条规定，非居民企业取得《中华人民共和国企业所得税法》第二十七条第（五）项规定的所得，减按10%的税率征收企业所得税。因此，吉祥公司分回股息、红利适用的税率为10%。

（4）对于新旧税法下不同年度股息红利征免税政策。根据《关于企业所得税若干优惠政策的通知》（财税〔2008〕1号）第四条规定，关于外国投资者从外商投资企业取得利润的优惠政策：2008年1月1日之前，外商投资企业形成的累积未分配利润，在2008年以后分配给外国投资者的，免征企业所得税；2008年及以后年度外商投资企业新增利润分配给外国投资者的，依法缴纳企业所得税。由此，吉祥公司收到2008年1月1日前的未分配利润免征企业所得税；收到2008年1月1日后的股息、红利需依法征企业所得税。

（5）关于内地和香港避免双重征税协定问题。根据《中华人民共和国企业所得税法》第五十八条规定，中华人民共和国政府同外国政府订立的有关税收的协定与本法有不同规定的，依照协定的规定办理。《关于印发内地和香港避免双重征税安排文本并请做好执行准备的通知》（国税函〔2006〕884号）第十条第一款规定，如果股息受益所有人是另一方的居民，则所征税款不应超过：如果受益所有人是直接拥有支付股息企业至少25%股份的，为股息总额的5%；在其他情况下，为股息总额的10%。《关于执行税收协定股息条款有关问题的通知》（税函〔2009〕81号）第三条规定，根据有关税收协定股息条款规定，凡税收协定缔约对方税收居民直接拥有支付股息的中国企业公司一定比例以上资本（一般为25%或10%）的，该对方税收居民取得的股息可按税收协定规定税率征税。该对方税收居民需要享受该税收协定待遇的，应同时符合以下条件：取得股息的该对方税收居民根据税收协定规定应限于公司；在该中国居民公司的全部所有者权益和有表决权股份中，该对方税收居民直接拥有的比例均符合规定比例；该对方税收居民直接拥有该中国居民公司的资本比例，在取得股息前连续12个月以内任何时候均符合税收协定规定的比例。由此，吉祥公司分回股息红利可享受5%的税率优惠。

2. 关于股权转让所得涉及企业所得税的规定

依据《中华人民共和国企业所得税法》第十九条第二款规定，非居民企业取得本法第三条第三款规定的所得，按照下列方法计算其应纳税所得额：转让财产所得，以收入全额减除财产净值后的余额为应纳税所得额。国家税务总局《关于加强非居民公司股权转让所得公司所得税管理的通知》第一条规定，本通知所称股权转让所得是指非居民公司转让中国居民公司的股权（不包括在公开的证券市场买入并卖出中国居民公司的股票）所取得的所得。第三条同时规定，股权转让所得是指股权转让价减除股权成本价后的差额。股权转让价是指股权转让人就转让的股权所收取的包括现金、非货币性资产或者权益等形式的金额。如被投资企业有未能分配的利润或税后提存的各项基金等，股权转让人随股权一并转让该股东留存收益权的金额，不得从股权转让价中扣除。股权成本价是指股权转让人投资入股时向中国居民企业实际交付的出资金额，或购买该项股权时向该股权的原转让人实际支付的股权转让金额。

【筹划方案】

（1）在张三的纳税筹划方案中，吉祥公司分回股息红利应纳税金额为：2006年到2007年产生的未分配利润200万元免税；2008年到2009年产生的未分配利润按5%征税。其应纳税额 $= 400 \times 60\% \times 5\% = 12$（万元）。

（2）在张三的纳税筹划方案中，吉祥公司应纳股权转让企业所得税 $=（1\,220 - 1\,200）\times 10\% = 2$（万元）。

（3）吉祥公司纳税筹划方案总共涉税金额 $= 2 + 12 = 14$（万元）。

（4）纳税筹划方案节税 $= 38 - 14 = 24$（万元）。

所以，该税收筹划方案是合理的。

五、居民企业股权转让中"先撤资再增资"的企业所得税筹划方案[①]

【导入案例】

A公司由甲、乙两个法人股东（均为居民企业）于2008年初出资1\,000万元设立，甲的出资比例为32%，乙的出资比例为68%。2011年6月30日，A公司所有者权益总额为8\,000万元，其中实收资本1\,000万元、盈余公积1\,200万元、未分配利润5\,800万元。2011年7月1日甲企业与丙个人签订股权转让协议，甲将其持有A公司32%的股权全部转让给丙，协议约定：甲、丙按该股权的公允价值2\,800万元转让。股权转让环节，甲企业应纳税所得额 $= 2\,800 - 1\,000 \times 32\% = 2\,480$（万元），应纳企业所得税 $= 2\,480 \times 25\% = 620$（万元）。

如果甲、乙企业达成协议，甲先按《中华人民共和国公司法》规定的程序撤出32%的出资的1\,000万元，从A公司获得2\,800万元的补偿，然后再由丙与A公司签订增资协议，规定由丙出资2\,800万元，占A公司注册资本的32%。上述股权变动的两种形式其最终结果一样，但税务处理方式都大不一样。请分析该筹划方案的合理性。

【法规解读】

（1）国家税务总局《关于落实企业所得税法若干税收问题的通知》（国税函〔2010〕79号）第三条"关于股权转让所得确认和计算问题"规定，企业转让股权收入，应于转让协议生效、且完成股权变更手续时，确认收入的实现。转让股权收入扣除

---

① 根据李玉雷"居民企业变'股权转让'为'先撤资再增资'可节税"编写。

为取得该股权所发生的成本后，为股权转让所得。企业在计算股权转让所得时，不得扣除被投资企业未分配利润等股东留存收益中按该项股权所可能分配的金额。

（2）根据 2011 年《国家税务总局关于企业所得税若干问题的公告》第五条"投资企业撤回或减少投资的税务处理"规定，投资企业从被投资企业撤回或减少投资，其取得的资产中，相当于初始出资的部分，应确认为投资收回；相当于被投资企业累计未分配利润和累计盈余公积按减少实收资本比例计算的部分，应确认为股息所得；其余部分确认为投资资产转让所得。被投资企业发生的经营亏损，由被投资企业按规定结转弥补；投资企业不得调整减少其投资成本，也不得将其确认为投资损失。根据《中华人民共和国企业所得税法》及实施条例的有关规定，符合条件的居民企业之间的股息红利等权益性投资收益为免税收入。"符合条件"是指居民企业直接投资于其他居民企业取得的投资收益，不包括连续持有居民企业公开发行并上市流通的股票不足 12 个月取得的投资收益。

【筹划思路】

企业变"股权转让"为"先撤资再增资"，减少相当于按撤资比例计算的被投资企业累计未分配利润和盈余公积部分应缴纳的企业所得税，从而合理避税。当然，企业撤资必须符合《中华人民共和国公司法》关于减少注册资本的有关规定。

【筹划方案】

在筹划方案中，按国家税务总局 2011 年公告规定，企业撤资其取得的资产中，相当于初始出资的部分，应确认为投资收回，相当于被投资企业累计未分配利润和累计盈余公积按减少实收资本比例计算的部分，应确认为股息所得，按规定符合条件的居民企业可以免缴企业所得税。则甲企业因撤资，收回 2 800 万元的补偿收入，其中：320 万元（初始投资 1 000 ×32%）属于投资收回，不缴企业所得税；按撤资比例 32% 计算的应享有 A 公司的累计未分配利润和盈余公积 2 240 万元 [（5 800 + 1 200）×32%] 部分，应确认为股息所得，按规定可以免缴企业所得税；其余部分 240 万元（2 800 − 320 − 2 240），应确认为股权转让所得，应纳企业所得税 = 240 ×25% = 60（万元），而丙的出资行为除增资应缴印花税外不涉及其他税收问题。

可见，A 公司通过变"股权转让"为"先撤资再增资"，节约税收 560 万元（620 − 60）。从立法者的角度看，该条是有漏洞和缺陷的。假设甲、丙为关联方，上例中甲的股权转让协议价以及甲撤资补偿和丙的出资均按甲持有 A 公司股权的账面净资产份额 2 560 万元确定。那么，甲因撤资从 A 公司得到的补偿，全部应确认为投资收回和股息所得，其中属于投资收回 320 万元，股息所得 2 240 万元，因无应税所得，也无需缴纳企业所得税。因此，从完善立法的角度看，该条应增加反避税的内容，限制从形式到实质上的关联方之间的股权增减变动行为，并且要排除撤资企业在一定时间内又增资的行为。

六、企业重组中流转税和所得税筹划①

【导入案例】

树脂公司是化工公司的子公司，成立于 2009 年 1 月份，树脂公司设有两个车间，分别实行内部独立核算，一车间生产的产品全部由母公司负责对外销售，二车间生产的产品作为半成品全部销售给母公司继续生产其他产品。一车间经评估后的资产公允价值为 3 800 万元，其中：房屋 1 000 万元、机器设备 2 000 万元、存货 800 万元、负债 1 200 万元、净资产公允价值 2 600 万元；二车间资产公允价值 1 200 万元，其中房屋 500 万元、机器设备 600 万元、存货 100 万元、负债 360 万元、净资产公允价值 840 万元。假设除两个自建车间的房屋经评估分别增值 400 万元和 200 万元外，其他资产、负债项目的账面价值与计税基础及公允价值相等。2012 年 1 月，为整合内部资源、消除关联交易，化工公司董事会提请股东会批准，拟以现金或股权支付的形式实施以下重组方案：

方案一：化工公司购买树脂公司一车间全部资产；

方案二：化工公司购买树脂公司一车间净资产及相应劳动力；

方案三：化工公司吸收合并树脂公司，树脂公司法人注销。

试对上述三种方案的流转税和所得税税收负担及税务处理方法进行分析。

【法规解读】

为支持企业合并、分立、出售、置换等形式的企业重组行为，财政部、国家税务总局出台了一系列的税收优惠政策，现行涉及企业资产重组主要税种（流转税和所得税）的税收优惠政策主要有：

（1）《国家税务总局关于纳税人资产重组有关增值税问题的公告》（国家税务总局公告 2011 年第 13 号）。公告明确规定纳税人在资产重组过程中，通过合并、分立、出售、置换等方式，将全部或者部分实物资产以及与其相关联的债权、负债和劳动力一并转让给其他单位和个人，不属于增值税的征税范围，其中涉及的货物转让，不征收增值税。

（2）《国家税务总局关于纳税人资产重组有关营业税问题的公告》（国家税务总局公告 2011 年第 51 号）。公告明确规定纳税人在资产重组过程中，通过合并、分立、出售、置换等方式，将全部或者部分实物资产以及与其相关联的债权、债务和劳动力一并转让给其他单位和个人的行为，不属于营业税征收范围，其中涉及的不动产、土地使用权转让，不征收营业税。本公告自 2011 年 10 月 1 日起执行。此前未作处理的，按照本公告的规定执行。

---

① 根据李玉雷"企业重组中流转税和所得税优惠应统筹规划"编写。

（3）《国家税务总局关于转让企业产权不征营业税问题的批复》（国税函〔2002〕165号）。文件规定，根据《中华人民共和国营业税暂行条例》及其实施细则的规定，营业税的征收范围为有偿提供应税劳务、转让无形资产或者销售不动产的行为。转让企业产权是整体转让企业资产、债权、债务及劳动力的行为，其转让价格不仅仅是由资产价值决定的，与企业销售不动产、转让无形资产的行为完全不同。因此，转让企业产权的行为不属于营业税征收范围，不应征收营业税。

（4）《财政部、国家税务总局关于企业重组业务企业所得税处理若干问题的通知》（财税〔2009〕59号）以及国家税务总局关于发布《企业重组业务企业所得税管理办法》的公告（国家税务总局公告2010年第4号）。财税〔2009〕59号规定，企业重组的税务处理区分不同条件分别适用一般性税务处理规定和特殊性税务处理规定，并明确了适用特殊性税务处理和一般性税务处理的条件和税务处理方法，对交易中股权支付部分暂不确认有关资产的转让所得或损失，即：转让企业取得受让企业股权的计税基础，以被转让资产的原有计税基础确定；受让企业取得转让企业资产的计税基础，以被转让资产的原有计税基础确定；其非股权支付仍应在交易当期确认相应的资产转让所得或损失，并调整相应资产的计税基础。

非股权支付对应的资产转让所得或损失 =（被转让资产的公允价值 − 被转让资产的计税基础）×（非股权支付金额 ÷ 被转让资产的公允价值）

（5）国家税务总局公告2011年第13号文适用的条件是，企业通过合并、分立、出售、置换等方式，将全部或者部分实物资产以及与其相关联的债权、负债和劳动力一并转让的行为；适用国税函〔2002〕165号文的条件是转让企业全部产权即整体转让企业资产、债权、债务及劳动力的行为。至于转让交易的对价是股权支付或是非股权支付，两个文件并无特别要求；财税〔2009〕59号文对企业重组特殊性税务处理规定了严格的限制性条件，文中第五条规定，企业重组同时符合下列条件的，适用特殊性税务处理规定：

①企业重组具有合理的商业目的，且不以减少、免除或者推迟缴纳税款为主要目的。

②被收购、合并或分立部分的资产或股权比例符合规定的比例（不低于75%）。

③企业重组后的连续12个月内不改变重组资产原来的实质性经营活动。

④重组交易对价中涉及股权支付金额符合规定比例（不低于85%）。

⑤企业重组中取得股权支付的原主要股东，在重组后连续12个月内，不得转让所取得的股权。

同时，适用特殊性税务处理的，还要符合国家税务总局公告2010年第4号规定的相关资料的报备管理要求。

【筹划思路】

实际业务中，上述几个政策的运用，可能出现多种组合。但对每种组合业务的政策选用，企业需要在具有合理的商业目的的前提下，统筹规划适用流转税和所得税的优惠条件，选择最佳方案组合，使企业的税收利益最大化。

【筹划方案】

方案一：化工公司购买树脂公司一车间全部资产。

化工公司购买树脂公司一车间全部资产，其中树脂公司销售机器设备和存货，按《增值税暂行条例》及实施细则的规定，应按适用税率缴纳增值税，应纳增值税 = (2 000 + 800) × 17% = 476（万元）。

树脂公司转让自建房屋（车间），按《中华人民共和国营业税暂行条例》及实施细则的规定，应分别按建筑业和销售不动产税目缴纳营业税。

按建筑业，应纳营业税 = (1 000 - 400) ÷ (1 - 3%) × 3% = 18.56（万元）；

按销售不动产，应纳营业税 = 1 000 × 5% = 50（万元）。

所得税的缴纳视双方选用一般性税务处理还是特殊性税务处理而不同。按财税 [2009] 59 号文件规定，树脂公司转让资产占总资产的比例为：3 800 ÷ (3 800 + 1 200) × 100% = 76%，大于 75%，假设除交易对价外的其他要素均符合特殊性税务处理的条件，那么交易对价的支付形式决定着税务处理的方法。采取现金支付的，交易双方适用一般性税务处理，树脂公司应就资产增值 400 万元缴纳企业所得税，应交所得税 = 400 × 25% = 100（万元）；采取股权支付，股权支付金额不低于其交易支付总额的 85% 的，交易双方可以选用特殊性税务处理。假设化工公司全部使用股权 A 作为支付额，股权 A 的计税基础 3 200 万元，公允价值 3 800 万元，树脂公司暂不确认一车间资产的转让所得 400 万元，其取得化工公司股权的计税基础以被转让资产的计税基础 3 400 万元（3 800 - 400）确定。化工公司取得一车间各项资产的计税基础仍以其被转让股权 A 的计税基础 3 200 万元确定。

方案二：化工公司购买树脂公司一车间净资产及相应劳动力。

化工公司购买树脂公司一车间净资产及相应劳动力，符合国家税务总局公告 2011 年第 13 号文件规定的条件，不征收增值税；符合《国家税务总局关于纳税人资产重组有关营业税问题的公告》（国家税务总局公告 2011 年第 51 号），不缴纳营业税。

所得税税务处理，按财税 [2009] 59 号文件规定，树脂公司转让一车间净资产，交易双方采取现金等非股权支付的，适用一般性税务处理，树脂公司应就净资产增值 400 万元缴纳企业所得税，应纳企业所得税 = 400 × 25% = 100（万元）；采取股权支付，股权支付金额不低于其交易支付总额的 85% 的，交易双方可以选用特殊性税务处理。假设化工公司全部使用股权 B 作为支付额，股权 B 的计税基础为 2 100 万元，公允价值 2 600 万元，树脂公司不确认转让一车间净资产的所得 400 万元，取得化工公司股权的计税基础以被转让车间净资产的计税基础 2 200 万元（2 600 - 400）确定。化工公司取得树脂公司一车间资产、负债的计税基础仍以其股权 B 的计税基础 2 100 万元确定。

方案三：化工公司吸收合并树脂公司，树脂公司法人注销。

化工公司吸收合并树脂公司，树脂公司法人注销，符合国家税务总局公告 2011 年第 13 号文件和国家税务总局公告 2011 年第 51 号文件的适用条件，树脂公司不缴增值税和营业税。

所得税的税务处理与方案二类似，交易双方采取现金等非股权支付的，适用一般性税务处理，树脂公司应就净资产增值 600 万元（400 + 200）缴纳企业所得税，应纳所得税 = 600 × 25% = 150（万元）；采取股权支付，股权支付金额不低于其交易支付总额的 85% 的，交易双方可以选用特殊性税务处理，即：化工公司接受树脂公司的资产和负债的计税基础，以其原有计税基础确定，树脂公司合并前的相关所得税事项由化工公司承继，树脂公司少数股东取得化工公司股权的计税基础，以其原持有的树脂公司股权的计税基础确定。

值得注意的是：所得税适用特殊性税务处理的，其非股权支付部分仍应在交易当期确认相应的资产转让所得或损失，并调整相应资产的计税基础。假设在方案一所得税的特殊性税务处理中，化工公司支付对价 3 800 万元，其中股权支付额公允价值 3 300 万元、计税基础为 2 780 万元、现金支付 500 万元。那么，树脂公司应确认"现金支付"部分应确认的应纳税所得。应纳税所得额 = 400 × 500 ÷ 3 800 = 52.63（万元），应纳企业所得税 = 52.63 × 25% = 13.16（万元）。树脂公司取得股权的计税基础应调整为 2 952.63 万元（3 400 − 500 + 52.63），化工公司取得资产的计税基础为 3 280 万元（2 780 + 500）。

上述三个方案，树脂公司流转税和所得税纳税义务如表 5 - 1 所示。

表 5 - 1　　　　　　　　　树脂公司流转税和所得税纳税义务表　　　　　　　单位：万元

项 目	应纳增值税	应纳营业税	应纳企业所得税		合 计	
			一般性税务处理	特殊性税务处理	一般性税务处理	特殊性税务处理
方案一	476	68.56	100	暂 免	644.56	544.56
方案二	不缴	68.56	100	暂 免	100.00	0
方案三	不缴	不缴	150	暂 免	150.00	0

注：上表数据未考虑特殊性税务处理涉及非股权支付额的应税处理。

从上表中可以看出，方案一属资产出售行为，税负最重；方案二与方案三比较，流转税相同，所得税视一般性税务处理和特别性税务处理而不同，若所得税采取特殊性税务处理，流转税和所得税税收负担为"零"，若所得税采取一般性税务处理，不考虑其他因素，应选择方案二。

七、关联交易的企业所得税筹划[①]

【导入案例】

甲房地产集团企业是一家全国性的大型房地产开发企业，实力雄厚，旗下拥有多家房地产开发公司以及专门的房地产销售公司。2010年年初，集团所属位于A市的开发公司A公司以招投标形式取得一块土地使用权，支付土地出让金及相关税费合计4 000万元，准备开发住宅小区"幸福家园"，预计一年以后建成，并于2011年1月开始销售。该项目预计发生的收支项目有：①房地产开发成本16 000万元。②管理费用1 000万元，其中业务招待费800万元。③不包括借款利息的财务费用95万元。④销售费用10 000万元，其中广告费和业务宣传费9 800万元。按照该地区同类房地产开发产品的市场价格，A公司预计开发完成后可取得收入总计60 000万元。请问：A企业应如何进行企业所得税筹划？

【法规解读】

土地增值税的计税依据为纳税人转让房地产所取得的增值额，即转让房地产取得的收入减去法定扣除项目金额后的增值额。

1. 房地产转让收入的确定

转让房地产所取得的收入，包括货币收入、实物收入和其他收入。

（1）货币收入。货币收入包括现金、银行存款、支票、银行本票、汇票等各种使用票据和国库券、金融债券、企业债券、股票等有价证券。

（2）实物收入。实物收入是指种种实物形态的收入，如钢材、水泥及房屋、土地等不动产。

（3）其他收益。其他收益是指取得的无形资产收入或具有财产价值的权利，如专利权、商标权、著作权、专有技术使用权、土地使用权、商誉权等。

房地产开发企业将开发产品用于职工福利、奖励、对外投资、分配给股东或投资人、抵偿债务、换取其他单位和个人的非货币性资产等，发生所有权转移时应视同销售房地产，其收入按下列方法和顺序确认：①按本企业在同一地区、同一年度销售的同类房地产的平均价格确定；②由主管税务机关参照当地当年、同类房地产的市场价格或评估价值确定。

2. 扣除项目

（1）取得土地使用权所支付的金额（以下简称地价款）。

（2）取得土地使用权所支付的地价款。地价款包括：①以协议、招标、拍卖等取得

---

② 根据《财政监督》2010年第16期崔岩、殷琛论文"关联交易的税收筹划新思路"编写。

第5章 企业所得税筹划实务 | 123

土地使用权所支付的土地出让金；②以行政划拨方式取得土地使用权按国家有关规定补交的土地出让金；③以转让方式向原土地使用权人实际支付的地价款。

（3）按国家统一规定在取得土地使用权过程中为办理有关手续缴纳的费用。

3. 房地产开发成本

房地产开发成本主要包括：①土地的征用及拆迁补偿；②前期工程；③建筑安装工程费；④基础设施费；⑤公共配套设施费；⑥开发间接费用（间接费用与管理费用划不清的，不得扣除，只能作管理费用按规定的比例计算扣除）。

4. 房地产开发费用：按规定计算扣除

（1）财务费用的利息支出，能够按转让房地产项目计算分摊，并能提供金融机构证明的允许据实扣除，但最高不能超过按商业银行同类同期贷款利率计算的金额。其他房地产开发费用，按《中华人民共和国土地增值税细则》第七条（一）、（二）项规定的金额之和的5%计算扣除。即允许扣除的房地产开发费用为：

利息＋（地价款＋房地产开发成本）×5%

（2）凡不能按转让房地产项目计算分摊利息支出或不能提供金融机构证明的房地产开发按细则第七条（一）、（二）项规定计算金额之和的10%计算扣除。即允许扣除的房地产开发费用为：

（地价款＋房地产开发成本）×10%

5. 与转让房地产有关的税金

与转让房地产有关的税金是指在转让房地产时缴纳的营业税、城市维护建设税、教育费附加、教育专项资金和印花税。应注意的是，房地产开发企业由于按照《施工、房地产开发企业财务制度》的有关规定，其缴纳的印花税列入管理费用，因而印花税不再单独扣除。

6. 财政部规定的其他扣除项目

财政部规定的其他扣除项目是指对从事房地产开发的纳税人可按《中华人民共和国土地增值税实施细则》第七条（一）、（二）项规定（即取得地价款和房地产开发成本）计算的金额之和，加计20%的扣除。其主要是考虑房地产开发的周期较长，所需资金量较大，投资的风险也大，因此给予适当的投资回报，给予税收优惠，保护其投资的合理权益。

7. 旧房及建筑物的评估价格

旧房及建筑物的评估价格具体是指在转让已使用的房屋及建筑物时，由政府批准设立的房地产评估机构评定的重置成本价乘以成新度折扣率后的价格。评估价格须经当地的税务机关确认。纳税人凡不能取得评估价格，但能提供购房发票的，经当地税务部门确认，可按发票所载金额并从购买年度起至转让年度止每年加计5%计算。对纳税人购房时缴纳的契税，凡能提供契税完税凭证的，准予作为"与转让房地产有关的税金"予以扣除，但不作为加计5%的基数。对于转让旧房及建筑物，纳税人既没有评估价格，又不能提供购房发票的，地方税务机关可以根据《中华人民共和国税收征收管理法》第三十五条规定，实行核定征收。

【筹划思路】

随着企业的多元化发展，对外投资或吸收投资业务日趋增多。企业间这种投资与被投资的关系，一般被认定为有关联关系，有关联关系的企业俗称兄弟企业或关联企业。

（1）传统的关联交易税收筹划是通过转让定价实现的。转让定价是指企业集团内部成员企业之间或其他关联企业之间相互提供产品、劳务或财产而进行的内部交易作价。转让定价普遍用于集团企业关联方之间的交易，从而使利润从高税地区转移到低税地区，以降低企业集团的整体税负。在2008年之前，由于税收优惠以及内外资企业的所得税税率差异，转让定价策略的运用十分普遍。

2008年1月1日，新企业所得税法统一了内外资企业所得税税率，差别比例税率基本取消。对于大多数集团企业来说，无论利润在集团内部如何转移，其适用税率均为25%，传统的转让定价策略已经无法减轻集团企业的所得税税负。不仅如此，由于转让定价在一定程度上造成了国家税款的流失，税务机关不断地加大了对关联交易的监控以及转让定价的征收管理力度，明确规定关联企业间的经济业务应按照独立企业交易原则进行税务处理，因业务往来收取或者支付价款、费用而减少其应纳税收入或者所得额的，税务机关有权进行合理调整。《企业所得税法实施细则》第一百一十一条以及《税收征管法》专门规定了转让定价方法以及对关联方交易的调查及调整管理的方法。这进一步压缩了关联企业税收筹划的空间，提高了转让定价的涉税风险。

例1：甲公司、乙公司均是由A企业控股设立的关联企业（增值税一般纳税人），分别从事机械加工和服装制造。由于两企业地理位置相邻，为了节约固定资产投资成本，A企业在投资时就考虑甲公司、乙公司共用供电设施，决定由甲公司建造供电设施，设施建成后由甲公司、乙公司共同使用。2009年，甲公司购入电力1 600万元，发生供电设施固定资产折旧40万元、供电设施修理费15万元，合计1 655万元，其中应由乙公司负担的电力、折旧、修理及人工费等共计600万元。甲公司在业务处理时将1 655万元均在本公司成本费用中列支，没有向乙公司分摊其应负担的成本。现对甲公司、乙公司涉及的增值税、企业所得税问题分析如下（不考虑其他税费、罚款）。

①增值税

甲公司：对甲公司向乙公司无偿提供电力及电力设施的行为，《中华人民共和国增值税暂行条例实施细则》第四条规定，单位或者个体工商户将自产、委托加工或者购进的货物无偿赠送给其他单位或者个人的行为，视同销售货物。《中华人民共和国增值税暂行条例实施细则》第十六条规定，纳税人有本细则第四条所列视同销售货物行为而无销售额者，按下列顺序确定销售额：纳税人最近时期同类货物的平均销售价格；其他纳税人最近时期同类货物的平均销售价格；组成计税价格。由于甲公司购入的电力为自用，无近期同类货物的销售价格，假设主管税务机关按组成计税价格确定销售额，组成计税价格＝成本×（1＋成本利润率），核定成本利润率为10%。

甲公司视同销售电力收入 = 600 × (1 + 10%) = 660（万元），增值税（销项税额）= 660 × 17% = 112.2（万元）。

乙公司：《中华人民共和国增值税暂行条例》第二十一条规定，纳税人销售货物或者应税劳务，应当向购买方开具增值税专用发票，并在增值税专用发票上分别注明销售额和销项税额。由于甲公司未向乙公司开具增值税专用发票，以致乙公司少抵扣进项税额 112.2 万元（660 × 17%）。

②企业所得税

甲公司：《中华人民共和国税收征管法》第三十六条规定，企业或者外国企业在中国境内设立的从事生产、经营的机构、场所与其关联企业之间的业务往来，应当按照独立企业之间的业务往来收取或者支付价款、费用；不按照独立企业之间的业务往来收取或者支付价款、费用，而减少其应纳税的收入或者所得额的，税务机关有权进行合理调整。《中华人民共和国税收征管法实施细则》第五十四条规定，纳税人与其关联企业之间的业务往来未按照独立企业之间业务往来作价的，税务机关可以按照合理的方法调整计税收入额或者所得额。假设主管税务机关按照成本加合理的费用和利润的方法（成本利润率为 10%）计算。

甲企业视同销售电力收入 = 600 × (1 + 10%) = 660（万元），甲企业视同销售电力所得 = 660 - 600 = 60（万元），应纳企业所得税 = 60 × 25% = 15（万元）。

乙公司：乙公司未能在 2009 年取得电力成本 660 万元的扣除凭证，以致多缴企业所得税 165 万元（660 × 25%）。

综上所述，由于关联企业甲公司、乙公司之间没有按照税法的要求算账，2009 年度甲公司将面临被主管税务机关查补税款 127.2 万元（112.2 + 15）并处以罚款、滞纳金的情况；乙公司将多缴税 277.2 万元（165 + 112.2）。乙公司如果在以后年度取得电力成本的发票，可调整所属年度的应纳税所得，但已缴纳税款所占资金的时间价值、罚款等损失将无法挽回。

（2）在新的税制体系下，传统的以转移利润、减轻所得税税负为目的的转让定价策略已经失效，但是对于某些企业来说，即使放弃转让定价策略，关联交易仍然是降低集团企业整体税负的重要工具，其主要方式有：

①分散收入。在纳税人所缴纳的主要税种实行累进税率时，分散收入可以使部分收入以较低的税率计算应纳税额。目前我国税制中实行累进税率的税种主要是土地增值税。土地增值税是房地产开发企业税负较重的税种，以增值额为计税依据，并实行超额累进税率。房地产企业可以将所开发的产品以低于市场价的价格转让给具有关联关系的房地产销售公司，再由销售公司以市场价销售给最终消费者。通过两次转让，将开发产品的增值额分为两部分，降低了各转让环节的增值率，可以使房地产集团企业以较低的税率缴纳土地增值税，减轻了企业的整体税负。

②资金占用。通过提高或降低集团企业内部资金往来借贷利息转移利润的方式减轻集团企业整体税负已经证明是行不通的，因为某一企业贷款利息可以在税前扣除的同

时，另一企业利息收入仍应按规定计算缴纳企业所得税，且两个企业的所得税税率是相同的。但是，《中华人民共和国土地增值税暂行条例实施细则》第七条规定，财务费用中的利息支出，凡能够按转让房地产项目计算分摊并提供金融机构证明的，允许据实扣除，但最高不得超过按商业银行同类同期贷款利率计算的金额。也就是说，缴纳土地增值税的房地产开发企业借款利息不仅可以在计算所得税时税前扣除，在计算企业土地增值税时也可以按照规定计入扣除项目。因此，房地产项目公司筹集资金的首选途径是向集团公司贷款。

③降低计税依据。这一方法适用于单一环节征税的流转税。我国消费税仅在应税消费品的生产环节或进口环节或零售环节一次性征税（卷烟批发除外）。对于仅在生产环节征税的应税消费品，如酒类、化妆品、小轿车等，若能降低其出厂价格，将大大减轻其消费税税负。

④提高企业所得税"三费"的扣除标准。这一方法适用于大多数加工制造业和房地产企业，通过关联交易，将产品先销售给独立核算的销售公司，再由销售公司按照市场价格对外销售。将计入成本的广告费、业务宣传费和业务招待费在生产企业和销售企业之间合理分配，可以有效提高"三费"税前扣除的标准，减轻集团企业的所得税税负。

【筹划方案】

方案一：由 A 公司以自有资金开发建设该项目。建成后，由 A 公司下属的非独立核算的销售部门负责销售，假设在 2011 年全部售完，取得收入 60 000 万元。

（1）A 公司应纳土地增值税计算如下：

计算土地增值税时的扣除项目有：①取得土地使用权所支付的金额为 4 000 万元；②房地产开发成本为 16 000 万元；③房地产开发费用 = （4 000 + 16 000）× 5% = 1 000 万元；④与转让房地产有关的税金：公司应缴纳营业税、城建税及教育费附加 = 60 000 × 5% × （1 + 7% + 3%）= 3 300 （万元）；⑤加计扣除金额 = （4 000 + 16 000）× 20% = 4 000 （万元）。

扣除项目合计：4 000 + 16 000 + 1 000 + 3 300 + 4 000 = 28 300 （万元）；增值额 = 60 000 − 28 300 = 31 700 （万元）；增值率 = 31 700 ÷ 28 300 = 112.01%，适用土地增值税税率 50%，速算扣除系数 15%；应纳土地增值税 = 31 700 × 50% − 28 300 × 15% = 11 605 （万元）。

（2）A 公司会计利润 = 60 000 − 4 000 − 16 000 − 1 000 − 95 − 10 000 − 3 300 − 11 605 = 14 000 （万元）。

（3）A 公司该项目应纳企业所得税的计算如下：

A 公司申报企业所得税调整项目有：①可以扣除的业务招待费 = 800 × 60% = 480 （万元）；扣除限额 = 60 000 × 5‰ = 300 （万元）。调增应纳税所得额 = 800 − 300 = 500 （万元）；②广告费、业务宣传费扣除限额 = 60 000 × 15% = 9 000 （万元），调增应纳税所得额 = 9 800 − 9 000 = 800 （万元）。

假设没有其他调整项目。A公司该项目企业所得税应税所得 = 14 000 + 500 + 800 = 15 300（万元）；应纳企业所得税额 = 15 300 × 25% = 3 825（万元）。

（4）A公司开发"幸福家园"项目净利润 = 14 000 − 3 825 = 10 175（万元）。

方案二：由甲集团公司委托银行贷款30 000万元给A公司作为该项目的开发资金，期限一年，利息为5%，与商业银行同期贷款利率相同，能够提供金融机构证明，且符合规定的关联方利息支出税前扣除的关联债资比例。建成后，A公司将其整体以57 000万元转让给集团下属的独立核算的房地产销售公司S公司，假设S公司在2011年全部售完，取得收入60 000万元。其中A公司业务招待费475万元，广告费、业务宣传费8 550万元；S公司业务招待费325万元，广告费、业务宣传费1 250万元。

（1）A公司应纳土地增值税计算如下：

与方案一相比，方案二计算土地增值税扣除项目时，房地产开发费用增加：30 000 × 5% + （4 000 + 16 000）× 5% = 2 500（万元）；与转让房地产有关的税金减少：57 000 × 5% × （1 + 7% + 3%）= 3 135（万元）；其他扣除项目与方案一相同。

扣除项目合计：4 000 + 16 000 + 2 500 + 3 135 + 4 000 = 29 635（万元）；增值额 = 57 000 − 29 635 = 27 365（万元）；增值率 = 27 365 ÷ 29 635 = 92.34%，适用土地增值税税率40%，速算扣除系数为5%；A公司土地增值税应纳税额 = 27 365 × 40% − 29 635 × 5% = 9 464.25（万元）。

（2）S公司应纳土地增值税计算如下：

扣除项目合计：57 000 + （60 000 − 57 000）× 5% × （1 + 7% + 3%）= 57 165万元；增值额 = 60 000 − 57 165 = 2 835（万元）；增值率 = 2 835 ÷ 57 165 = 4.96%，适用土地增值税税率30%；S公司土地增值税应纳税额 = 2 835 × 30% = 850.5（万元）。

甲集团"幸福家园"项目土地增值税合计 = 9 464.25 + 850.5 = 10 314.75（万元）。与方案一相比节省土地增值税税额1 290.25万元（11 605 − 10 314.75）。

（3）A公司与S公司净利润计算如下：

A公司税前会计利润 = 57 000 − 4 000 − 16 000 − （1 000 − 800 + 475）− 1 500 − 95 − （10 000 − 9 800 + 8 550）− 3 135 − 9 464.25 = 13 380.75（万元）；S公司税前会计利润 = 60 000 − 57 000 − 165 − 325 − 1 250 − 850.5 = 409.5（万元）。

A公司可以税前扣除的业务招待费 = 475 × 60% = 285万元，扣除限额 = 57 000 × 5‰ = 285（万元），调增应税所得 = 475 − 285 = 190（万元），其应税所得为13 570.75万元（13 380.75 + 190）；S公司可以税前扣除的业务招待费 = 325 × 60% = 195（万元），扣除限额 = 60 000 × 5‰ = 300（万元），S公司应调增应税所得 = 325 − 195 = 130（万元），其应税所得为539.5万元（409.5 + 130）。假设A公司、S公司均无其他调整项目。

A公司企业所得税应纳税额 = 13 570.75 × 25% = 3 392.69（万元）；税后净利润 = 13 380.75 − 3 392.69 = 9 988.06（万元）。S公司企业所得税应纳税额 = 539.5 × 25%

=134.88（万元）；税后净利润 = 409.5 - 134.88 = 274.62（万元）。

（4）甲集团贷款利息税后净收益 = 30 000 × 5% × (1 - 5%) × (1 - 25%) = 1 068.75（万元）。

（5）甲集团"幸福家园"项目税后净收益 = 9 988.06 + 274.62 + 1 068.75 = 11 331.43（万元）。

结论：经过上述测算，方案二的税后净利润明显高于方案一，符合集团企业税后收益最大化的目标。

甲房地产集团企业通过内部关联企业的关联交易有效降低了企业的整体税负，增加了集团的税后收益。更重要的是，其内部交易完全遵照独立交易原则，以市场价格完成。因此，在转让定价策略筹划空间缩小、税收征管力度加强的新税制体系下，按照独立交易原则完成的关联交易仍然能有效地降低涉税风险，提高集团企业整体的盈利水平。

八、利用投资比例进行企业所得税筹划①

【导入案例】

企业资本由权益资本和债务资本构成。权益资本是所有者投入的资本，包括投入的资本金、资本公积金、盈余公积金和未分配利润等；债务资本是从资本市场、银行、关联企业的融资及正常经营过程中形成的短期债务等。在企业的生产经营所用资金中，债务资本与权益资本比率的大小，反映了企业资本结构的优劣状况。这种比率如果合理，债务资本适当，可以保证企业生产经营和防范市场风险的资金需求，并获得财务上的良性效应，即资本结构的优化；如果债务资本超过权益资本过多，比例失调，就会造成资本弱化。资本弱化是指企业通过加大借贷款（债权性筹资）而减少股份资本（权益性筹资）比例的方式增加税前扣除，以降低企业税负的一种行为。借贷款支付的利息，作为财务费用一般可以税前扣除，而为股份资本支付的股息一般不得税前扣除，因此，有些企业为了加大税前扣除而减少应纳税所得额，在筹资时多采用借贷款而不是募集股份的方式，以此来达到避税的目的。请分析这种企业所得税筹划的合理性。

【法规解读】

（1）一些国家在税法中制定了防范资本弱化的条款，对企业取得的借贷款和股份资本的比例作出规定，对超过一定比例的借贷款利息支出不允许税前扣除。借鉴国际经验，《中华人民共和国企业所得税法》第四十六条规定，企业从其关联方接受的债权性投资与权益性投资的比例超过标准而发生的利息支出，不得在税前扣除。《中华人民共

---

① 根据谷建华，张雷洲论文"投资比例对企业所得税的影响"编写。

和国企业所得税法实施条例》第一百一十九条规定，债权性投资，是指企业直接或者间接从关联方获得的，需要偿还本金和支付利息或者需要以其他具有支付利息性质的方式予以补偿的融资；权益性投资，是指企业接受的不需要偿还本金和支付利息，投资人对企业净资产拥有所有权的投资。

（2）投资比例对企业所得税的影响。

①单纯权益性投资对所得税的影响。

例2：甲、乙各出资（股权投资）300万元，共同组建一公司（非金融企业），该公司注册资本为600万元，则甲、乙各拥有50%股权。若当年实现利润100万元，企业所得税税率为25%。其相关计算如下：

应纳所得税额 = 100 × 25% = 25（万元）

甲、乙税后各分得股息 = （100 − 25）× 50% = 37.5（万元）

②债权性投资与权益性投资的比例为1∶1。

例3：甲、乙各出资（股权投资）150万元，各借给企业（债权投资）150万元，共同组建一公司（非金融企业），该公司拥有资金仍然为600万元（150 × 2 + 150 × 2）。则甲、乙各拥有50%股权。若当年实现利润仍然是100万元，企业所得税税率为25%，同期银行利率为10%。其相关计算如下：

应付利息 = 150 × 10% × 2 = 30（万元）

应纳所得税额 = （100 − 30）× 25% = 17.5（万元）

甲、乙税后各分得股息 = （100 − 30 − 17.5）× 50% = 26.25（万元）

在这种情况下，甲、乙税后各分得利息、股息之和 = 15 + 26.25 = 41.25（万元）

③债权性投资与权益性投资的比例为2∶1。

例4：甲、乙各出资（股权投资）100万元，各借给企业（债权投资）200万元，共同组建一公司（非金融企业），该公司拥有资金仍然为600万元（100 × 2 + 200 × 2）。则甲、乙各拥有50%股权。若当年实现利润仍然是100万元，企业所得税税率为25%，同期银行利率为10%。其相关计算如下：

应付利息 = 200 × 10% × 2 = 40（万元）

应纳所得税额 = （100 − 40）× 25% = 15（万元）

甲、乙税后各分得股息 = （100 − 40 − 15）× 50% = 22.5（万元）

在这种情况下，甲、乙税后各分得利息股息之和 = 20 + 22.5 = 42.5（万元）

④债权性投资与权益性投资的比例为5∶1。

例5：甲、乙各出资（股权投资）50万元，各借给企业（债权投资）250万元，共同组建一公司（非金融企业），该公司拥有资金仍然为600万元（50 × 2 + 250 × 2）。则甲、乙各拥有50%股权。若当年实现利润仍然是100万元，企业所得税税率为25%，同期银行利率为10%。其相关计算如下：

应付利息 = 250 × 10% × 2 = 50（万元）

应纳所得税额 = （100 − 50）× 25% = 12.5（万元）

甲、乙税后各分得股息 = (100 - 50 - 12.5) × 50% = 18.75（万元）

在这种情况下，甲、乙分得的利息股息之和 = 25 + 18.75 = 43.75（万元）

从以上情况可以看出，权益性投资税收待遇是税后分配股息，单纯权益性投资对企业所得税没有影响。债权性投资税收待遇是税前扣除利息，债权性投资比例大小对企业所得税有一定的影响。债权性投资占权益性投资比例越高，其缴纳的企业所得税就越少，但分得的利息和股息就越多。根据经合组织解释，企业权益资本与债务资本的比例应为 1∶1，当权益资本小于债务资本时，即为资本弱化。但是，每个国家对这个"安全港"的设定都不同。针对一般企业而言，美国为 1.5∶1，日本、韩国、德国为 3∶1；对特殊行业各国还有区别对待的规定，如对金融企业德国的比例为 9∶1，澳大利亚的比例为 6∶1，我国规定一般企业为 2∶1，金融企业为 5∶1。

《财政部、国家税务总局关于关联企业利息支出税前扣除标准有关税收政策问题的通知》（财税〔2008〕121 号）第一条规定，在计算应纳税所得额时，企业实际支付给关联方的利息支出，不超过以下规定比例和税法及其实施条例有关规定计算的部分，准予扣除，超出的部分不得在发生当期和以后年度扣除。企业实际支付给关联方的利息支出，除符合本通知第二条规定外，其接受关联方债权性投资与权益性投资比例为：①金融企业为 5∶1；②其他企业为 2∶1。

（3）国家税务总局关于印发《特别纳税调整实施办法（试行）》（国税发〔2009〕2 号）第八十五条规定，所得税法第四十六条所称不得在计算应纳税所得额时扣除的利息支出应按以下公式计算：

不得扣除利息支出 = 年度实际支付的全部关联方利息 × (1 - 标准比例 ÷ 关联债资比例)

其中：标准比例是指《财政部、国家税务总局关于企业关联方利息支出税前扣除标准有关税收政策问题的通知》（财税〔2008〕121 号）规定的比例。关联债资比例是指根据所得税法第四十六条及所得税法实施条例第一百一十九条的规定，企业从其全部关联方接受的债权性投资占企业接受的权益性投资的比例，关联债权投资包括关联方以各种形式提供担保的债权性投资。

仍以上述例 4 为例，债权性投资与权益性投资的实际比例为 5∶1。按税法规定，其他企业债权性投资与权益性投资的比例为 2∶1。因此，应计算不得扣除利息支出，调增应纳税所得额，补缴企业所得税。其相关计算如下：

不得扣除利息支出 = 年度实际支付的全部关联方利息 × (1 - 标准比例 ÷ 关联债资比例) = 50 × (1 - 2 ÷ 5) = 30(万元)

应补缴企业所得税税额 = 30 × 25% = 7.5（万元）

甲、乙税后各分得股息 = (100 - 50 - 12.5 - 7.5) × 50% = 15（万元）

在这种情况下，甲、乙分得的利息、股息之和 = 25 + 15 = 40（万元）。这比调整前甲、乙少分得利息股息之和少 3.75 万元（43.75 - 40）。

通过以上分析可以看出，债权性投资与权益性投资比例对企业所得税有一定的影响，如果债权性投资与权益性投资比例超过了税法规定的比例标准，其超过部分的利息支出不得在税前扣除。为了防止企业利用资本弱化逃避纳税，避免企业随意增加债权性投资比例，加大对资本弱化的防范力度，新税法做了以下规定：

第一，《财政部、国家税务总局关于企业关联方利息支出税前扣除标准有关税收政策问题的通知通知》（财税〔2008〕121号）第一条第二款规定，企业实际支付给关联方的利息支出，其接受关联方债权性投资与其权益性投资比例金融企业5∶1；其他企业2∶1。超过的部分不得在发生当期和以后年度扣除。

第二，企业如果能够按照税法及其实施条例的有关规定提供相关资料，并证明相关交易活动符合独立交易原则的；或者该企业的实际税负不高于境内关联方的，其实际支付给境内关联方的利息支出，在计算应纳税所得额时准予扣除。《特别纳税调整实施办法（试行）》（国税发〔2009〕2号）对基于"合理商业目的"并按照"独立交易原则"实际支付的关联方借款利息，在有资料证明关联方交易的独立性和不以转移税负为目的，则不对关联方利息支出进行调整。

第三，企业同时从事金融业务和非金融业务，其实际支付给关联方的利息支出，应按照合理方法分开计算；企业没有按照合理方法分开计算的，一律按其他企业的比例计算准予税前扣除的利息支出。企业自关联方取得的不符合规定的利息收入应按照有关规定缴纳企业所得税。

【筹划思路】

企业所得税法及实施条例中特别纳税调整事项关于资本弱化条款的规定，是专门针对关联方之间的债权性融资行为而制定的政策，非关联方之间的债权性融资行为所产生的利息支出是不受此规定限制。因此，关联企业需要合理安排债权性投资和权益性投资比例，优化资本结构，以避免资本弱化对企业所得税的影响，同时还应注意利息的支付不应超过银行同类同期贷款利率，否则超过部分的利息要作纳税调整。对于非关联企业也应注意利息的支付不应超过银行同类同期贷款利率，否则超过部分的利息要作纳税调整。

【注意问题】

关联方之间借款利息支出如何作纳税调整？

例6：为扩大经营规模，2008年一家大型工业制造企业向甲、乙、丙、丁4个非金融企业关联方借款修建厂房。其具体借款情况为：向甲企业借款1 000万元，利率为6%，付利息60万元；向乙企业借款2 000万元，利率为7%，付利息140万元；向丙公司借款3 000万元，利率为5%，付利息150万元；向丁企业借款5 000万元，利率为8%，付利息400万元；同期银行贷款利率为6%。

2008年该企业支付给4家关联方借款利息共计750万元，根据《企业会计准则》的规定，300万元计入财务费用，450万元计入在建工程。

该企业向4家关联方借款交易中，只有向丁企业借款符合《特别纳税调整实施办法

（试行）》（国税发［2009］2 号）规定的独立交易原则规定，其他 3 家不能提供资料证明符合独立交易原则。此外，该企业和甲、乙、丙、丁 4 家企业的适用税率分别是 25%、25%、24%、15%和 15%。

近日，该企业询问，2008 年支付的关联方利息应如何在企业所得税汇算清缴中进行纳税调整？

分析：根据《中华人民共和国企业所得税法》第四十六条规定，企业从其关联方接受的债权性投资与权益性投资的比例超过规定标准而发生的利息支出，不得在计算应纳税所得额时扣除。也就是说，如果该企业从关联方接受的债权性投资与权益性投资的比例超过规定标准而发生的利息支出，将不能作为扣除项目在计算应纳税额时扣除。

那么，利息支出的规定标准依据是什么？企业又该如何计算这个"超过规定标准而发生的利息支出"呢？

《特别纳税调整实施办法（试行）》（国税发［2009］2 号）第八十五条规定，不得扣除利息支出＝年度实际支付的全部关联方利息×（1－标准比例÷关联债资比例）。其中，标准比例是指《财政部、国家税务总局关于企业关联方利息支出税前扣除标准有关税收政策问题的通知》（财税［2008］121 号）规定的比例。该办法第八十八条规定，不得在计算应纳税所得额时扣除的利息支出，应按照实际支付给各关联方利息占关联方利息总额的比例，在各关联方之间进行分配，其中，分配给实际税负高于企业的境内关联方的利息准予扣除。该办法第八十九条规定，企业关联债资比例超过标准比例的利息支出，如要在计算应纳税所得额时扣除，应按税务机关要求提供资料，证明关联债权投资符合独立交易原则。根据上述规定，企业"超过规定标准而发生的利息支出"的具体计算步骤可分如下四步：

第一步：计算暂时性不能扣除的关联方借款利息（实际上是把所有支付给关联方的利息全部暂时作为不能扣除）。

（1）支付全部关联方利息＝60＋140＋150＋400＝750（万元）

（2）关联方借款总金额＝1 000＋2 000＋3 000＋5 000＝11 000（万元）（用于计算实际债资比，从而计算不能扣除的利息）

（3）暂时不能扣除的关联方借款利息＝750×［1－2÷（11 000÷2 000）］＝477.27（万元）

根据财税［2008］121 号第一条第二款规定，企业实际支付给关联方的利息支出，其接受关联方债权性投资与其权益性投资比例为非金融企业为 2∶1，该企业适用的标准比例为 2∶1。

第二步：将暂时性不能扣除的关联方借款利息在各关联方之间分配。

（1）支付甲企业利息应分配比例＝60÷750×100%＝8%

（2）支付甲企业利息应分配的金额＝477.27×8%＝38.18（万元）

同样计算出乙、丙和丁应分配的利息金额分别为 89.11 万元、95.45 万元和 254.53 万元。

第三步：根据关联方之间的实际税负率和关联方借款交易的独立性，判断上述暂时性不可扣除利息中永久不可扣除的关联方借款利息。

（1）甲企业税负率和该企业的税负率相同，不存在因超比例发生的永久性不可扣除的关联方借款利息。

（2）乙企业税负率低于该企业税负率，且该借款不能提供资料证明符合独立交易原则，乙公司分配出的暂时性不可扣除关联方利息支出 89.11 万元，就是永久性不可扣除的利息支出。

（3）丙企业的情况和乙类似，丙公司分配出的暂时性不可扣除关联方利息支出95.45 万元，就是永久性不可扣除的利息支出。

（4）丁企业税负率低于该企业税负率，但符合独立交易原则，不存在因超比例发生的永久性不可扣除的关联方借款利息。

通过第三步计算出永久性不可扣除的关联方借款利息 = 89.11 + 95.45 = 184.56（万元）。

第四步：将上述非永久性不可扣除的关联方利息中利率高于银行贷款利率部分进行调整，剔除此部分永久性不可扣除的关联方利息。

（1）向甲企业借款产生的关联方利息，因借款利率等于银行贷款利率，全部可以扣除。

（2）向乙企业借款产生的关联方借款利息 140 万元，剔除第三步分摊出的 89.11 万元永久性不可扣除的利息支出后，剩余部分 50.89 万元（140 - 89.11），因贷款利率 7%超过银行利率 6%，须调增金额 7.27 万元［50.89 ÷ 7% × (7% - 6%)］。

（3）向丙企业借款产生的关联方借款利息 150 万元，剔除第三步分摊出的 95.45 万元永久性不可扣除的利息支出后，剩余部分 54.55 万元（150 - 95.45），因贷款利率 5%低于银行利率 6%，无须调增。

（4）向丁企业借款产生的关联方借款利息，不存在因超比例发生的永久性不可扣除的利息支出，全部关联方借款利息 400 万元，因借款利率 8%超过银行贷款利率 6%，须调增金额 100 万元［400 ÷ 8% × (8% - 6%)］。

通过第四步，将关联方借款利率超过银行贷款利率的部分计算纳税，该企业须调增金额 107.27 万元（7.27 + 100）。

综上所述，通过第三步与第四步计算，该企业共产生永久性不可扣除的关联方借款利息 291.83 万元（184.56 + 107.27）。

如此，该企业在 2008 年企业所得税汇算时，应将上述不可扣除的关联方利息在费用化与资本化之间分摊。

（1）费用化不可扣除的金额 = 291.83 × 300 ÷ 750 = 116.73（万元）。

根据《企业所得税年度纳税申报表》（国税发［2008］101 号）和《〈企业所得税年度纳税申报表〉的补充通知》（国税函［2008］1081 号）规定可知，利息支出账载金额为 300 万元，税收金额为 183.27 万元（300 - 116.73），纳税调增金额为 116.73 万元。

（2）资本化不可扣除的金额＝291.83－116.73＝175.10（万元），该企业在备查簿中登记此金额，在建工程的计税基础（利息支出）金额＝450－175.10＝274.90（万元），将来在建工程转为固定资产后，企业须对该固定资产的账面价值与计税基础不同产生的永久性差异进行纳税调整。

综上所述，在计算企业所得税时，是在会计利润的基础上调增或调减，就利息支出而言，在计算会计利润时已经全额扣除，但是税法规定在关联企业之间发生的利息支出不是全额扣除的，而是：①按公式：不得扣除利息支出＝年度实际支付的全部关联方利息×（1－标准比例÷关联债资比例）计算出所有关联利息支出中不得扣除的利息支出（用于计算调增额）。②按照各关联企业的利息收入比重分配支付给每家关联企业的利息中不能扣除的利息支出［即将①的计算结果分配到各家关联企业］。③按照标准（支出利息的企业的实际所得税负高于关联企业的实际所得税负，且该借款不能提供资料证明符合独立交易原则，有转移利润逃税之嫌，这样的企业支付给关联企业的利息支出作为永久性不可扣除的关联方利息，不能扣除）计算出永久性不可扣除的关联方利息$_1$。④各家关联企业的利息支出减除相应的永久性不可扣除的关联方利息$_1$后，就剩余的部分利息计算超过银行利息标准的部分利息支出，计算结果作为永久性不可扣除的关联方利息$_2$；最后调增会计利润＝永久性不可扣除的关联方利息$_1$＋永久性不可扣除的关联方利息$_2$。

九、财政性资金企业所得税筹划的节税点[①]

【导入案例】

假设某企业发生5种与财政性资金有关的如下业务：企业从地方政府借款800万元，需要按期付息，并在5年后还本；企业取得了属于三废资源综合利用900万元增值税退税款；地方某职能部门要求企业支付50万元"集资修路费"，依据是县政府的文件；企业取得了地方政府用于帮助企业发展、购置固定资产、不需要偿还的财政支持资金400万元；企业取得了由国务院财政、税务主管部门规定专项用途，并经国务院批准的财政性资金300万元。请问：该企业如何进行相关税务处理？

【法规解读】

对于财政性资金是否征收企业所得税，一直是个争论不休的话题，其中最重要的就是财政部门拨付的一些具有专项用途的拨款。目前，对企业取得专项用途财政性资金的企业所得税如何处理的税收规定主要有财税［2008］151号、财税［2009］87号和财税［2011］70号。

———————————

① 根据中国税网肖太寿"专用财政性资金计入不征税收入条件放宽后的税务筹划"编写。

（1）企业所得税法规定了不征税收入有三种类型，即财政拨款；依法收取并纳入财政管理的行政事业性收费、政府性基金；国务院规定的其他不征税收入。由于企业涉及财政资金、行政事业性收费、政府性基金的项目多种多样，针对某类具体项目的收入能否界定为不征税收入一直是纳税人咨询和关注的热点。财政部、国家税务总局联合下发的《关于财政性资金、行政事业性收费、政府性基金有关企业所得税政策问题的通知》（财税〔2008〕151号）（以下简称《通知》）是对"国务院规定的其他不征税收入"的明确。根据该规定，企业取得的各类财政性资金，除属于国家投资和资金使用后要求归还本金的以外，均应计入企业当年收入总额。我们要正确理解该规定，必须从以下几个方面入手：

①准确把握"财政性资金"的内涵，凡是财政性资金均应计入企业当年收入总额。《通知》指出，财政性资金是指企业取得的来源于政府及其有关部门的财政补助、补贴、贷款贴息以及其他各类财政专项资金，包括直接减免的增值税和即征即退、先征后退、先征后返的各种税收，但不包括企业按规定取得的出口退税款。为准确把握"财政性资金"的内涵，纳税人应当关注以下方面：①企业取得的来源于政府及其有关部门的资金都是财政性资金，不局限于财政拨款的单一形式。②直接减免应并入应税收入的只有增值税，其他税种的直接减免不并入应税收入。③即征即退、先征后退、先征后返属于税收优惠的具体形式，即由税务部门先足额征收，然后由税务部门或财政部门退还已征的全部或部分。只要是享有此类形式优惠的所有税种，均应计入企业当年收入总额。④出口退税款不并入收入总额，因为出口退税退的是上一个环节的进项税，是企业购进货物负担的部分，不是本环节实现的税收。⑤某些地方政府为促进地区经济发展，采取各种财政补贴等变相"减免税"形式给予企业优惠，均应计入企业当年收入总额。

②国家投资和专项借款不属于应税收入。《中华人民共和国企业所得税法实施条例》规定，财政拨款是指各级政府对纳入预算管理的事业单位、社会团体等组织拨付的财政资金，但国务院和国务院财政、税务主管部门另有规定的除外。对于由财政拨付的国家投资和政府向企业的贷款资金则没有明确。《通知》规定，企业取得的各类财政性资金，除属于国家投资和资金使用后要求归还本金的以外，均应计入企业当年收入总额。国家投资，是指国家以投资者身份投入企业，并按有关规定相应增加企业实收资本（股本）的直接投资。而"资金使用后要求归还本金"应当是政府借款给企业的行为，付不付息不做明确规定，但本金一定要归还，这是借款与拨款的根本区别，在这种情况下政府对企业的支持形式可能是低息或者免息。投资与借款具体行为与收入无关，自然也就不是所得税应税收入。

③国务院批准的专项资金可视为不征税收入。《通知》规定，对企业取得的由国务院财政、税务主管部门规定专项用途并经国务院批准的财政性资金，准予作为不征税收入，在计算应纳税所得额时从收入总额中减除。此项规定是针对政府委托企业代办某些公益事业的款项，有专门的用途，纳税人应当关注：①此类收入必须是国务院财政、税务主管部门规定专项用途，不能混作他用；②批准级别是国务院，地方政府委托代行职能的专项资金不得作为不征税收入，而应视为应税收入。

④核定预算的财政补助收入可作为不征税收入。纳入预算管理的事业单位、社会团体，在正常的经费收入之外，也可能收到财政部门或上级部门额外的财政补助收入。关于补助收入，《通知》规定，纳入预算管理的事业单位、社会团体等组织按照核定的预算和经费报领关系收到的由财政部门或上级单位拨入的财政补助收入，准予作为不征税收入，在计算应纳税所得额时从收入总额中减除，但国务院和国务院财政、税务主管部门另有规定的除外。此类纳税人应当关注，作为不征税收入的前提是有核定的预算，另外需按经费报领关系取得。如果没有核定预算，临时性的拨付则不能视为不征税收入。

⑤"乱收费"的基金和收费不得税前扣除。政府性基金，是指企业根据法律、行政法规等有关规定，代政府收取的具有专项用途的财政性资金，如公路建设基金。行政事业性收费，是指企业根据法律法规等有关规定，依照国务院规定程序批准，在实施社会公共管理，以及在向公民、法人或者其他组织提供特定公共服务过程中，向特定对象收取并纳入财政管理的费用，如资源补偿类收费。《通知》指出，企业按照规定缴纳的、由国务院或财政部批准设立的政府性基金以及由国务院和省、自治区、直辖市人民政府及其财政、价格主管部门批准设立的行政事业性收费，准予在计算应纳税所得额时扣除。企业缴纳的不符合上述审批管理权限设立的基金、收费，不得在计算应纳税所得额时扣除。企业收取的各种作为不征税收入的基金、收费，应当先计入当年收入总额，然后依据上缴财政的有关划解凭证作为不征税收入从收入总额中减除。如果没有上缴财政，则不得从收入总额中扣减。

⑥在作不征税收入处理的同时，企业的不征税收入用于支出所形成的费用，不得在计算应纳税所得额时扣除；企业的不征税收入用于支出所形成的资产，其计算的折旧、摊销不得在计算应纳税所得额时扣除。这里应注意不征税收入与免税收入在税收待遇上存在明显差异：企业的不征税收入用于支出所形成的费用或者资产，不得扣除或者计算对应的折旧、摊销扣除，而企业取得的各项免税收入所对应的各项成本费用，除另有规定者外，可以在计算企业应纳税所得额时扣除。

（2）财税〔2009〕87号文件进一步对财政性资金的企业所得税处理问题进行规定。财税〔2011〕70号文件和财税〔2009〕87号文件在内容上基本是相同的，区别在于财税〔2009〕87号文件适用时间段为2008年1月1日至2010年12月31日，而财税〔2011〕70号文件的适用时间段为2011年1月1日以后（即无限期）。可以说，财税〔2011〕70号文件是财税〔2009〕87号文件的优惠延期。

①对企业从县级以上各级人民政府财政部门及其他部门取得的应计入收入总额的财政性资金，凡同时符合以下条件的，可以作为不征税收入，在计算应纳税所得额时从收入总额中减除：a. 企业能够提供资金拨付文件，且文件中规定该资金的专项用途；b. 财政部门或其他拨付资金的政府部门对该资金有专门的资金管理办法或具体管理要求；c. 企业对该资金以及以该资金发生的支出单独进行核算。应当指出的是：取得财政性资金的层级来源必须是县级以上各级人民政府财政部门及其他部门。这里的县级以上包含县级。取得财政性资金的部门不仅包括财政部门，县级以上各级人民政府的其他部门，比如发改委、科技局、经贸委等部门也包含在内。这里还需注意，从县级以上各级

人民政府财政部门及其他部门取得的财政性资金，是指取得资金单位为县级人民政府财政部门及其他部门，不能理解为批准部门。此外，这类收入必须是国务院财政、税务主管部门规定专项用途，不能混作他用。

②财税〔2011〕70号文件第三条规定，企业将符合本通知第一条规定条件的财政性资金作不征税收入处理后，在5年（60个月）内未发生支出且未缴回财政部门或其他拨付资金的政府部门的部分，应计入取得该资金第六年的应税收入总额；计入应税收入总额的财政性资金发生的支出，允许在计算应纳税所得额时扣除。该规定继续强调了对不征税财政性资金的追踪管理。这里需要注意两个问题：第一，这里的5年不是指5个纳税年度，而是指取得资金后的连续60个月内；第二，如果企业取得符合不征税收入条件的资金在第六年转作应税收入处理了，则计入应税收入总额的财政性资金发生的支出，允许在计算应纳税所得额时扣除。

（3）本案例中所涉及的财政性资金的税务处理：

①从地方政府借款800万元不属于应税收入。

②属于三废资源综合利用900万元增值税退税款应计入应纳税所得额。

③取得的地方政府用于帮助企业发展、购置固定资产的财政支持资金400万元，也应计入应纳税所得额。

④企业支付给地方某职能部门的50万元"集资修路费"，依据是县政府的文件，不属法定审批权限规定的范畴，而属于"乱收费"项目，所以不能在企业所得税税前扣除。

⑤由国务院财政、税务主管部门规定专项用途，并经国务院批准的财政性资金300万元，可作为不征税收入，在计算应纳税所得额时从收入总额中扣除，但是必须符合财税〔2011〕70号文件是财税〔2009〕87号文件规定的三个条件。

【筹划思路】

（1）企业应注意对跨期财政性资金的管理，对于取得的符合规定条件的财政性资金，企业应按类别和取得时间在会计上进行专项核算。

（2）对可以作为不征税收入的财政性资金，企业应设立专账，专款专用，准确核算与之相关的项目，避开不必要的涉税风险。

（3）纳税人应做到及时划解代收的基金、收费，及时从收入总额中扣减，避免不必要的税收负担。

十、股权转让损失扣除实务①

【导入案例】

甲公司是一家大型粮油商贸企业,主要从事粮食、食用油的贸易业务。2004 年,甲公司凭借自身原料供应充沛的优势,决定投资一家从事粮食加工业务的乙公司。乙公司注册资本 2 000 万元,其中甲公司出资 1 200 万元,持股比例为 60%。几年来,由于乙公司经营思路不对,经营业绩不佳,产生不良资产 600 万元。为此,2009 年,甲公司决定将持有的乙公司股权转让给对粮食加工业务有思路的丙公司,股权转让价格 900 万元,发生股权转让损失 300 万元。请问:甲公司 2009 年度发生的股权转让损失 300 万元可否在本年度确认扣除?

【法规解读】

2010 年国家税务总局发布了第 6 号《关于企业股权投资损失所得税处理问题的公告》,规定企业对外进行权益性(以下简称"股权")投资所发生的损失,在经确认的损失发生年度,作为企业损失在计算企业应纳税所得额时一次性扣除。根据该规定,经确认的股权投资损失可在发生年度扣除。企业对发生的股权投资损失应当如何确认?《中华人民共和国企业所得税法》及其实施条例,财政部、国家税务总局《关于企业资产损失税前扣除政策的通知》(财税〔2009〕57 号)等文件对此作出了规定。

【分析】

股权投资损失一般可分为股权持有损失和股权处置损失。股权持有损失是指投资方在股权持有期间,由于被投资方企业状况恶化所形成的损失。股权处置损失是指投资方对所持有的被投资方的股权进行处置所形成的损失。对企业股权投资形成的持有损失和处置损失如何确认并进行税务处理,相关规定如下:

1. 股权持有损失的确认

股权投资是企业为了获得经济利益或实现资本增值向被投资企业投放资产的行为。这种行为所产生的经济利益与经营资产带来的经济利益有所不同,它不是投资方自身经营产生的,而是被投资方使用投资方投放的资产创造的。所以,投资方在投资期间或者在股权持有期间对被投资企业的经济运营质量和被投资资产所形成的收益、损失是不可直接控制的,它是由被投资企业的经营质量决定的。

由于投资方对股权投资的运营质量不可控制的特点,在股权持有阶段所形成的损失对投资企业来说是一种被动行为。对于被动状态下产生的股权投资损失如何进行确认,

① 根据黎黎"股权转让损失扣除案例解析"编写。

财税〔2009〕57号文件作出了明确规定，企业的股权投资符合下列条件之一的，减除可收回金额后确认的无法收回的股权投资，可以作为股权投资损失在计算应纳税所得额时扣除，文件规定的条件有五种情形，即被投资方依法宣告破产、关闭、解散、被撤销，或者被依法注销、吊销营业执照的；被投资方财务状况严重恶化，累计发生巨额亏损，已连续停止经营3年以上，且无重新恢复经营改组计划的；对被投资方不具有控制权，投资期限届满或者投资期限已超过10年，且被投资单位因连续3年经营亏损导致资不抵债的；被投资方财务状况严重恶化，累计发生巨额亏损，已完成清算或清算期超过3年以上的；国务院财政、税务主管部门规定的其他条件。可见，投资方在股权持有期间，由于被投资方发生了上述文件规定的五种情形而发生的股权投资损失，可以在损失发生当期确认扣除。而本案例中的股权投资损失不是股权持有损失，应为股权转让损失，不属于该文件规范的情形，应当按照税法对股权处置损失的规定进行确认。

2. 股权处置损失的确认

股权转让是股权处置行为之一，根据《中华人民共和国企业所得税法》及其实施条例的规定，转让财产收入为所得税应税收入。转让财产收入是指企业转让固定资产、生物资产、无形资产、股权、债权等财产取得的收入。《中华人民共和国企业所得税法》第十四条规定，企业对外投资期间，投资资产的成本在计算应纳税所得额时不得扣除。《中华人民共和国企业所得税法实施条例》规定，企业在转让或者处置投资资产时，投资资产的成本，准予扣除。根据上述规定，股权转让收入为应税收入，应缴纳企业所得税，股权成本在股权持有期间不得扣除，只有在股权转让或处置时方能扣除。这是《中华人民共和国企业所得税法》对股权转让所得税业务的一般性规定。

如果投资方在股权转让过程中没有取得收益，而发生股权转让损失，投资方应如何进行所得税处理？《中华人民共和国企业所得税法》第八条进一步规定，企业实际发生的与取得收入有关的、合理的支出，包括成本、费用、税金、损失和其他支出，准予在计算应纳税所得额时扣除。《中华人民共和国企业所得税法实施条例》对税法准予税前扣除的损失范围作出具体规定，《中华人民共和国企业所得税法》所称的损失，是指企业在生产经营活动中发生的固定资产和存货的盘亏、毁损、报废损失，转让财产损失，呆账损失，坏账损失，自然灾害等不可抗力因素造成的损失以及其他损失。

那么，什么是转让财产损失？财产损失是否包括股权转让损失？转让财产损失，是指企业转让财产的所得，不足以全部抵免企业因获得该项财产而发生的对价支出，两者之间的差额就属于企业的转让财产损失。对于财产损失是否包括股权转让损失，相关税法规定，财产转让收入包括股权转让收入，根据《中华人民共和国企业所得税法》第八条与取得收入有关的损失准予在计算应纳税所得额时扣除的规定，财产损失包括股权转让损失。

从上述规定可以看出，甲企业将持有的乙公司股权转让给丙公司的行为，是该企业的股权处置行为，所发生的股权投资损失300万元为股权处置损失，可以在损失发生的当期确认扣除。

十一、居民企业股权转让中"结余权益转增资本后转让"的企业所得税筹划方案[①]

【导入案例】

三金粮油加工有限公司（简称三金公司）由三金粮油集团有限公司（简称三金集团）、中原设备制造有限公司（简称中原公司）共同于 2004 年 3 月出资组建。根据有关协议、章程的规定，三金公司注册资本为人民币 4 000 万元，其中三金集团出资人民币 2 040 万元，占注册资本的 51%；中原公司出资人民币 1 960 万元，占注册资本的 49%。三家公司都属于内资企业。从三金公司成立至 2010 年 12 月期间从未对投资企业分配过股利。2010 年 12 月 31 日三金公司资产负债表中实收资本为 4 000 万元、盈余公积金为 1 200 万元、资本公积金为 800 万元、未分配利润为 5 000 万元，所有者权益合计 11 000 万元。2011 年 1 月 18 日，被投资企业三金公司召开股东会，就变更公司股权结构和公司可供分配的利润按股权投资比例进行分配两项事宜商议：一是考虑到公司的长远发展，主要投资方三金集团拟收购中原公司持有的三金公司的 44% 的原始股份共 1 760 万元（4 000×44%），为了兼顾双方的利益，收购价按所有者权益账面价值计算确定，双方签订股权转让合同。二是拟将三金公司累计未分配利润按持股比例一次性在两个法人股东之间进行分配。那么，采用何种方式进行股利分配和股权转让，才能在符合税法规定且各方都能接受的前提下，转让方实际收益最大化？

【法规解读】

1. 持有收益方面的规定

这里说的持有收益是指税法对一般股权投资持有期间从被投资方分配取得的股息、红利等权益性投资收益。《中华人民共和国企业所得税法实施条例》第十七条规定，股息、红利等权益性投资收益，除国务院财政、税务主管部门另有规定外，按照被投资方做出利润分配决定的日期确认收入的实现。《国家税务总局关于贯彻落实企业所得税法若干税收问题的通知》（国税函〔2010〕79 号）明确，企业权益性投资取得股息、红利等收入，应以被投资企业股东会或股东大会做出利润分配或转股决定的日期，确定收入的实现。《中华人民共和国企业所得税法》第二十六条明确了企业的下列收入为免税收入：①国债利息收入；②符合条件的居民企业之间的股息、红利等权益性投资收益；③在中国境内设立机构、场所的非居民企业从居民企业取得与该机构、场所有实际联系的股息、红利等权益性投资收益。《企业所得税法实施条例》第八十三条进一步明确，

---

① 根据 2011 年 05 期《财务与会计（理财版）》李红润、葛长银论文"结余权益转增资本的税务处理"和 2011 年第 5 期《财务与会计》薛东成论文"转让股权：采用何种方式收益最大化"编写。

企业所得税法第二十六条第（二）项所称符合条件的居民企业之间的股息、红利等权益性投资收益，是指居民企业直接投资于其他居民企业取得的投资收益。企业所得税法第二十六条第（二）项和第（三）项所称股息、红利等权益性投资收益，不包括连续持有居民企业公开发行并上市流通的股票不足 12 个月取得的投资收益。从上述规定可以看出，由于持有收益是投资企业从被投资企业税后利润分配取得的，为避免重复征税，税法对符合条件的居民企业之间的股息、红利等权益性投资收益，即持有收益规定为免税收入。显然，本案投资方三金集团和中原公司按照持股比例从被投资方三金公司分得的股息、红利完全符合免税规定条件。

2. 处置收益方面的规定

《中华人民共和国企业所得税法实施条例》第七十一条规定，企业在转让或者处置投资资产时，投资资产的成本，准予扣除。依据国税函〔2010〕79 号文件规定，企业转让股权收入，应于转让协议生效、且完成股权变更手续时，确认收入的实现。转让股权收入扣除为取得该股权所发生的成本后，为股权转让所得。股权转让所得也可简称处置收益。企业在计算股权转让所得时，不得扣除被投资企业未分配利润等股东留存收益中按该项股权所可能分配的金额。国家税务总局 2010 年 10 月 27 日发布的第 19 号《关于企业取得财产转让等所得企业所得税处理问题的公告》规定，企业取得财产（包括各类资产、股权、债权等）转让收入、债务重组收入、接受捐赠收入、无法偿付的应付款收入等，不论是以货币形式，还是非货币形式体现，除另有规定外，均应一次性计入确认收入的年度计算缴纳企业所得税。上述规定表明，因为股权转让所得也即处置收益属于财产转让获得的增值部分，所以必须将股权转让所得全额并入企业的应纳税所得额，依法缴纳企业所得税。"企业在计算股权转让所得时，不得扣除被投资企业未分配利润等股东留存收益中按该项股权所可能分配的金额"这一条规定可以理解为：被投资企业只有把留存收益分配给股东的，才能作为股息、红利等权益性投资收益享受免税待遇，在处置时投资企业应该享有但尚未分配部分应确认为股权转让所得而不能确认为股息、红利等权益性投资收益。也就是说，如果被投资企业没有在投资企业转让股权之前将这部分留存收益分配给投资者，投资企业将这部分留存收益随着股权一并转让的，税法并不视为免税收入处理。这样必然导致这部分留存收益在转让环节被重复征税，增加投资企业的税收支出。

3. 资本公积、盈余公积、未分配利润转增股本涉税处理政策

结余权益是指所有者权益除去实收资本之外的权益，包括资本公积、盈余公积和未分配利润。用结余权益转增资本是增加注册资本的常见途径。结余权益转增资本时由于增加了被投资企业的注册资本，因此主要涉及自然人股东的个人所得税和法人股东的企业所得税问题。

（1）盈余公积和未分配利润转增股本的涉税问题。盈余公积和未分配利润都来源于企业的税后利润，税法将盈余公积和未分配利润转增资本分别视为利润分配和投资两项活动，而利润分配就会产生股东的所得税问题。且对于盈余公积和未分配利润转增资本来说，无论股东取得的收入是否实际纳税，转增资本后均增加股东持有股权的计税基

础。这就意味着在被投资企业用盈余公积和未分配利润转增资本时，股东需要缴纳相应的所得税，但股东在转让和处置该股权投资时可以扣除转增增加的部分。

①自然人股东的个人所得税。根据《国家税务总局关于企业股权投资业务若干所得税问题的通知》（国税发〔2000〕118号）规定，除另有规定者外，不论企业会计账务中对投资采取何种方法核算，被投资企业会计账务上实际做利润分配处理（包括以盈余公积和未分配利润转增资本）时，投资方企业应确认投资所得的实现。又依照《国家税务总局关于盈余公积金转增注册资本征收个人所得税问题的批复》（国税函〔1998〕333号），公司将从税后利润中提取的法定公积金和任意公积金转增注册资本，实际上是该公司将盈余公积金向股东分配了股息、红利，股东再以分得的股息、红利增加注册资本。因此，自然人股东所分得并再投入公司的盈余公积和未分配利润应按照"利息、股息、红利所得"项目征收个人所得税。

根据《财政部、国家税务总局关于个人所得税若干政策问题的通知》（财税字〔1994〕20号）规定，外籍个人从外商投资企业取得的股息、红利所得暂免征收个人所得税。因此，外商投资企业用盈余公积转增外方个人股东资本不征收个人所得税。

②法人股东的企业所得税。根据《中华人民共和国企业所得税法》第二十六条规定，符合条件的居民企业之间的股息、红利等权益性投资收益以及在中国境内设立机构、场所的非居民企业从居民企业取得与该机构、场所有实际联系的股息、红利等权益性投资收益，为免税收入。因此，被投资企业用盈余公积和未分配利润转增资本时，投资方不需缴纳所得税。但同时应注意的是，《企业所得税法实施条例》第八十三条规定，免税收入不包括连续持有居民企业公开发行并上市流通的股票不足12个月取得的投资收益。因此，除了由上市公司12个月以内的股票产生的股息、红利外，被投资方以盈余公积转增资本时，投资方所确认的收入免税。但是，若投资企业与被投资企业对应不同的所得税税率，则根据国税发〔2000〕118号文件的规定，投资企业应该按要求补缴税款。外籍法人股东需缴纳预提所得税。另外，由于外资企业的未分配利润转增股本不需要办理售付汇证明，税务部门无法事前监管，因此它属于税务稽查重点核查项目。

例7：某公司溢价发行股票上市，筹集资金5 000万元，股本3 000万元，发行费用1 000万元，募集资金扣除股本和发行费用后产生资本公积1 000万元，那么根据国税函〔2010〕79号文件规定，该1 000万元资本公积在以后转增资本时，不作为投资方企业的股息、红利收入，投资方不需要缴纳企业所得税。

③印花税。依据财税〔2003〕183号文件的规定，企业其他会计科目记载的资金转为实收资本或资本公积的资金应按规定贴花。且印花税中"营业账簿"税目的计税依据为"实收资本"与"资本公积"两项的合计金额。

（2）资本公积转增资本的涉税问题。资本溢价转增资本，实际上是投资者取得股权的成本的内部结构的划转，因此既不视同股息红利收入，也不增加股东的计税基础。这就意味着在被投资企业用资本公积转增资本时，股东无需缴税，但股东在转让和处置该股权投资时不能扣除转增增加的部分。

①自然人股东的个人所得税。《国家税务总局关于股份制企业转增股本和派发红股征免个人所得税的通知》（国税发［1997］198号）规定，股份制企业用资本公积金转增股本不属于股息、红利性质的分配，对个人取得的转增股本数额，不作为个人所得，不征收个人所得税。这里的"资本公积金"的范围，根据《国家税务总局关于原城市信用社在转制为城市合作银行过程中个人股增值所得应纳个人所得税的批复》（国税函［1998］289号）的解释，是指股份制企业股票溢价发行收入所形成的资本公积金，将此转增股本由个人取得的数额，不作为应税所得征收个人所得税，而与此不相符合的其他资本公积金分配个人所得部分，应当依法征收个人所得税。因此，资本公积即资本溢价部分转增资本不用缴纳个人所得税。外籍个人股东也不属于征税范围。

②法人股东的企业所得税。对于国内法人股东而言，根据《国家税务总局关于贯彻落实企业所得税法若干税收问题的通知》（国税函［2010］79号）的规定，被投资企业将股权（票）溢价形成的资本公积转为股本的，不作为投资方企业的股息、红利收入，投资方企业也不得增加该项长期投资的计税基础。因此，被投资企业以资本溢价转增资本时，法人股东不需缴纳企业所得税。但是因为"投资方企业也不得增加该项长期投资的计税基础"，因此在转让和处置该股权投资时，投资企业不得扣除转增增加的部分。国外法人股东不属于征税范围。

③印花税。根据《财政部、国家税务总局关于企业改制过程中有关印花税政策的通知》（财税［2003］183号）关于资金账簿印花税的规定，企业其他会计科目记载的资金转为实收资本或资本公积的资金应按规定贴花，也就是应按照实收资本和资本公积的合计额增加数贴花，但是用资本公积转增资本时该合计金额并没有发生改变，因此不需缴纳印花税。

④四类不能转增资本的资本公积若转增资本，则需缴纳企业所得税。《中华人民共和国企业所得税法实施条例》第五十六条规定，企业的各项资产，包括固定资产、生物资产、无形资产、长期待摊费用、投资资产、存货等，以历史成本为计税基础。前款所称历史成本，是指企业取得该项资产时实际发生的支出。企业持有各项资产期间资产增值或者减值，除国务院财政、税务主管部门规定可以确认损益外，不得调整该资产的计税基础。可见资产持有期间产生的增值属于"未实现收益"，只是由于会计计量的需要，将其增值部分暂时计入了资本公积，不确认损益，也不增加计税基础，增值部分待资产处置即收益真正实现时方能确认损益。

下面四种情形是企业各项资产在持有期间增值产生的资本公积，在资产处置前，该"资本公积"属于不能动用的所有者权益，税法和会计均不确认损益，根据会计准则规定只能在资产处置时结转损益，不能转增资本。若企业违反规定转增资本，可以视同企业提前将资产"增值部分"进行了"处置"，需确认损益缴纳企业所得税。

情形1：采用权益法核算的长期股权投资因被投资方除净损益以外所有者权益的其他变动产生的资本公积。根据财政部《企业会计准则第2号——长期股权投资》规定，长期股权投资采用权益法核算的，被投资单位除净损益以外所有者权益的其他变动，企业按持股比例计算应享有的份额计入资本公积，处置该项投资时应当将原计入所有者权益的部分按相应比例转入当期损益。可见该项资本公积是不能转增资本的，只能在处置时转入投资收益，计入股权转让所得缴纳企业所得税。

例8：A 企业投资 B 企业，持有 20% 股份。2010 年 B 企业持有的可供出售金融资产公允价值增加了 1 000 万元，那么 A 企业根据持股比例增加长期股权投资账面价值 200 万元，同时增加资本公积 200 万元。根据以上规定，A 企业的 200 万元资本公积是不能转增资本的，待 A 企业处置该投资时转入投资收益。

情形2：可供出售金融资产在资产负债表日的公允价值大于其账面价值的差额产生的资本公积。《中国证券监督管理委员会对〈会计问题征询函〉的复函》（会计部函〔2008〕50 号）规定，可供出售金融资产公允价值变动形成的利得或损失，除减值损失和外币货币性金融资产形成的汇兑差额外，应当直接计入所有者权益（其他资本公积）。在相关法律法规有明确规定前，上述计入其他资本公积的公允价值变动部分，暂不得用于转增股份；以公允价值计量的相关资产，其公允价值变动形成的收益，暂不得用于利润分配。仍以上述例8 为例：B 企业可供出售金融资产公允价值增加了 1 000 万元，根据规定应计入资本公积，那么该资本公积是不能转增资本和作为利润分配的。

情形3：自用房地产或存货转换为采用公允价值模式计量的投资性房地产，转换日的公允价值大于其账面价值的差额产生的资本公积。根据财政部《企业会计准则第 3 号——投资性房地产》规定，该项资本公积应于处置该投资性房地产时转入当期损益，故不得用于转增资本。

例9：某开发商将尚未出售的写字楼用于对外出租，该商品房的成本为 1 000 万元，公允价值为 1 500 万元。此业务属于存货转换为采用公允价值模式计量的投资性房地产，根据会计准则规定差额部分 500 万元计入资本公积，在写字楼转让或处置时转入当期损益。

情形4：金融资产重分类时的差额产生的资本公积。根据财政部《企业会计准则第 22 号——金融工具确认和计量》规定，在该金融资产被处置时转出，计入当期损益，在金融资产被处置前不得转增资本。

例10：某企业持有到期投资 1 000 万元，根据相关规定将其重分类为公允价值计量的可供出售金融资产，重分类日公允价值 1 200 万元，差额部分 200 万元计入资本公积，那么该资本公积是不能转增资本的，待该资产处置时计入当期损益。

另外，如果将应计入收入、利得部分，错误地计入了"资本公积"，转增时应先按照会计差错进行处理，调整应纳税所得额，补缴企业所得税。

例11：某企业接受捐赠一台含税价值 1 000 万元的固定资产，账务处理时将该资产计入了"资本公积"，根据新会计准则规定应计入营业外收入，所以企业应按会计差错进行调整增加当期利润；同时根据企业所得税法第六条规定，接受捐赠收入应计入应纳税所得额，那么该"资本公积"在转增资本时需先按照会计差错进行调整，增加应纳税所得额 1 000 万元，补缴企业所得税 250 万元（假定该企业是 25% 的税率），转增资本

750 万元。

4. 三种结余权益转增资本的税负比较和节税建议

三种结余权益转增资本都是所有者权益内部各项之间的转移，相关法规对于它们转增资本的规定既有区别又有一致之处，对比情况如表 5 - 2 所示。

表 5 - 2　　　　　　　　三种结余权益转增资本的相关规定

转增项目	资本公积	盈余公积	未分配利润
可转内容	资本（股本）溢价部分等	无限制	无限制
可转比例限制	无具体规定①	留存的法定公积金不少于转增前公司注册资本的 25%	无具体规定
需缴纳税种	无	个人所得税、印花税	个人所得税、印花税

明确转增资本的相关规定后，再来具体分析这三种结余权益转增资本的税负。对于国内自然人股东和法人股东而言，纳税政策如表 5 - 3 所示。

表 5 - 3　　　　　　　三种结余权益转增资本时国内股东的应税情况

分红类型	自然人股东	法人股东	是否增加计税基础
资本溢价部分形成的资本公积转增资本	不属于征税范围	不属于征税范围	否
盈余公积转增资本	个人所得税	免税	是
未分配利润转增资本	个人所得税	免税	是
直接分配利润	个人所得税	免税	否

假设国内某上市公司的所有者权益组成结构如下：实收资本 50 000 万元，资本公积 50 000 万元，盈余公积 30 000 万元，未分配利润 70 000 万元，且股东单一（或为自然人股东或为法人股东）。现在该公司打算转增资本，考虑到转增限制，假设无论用哪一类所有者权益转增资本的转增金额均为 17 500 万元（使得金额最少的盈余公积的留存额不少于转增前实收资本的 25%）。通过表 5 - 4 可计算出转增股本和直接分红的税负以及不同转增方式的税负（所用税率为当前适用税率）。如表 5 - 4 所示。

---

① 《中华人民共和国公司法》规定所有公积金包括法定公积金、任意公积金、资本公积金均可转增注册资本。但法定公积金转为资本留存部分不少于转增前注册资本的 25%，对任意公积金及资本公积金没有该项限制。但在《公司注册资本登记管理规定》的第十九条的规定中，又明确要求"留存的该项公积金不少于转增前公司注册资本的百分之二十五"，"该项公积金"是指资本公积、盈余公积。故部分工商部门在实务中以此规定为依据，认为资本公积转增资本也需留存转增前注册资本的 25%。然而，《公司注册资本登记管理规定》在法律层次上低于《中华人民共和国公司法》。

表 5 - 4　　　　　　　　　　三种结余权益转增资本税负比较表　　　　　　　　　单位：万元

分红类型	自然人股东个人所得税	法人股东企业所得税	转增企业印花税	处置时转增部分对应的自然人股东个人所得税	处置时转增部分对应的法人股东企业所得税
资本溢价部分形成的资本公积转增资本	0	0	0	3 500（17 500×20%）	4 375（17 500×25%）
盈余公积转增资本	3 500	0	8.75（17 500×5‰）	0	0
未分配利润转增资本	3 500	0	8.75	0	0
直接分配利润	1 750	0	0	0	0

注：①按照《中华人民共和国个人所得税法》第二条、第三条的规定，个人股东对公司的税后利润进行分配的，应当按照利息、股息、红利所得适用20%的税率；依据财税〔2005〕102号文件规定，个人股东从上市公司取得的股息、红利暂减按50%确认所得。②企业转增资本和处置股权对应的印花税税率均为5‰。③处置股权时个人股东的个人所得税税率为20%，企业股东的企业所得税税率为25%。

从表5-4可以看到，企业转增资本所涉及的税负主要为股东的所得税，且主要是自然人股东的个人所得税，而法人股东在各种转增情况下都免税。转增企业只涉及印花税且税率较低。在不处置股权投资的情况下有：①三种转增方式中用资本公积转增资本对应的税负最低，税负为零；②用盈余公积和未分配利润转增资本对应的税负一样，而直接分配利润对应的税负偏低，因为直接分红时自然人股东减按50%确认所得。若企业打算将来处置股权投资，则有：①三种转增方式对应的自然人股东的税负一样，而处置股权时资本公积转增资本的法人股东的企业所得税偏高；②直接分红对应的税负最低。

因此，有如下税收筹划建议：①国内股东若不打算转让股权，则在转增资本时应首先考虑用资本公积转增。②由于国内法人股东从被投资公司取得分红时免税，自然人股东可采用"自然人—控股公司—目标公司"架构来间接控制目标公司，在转增资本或分红时省去个人所得税。③由于股权转让收入不允许扣除留存收益，因此法人股东转让股权时，可先对留存收益进行转增资本或利润分配，然后再进行转让，可增加股东收入。

对于国外股东，其涉税规定如表5-5所示。我们可以看到，外商投资企业在进行分红和转增资本时其自然人股东不需缴税，除用资本公积转增资本外，法人股东需缴纳预提所得税，税率为10%。因此，有以下筹划建议：①外籍法人股东投资企业转增资本时，应优先考虑用资本公积转增股本。②若外籍股东以持股分红为目的，不打算转让股权，则应以自然人身份投资，可享受免税待遇。若以财务投资为目的，打算转让股权，应以法人身份进行投资，在转让时适用10%的预提所得税，而不用缴纳股权转让的20%的个人所得税。③外籍法人股东在用盈余公积和未分配利润转增资本时，可先在境外将股权转让给外籍个人，因为此时外籍个人股东免税。④外籍法人股东在用盈余公积和未分配利润转增资本时，也可以采取"境外公司—境内控股公司—目标公司"的架构来进行间接控制，如此即可省去用盈余公积和未分配利润转增时的预提所得税。

表 5 - 5　　　　　　　　三种结余权益转增资本时国外股东的应税情况比较表

分红类型	自然人股东	法人股东
资本公积转增资本	不属于征税范围	不属于征税范围
盈余公积转增资本	免税	缴纳预提所得税
未分配利润转增资本	免税	缴纳预提所得税
直接分配利润	免税	缴纳预提所得税

【筹划思路】

现行企业所得税法对股权投资获得的持有收益和处置收益区别对待，对持有收益作为免税收入，在企业所得税年度纳税申报表中作为纳税调整减少金额处理，而处置收益必须全额并入企业的应纳税所得额，依法缴纳企业所得税。国税函〔2010〕79 号文件明确规定了股权转让的纳税义务发生时间为转让协议生效且完成股权变更手续时，这意味着纳税人可以根据本企业的需要，通过选择协议生效或股权变更手续的时间来操纵纳税义务发生时间。另外，有关股权转让所得不得扣除留存收益的规定，也为股权投资转让业务提供了纳税筹划空间：是先转让再分配，还是先分配后转让，不同的方式带来的税收负担不同，进而导致股权转让企业的实际收益产生差异。如果在股权转让之前先将投资企业应享有的未分配利润进行分配，就可以将一部分处置收益转化为持有收益，让应税收入转化为免税收入。企业股权转让时，除了利用持有收益和处置收益在纳税上存在的差异进行纳税筹划外，还有可以利用的其他筹划空间。例如将盈余公积转增资本。盈余公积转增资本，相当于被投资企业先对股东分红，投资企业（股东）再将分红用于追加投资，将一部分处置收益转化为持有收益，让应税收入转化为免税收入。但盈余公积转增资本要受到一定的法律限制。按照《中华人民共和国公司法》第一百六十九条第二款的规定，法定公积金转为资本时，所留存的该项公积金不得少于转增前公司注册资本的百分之二十五。如本例，如果股东会决议，将盈余公积转增资本时，盈余公积至少应保留的余额为 1 000 万元（4 000 × 25%）、可用于转增资本的金额为 200 万元（1 200 - 1 000）。

【筹划方案】

1. 方案一：先转让再分配

（1）计算中原公司处置收益：

股权转让价格 = 11 000 × 44% = 4 840（万元）

股权转让成本 = 4 000 × 44% = 1 760（万元）

股权转让所得 = 4 840 - 1 760 = 3 080（万元）

应纳所得税 = 3 080 × 25% = 770（万元）

股权转让净收益 = 3 080 - 770 = 2 310（万元）

（2）计算中原公司持有收益：

中原公司按持股比例应分配的股息、红利 = 5 000 × (49% − 44%) = 250（万元）

中原公司实际收益 = 处置收益 2 310 + 持有收益 250 = 2 560（万元）

在方案一中，三金集团支付的收购价款为 4 840 万元。按持股比例应分配的股息红利为 4 750 万元 [5 000 × (51% + 44%)]。

2. 方案二：先分配并将 200 万盈余公积金转增资本后再转让

（1）计算中原公司持有收益和转增资本确认收入：

中原公司按持股比例应分配的股息、红利 = 5 000 × 49% = 2 450（万元）

将盈余公积转增资本确认收入 = (1 200 − 4 000 × 25%) × 49% = 98（万元）

（2）计算中原公司处置收益：由于盈余公积金转增资本不会影响到所有者权益，因此：

分配股利后三金公司所有者权益 = 11 000 − 5 000 = 6 000（万元）

中原公司股权转让价格 = 6 000 × 44% = 2 640（万元）

股权转让成本 = (4 000 + 200) × 44% = 1 848（万元）

股权转让所得 = 2 640 − 1 848 = 792（万元）

应纳所得税 = 792 × 25% = 198（万元）

股权转让净收益 = 792 − 198 = 594（万元）

中原公司实际收益 = 持有收益 2 450 万元 + 转增资本确认收入 98 万元 + 处置收益 594 万元 = 3 142 万元

在方案二中，由于分配利润、转增资本后，三金公司的所有者权益总额为 6 000 万元，三金集团支付的收购价款为 2 640 万元（6 000 × 44%），按持股比例应分配的股息红利为 2 550 万元（5 000 × 51%），盈余公积转增资本视同分红确认收入为 102 万元（200 × 51%）。

3. 两种方案的实际收益比较

作为股权转让方中原公司，方案二实际收益 3 344 万元，比方案一实际收益 2 860 万元增加实际收益 484 万元。其中包括两部分：①先分配未分配利润节税支出 550 万元。方案一中，中原公司享有三金公司的未分配利润应包括在转让价格中，在计算股权转让所得时按规定不得扣除，导致重复纳税的收益为 2 200 万元（5 000 × 44%），多纳企业所得税 550 万元（2 200 × 25%）。在方案二中，股权转让之前已经将中原公司应享有的未分配利润 2 200 万元进行了分配，使应税收入（处置收益）2 200 万元转化为免税收入（持有收益）2 200 万元，避免了 2 200 万元收益的重复纳税，节省税收支出 550 万元，等于增加企业收益 550 万元。②转增资本净增加的收益 32 万元。盈余公积转增资本后，虽不影响三金公司所有者权益或股东权益总额，但中原公司要视同分红确认收入 98 万元，由于属于利润分配性质，所以按照现行税法的规定，只要符合《企业所得税法实施条例》第八十三条规定的条件同样可以作为免税收入。同时由于转增资本，让中原公司在计算股权转让所得时，增大税前扣除的股权投资成本为88万元（200×44%），即减少股权转让所得88万元，节省所得税支出22万元（88×25%）。通过转增资本，中原公司可以实际增加收益32万元［98 -（88 - 22）］。也就是说，如果在将未分配利润5 000万元按持股比例分配的同时，再将盈余公积200万元按持股比例转增资本，中原公司实际收益达到最大化。作为该股权受让方，方案二比方案一节省应支付的收购价款2 200万元（4 840 - 2 640），节省支出就是增加收益，加上应分配的股息、红利2 550万元和盈余公积转增资本视同分红确认的收入102万元，收益合计4 852万元，大于方案一按持股比例应分配的股息、红利4 750元，说明方案二并没有对三金公司经济利益产生任何不利影响，所以方案二双方都能接受，该方案具有可行性。方案二实现了在符合税法规定且双方都能接受的前提下，转让方实际收益最大化的筹划目标。

十二、跨国关联企业利用特许权使用费进行的企业所得税筹划①

【导入案例】

目前，我国的外商投资企业向境外关联企业支付特许权使用费时主要采用如下方式避免多纳企业所得税：一是向境外关联方支付过高的特许权使用费，从而减少其应纳税所得额；二是外商投资企业虽然使用母公司的商标，但并不支付特许权使用费，这种貌似母公司无偿支持的交易中，往往包含着潜在被抵消的关联交易。通过抵消交易，有可能少缴纳应扣缴的预提所得税；三是外商投资企业以向其母公司支付服务费的方式代替实质支付的特许权使用费。然而，根据国家税务总局《特别纳税调整实施办法（试行）》（国税发［2009］2号）的规定，对于跨国关联企业通过增大特许权费用支出，从而减少企业所得税的应纳税所得额，以实现少纳企业所得税目的的做法，可能面临税务机关按照"独立交易"原则进行特别纳税调整而使企业避税的目的落空。请问：企业怎样才能避免该项纳税调整？

【法规解读】

（1）根据《中华人民共和国企业所得税法实施条例》第五十条的规定，非居民企业在中国境内设立的机构、场所，就其中国境外总机构发生的与该机构、场所生产经营有关的费用，能够提供总机构出具的费用汇集范围、定额、分配依据和方法等证明文件，并合理分摊的，准予扣除。因此，有些外商投资企业以向其母公司支付服务费的方式代替实质支付的特许权使用费，从而可以将特许权使用费全额扣除。

（2）根据《中华人民共和国企业所得税法》第四十一条的规定，企业与其关联方之间的业务往来，不符合独立交易原则而减少企业或者其关联方应纳税收入或者所得额

---

① 根据2010年8月30日《中国税务报》李俭"准确测算费率 避免纳税调整"编写。

的，税务机关有权按照合理方法调整。《中华人民共和国企业所得税法实施条例》第一百一十一条对合理方法规定了六种定价方法，其中包括了按照没有关联关系的交易各方进行相同或者类似业务往来的价格进行定价的可比非受控价格法。因此，要避免国内企业支付给国外关联企业的特许权使用费被纳税调整，企业应按照没有关联关系的交易各方进行相同或者类似业务往来的价格为依据来对关联企业之间的特许权使用费进行定价。

（3）税务机关将一些外商投资企业在中国使用其母公司拥有的无形资产而支付特许权使用费视为高风险交易，或者否定这些特许权使用费的可抵扣性，或者质疑向境外关联方支付的特许权使用费数额过大。对于外商投资企业向境外关联企业过度支付特许权使用费的问题，税务机关已经启动了全国范围内的税收检查行动。一个典型案例是2006年下半年，广州市税务机关对佐丹奴集团在中国内地的转让定价政策展开审查，审查重点是内地零售及分销机构向香港母公司支付的特许权使用费。2007年2月，广州市税务机关认定：若干年来广州佐丹奴向其香港母公司支付的特许权使用费超过了独立交易原则所应有的费率，导致广州佐丹奴承担了不合理的高额费用。佐丹奴集团最终按税务机关认定的"独立交易"费率进行调整，减少特许权使用费的抵扣额，导致2006年税收准备金上升，预期盈利下降。由此可见，通过位于中国的集团下属公司向境外关联方支付特许权使用费，将利润汇回境外总部的行为，今后可能面临较大的税务风险。

（4）跨国关联企业之间支付特许权使用费可能面临双重课税风险。国家税务总局《关于执行税收协定特许权使用费条款有关问题的通知》（国税函〔2009〕507号）对执行税收协定特许权使用费条款的有关问题作了详尽阐释。国际间各税收主管当局对特许权使用费的不同理解，可能给企业带来双重课税的风险。位于某税收管辖区域的关联方支付给位于另外一个税收管辖区域的其他关联方的特许权使用费，需要根据两个关联方所在国的转让定价规定进行审查。尽管各国所适用的规则大致相似（因为这些规定大都是根据经济合作发展组织所发布的指南制定的），但仍存在一些细微的差异。另外，各税收主管当局对经济合作发展组织指南的解释也会出现差异。因此，对于企业跨境支付的特许权使用费，双方的税收主管部门可能会对"公平交易"特许权使用费率产生分歧。如果彼此无法达成妥协，则会导致双重征税，从而对跨国企业产生严重影响。如果相关国家之间并未签署双重税收协定，则这种妥协也没有法律框架可以作为依据，从而导致实际发生双重征税的风险大大增加。有鉴于此，跨国企业宜准确测算特许权使用费率是否符合公平交易性质，以降低特许权使用费支付的相关税务风险。

【筹划思路】

跨国企业宜准确测算特许权使用费率是否符合公平交易性质，以降低特许权使用费支付的相关税务风险：被税务机关纳税调整和被双重课税的风险。

一般来说，无形资产许可中的特许权使用费率的支付水平取决于多种因素，包括产品、预期的未来收入、行业、地区、是否具有专属性、许可条款及条件等，通常是指企业全部产品的销售净额与支付的特许权使用费的比率。对特许权使用费率的公平交易性质进行考察的理想方法，是将该费率与非关联企业之间就相同情况下制定的费率进行比较。如果可以对两种许可协议条件及条款方面的全部差异作出可靠调整，则有可能采用非关联企业之间确认的特许权使用费率证明关联方特许权使用费率的公平交易性质。此外，也可通过对非关联企业之间就经济上相似的知识产权所签署的许可协议进行确认，并利用该类协议验证关联企业之间所使用的特许权使用费率的公平交易性质。

对于非关联方之间特许权使用协议信息，可以通过搜索若干专业财务数据库，查找相同或类似行业及类似知识产权方面的许可协议取得。下面举例说明通过搜索、选择和使用非关联企业之间的特许权使用协议信息，对某儿童玩具企业向其境外母公司支付特许权使用费进行的基准测试。其包括如下步骤：

第一步：提取潜在可比许可协议

为了查找与该儿童玩具企业特许权使用权协议相似的协议，使用 RoyaltyStat 数据库搜索商标权许可协议。

RoyaltyStat 是一种关于特许协议的数据库，其特许权使用费率由美国证券交易委员会（SEC）编辑。在 RoyaltyStat 数据库中，可以找到用于对无形资产进行评估的特许权使用费率。RoyaltyStat 数据库中的每份特许协议至少包括一种数字表示的特许权使用费率，且该数据库的信息会随时更新。

搜索中所采用的标准如下：

（1）行业：与儿童相关的 SIC 编码；

（2）协议类型：商标、商品名称及知识产权；

（3）协议包含区域：全球；

（4）特许权使用费率计算基础：销售净额。

初次搜索的结果是有 63 份具有潜在可比性的协议。

在将 RoyaltyStat 所提供的这些许可协议的汇总信息进行审核后，有 10 份协议被排除，因为这些协议提到的商标、知识产权或商品名称所代表的产品或服务并非针对儿童玩具。针对儿童玩具市场产品协议是最为重要的可比因素。

搜索流程的下一个步骤，是将 RoyaltyStat 数据库所提供并选出的具有潜在可比性的53 份许可协议中描述的交易进行详细审核，从而确定其是否具有可比性。经过详细审核后，有 26 份协议提到的商品名称所代表的产品或服务属于可比性不高的行业，因而被排除。

审核流程的最终结果是，有 27 份许可协议被选定为具有可比性的协议。

第二步：公平交易结果的分析

以上流程结束后，有必要对被测试方的功能、资产及风险进行比较，并将其与在上述搜索和选择流程中所确认的独立可比公司进行比较，从而了解被测试方应当归于公平交易值域的位置。

分析所选择 27 份可比特许权使用费协议，得出其特许权使用费率的四分位数区间值范围在 2.5% 和 5% 之间，中位值是 3.5%。

如果该被测试企业与其关联企业之间制定的特许权使用费率在可比独立企业之间制

定的特许权使用费率的四分位值区间范围内，即在 2.5% 和 5% 之间，则可以证明该被测试企业与其关联企业之间使用的特许权使用费率符合公平交易性质，从而降低该被测试企业因支付特许权使用费可能引起的相关税务风险。

十三、企业所得税征收方式的筹划①

【导入案例】

例12：某建筑企业 A 公司 2008 年实现营业收入 1 000 万元，进行企业所得税汇算清缴申报时，公司年度申报表中"纳税调整后所得"为 -100 万元。请对该企业所得税的征收方式进行筹划。

例13：某工业企业 B 公司，2008 年 B 公司取得政府拨付的财政补贴收入 100 万元，不属于税法规定的不征税收入和免税收入，应按规定征收企业所得税。如果采取核定应税所得率方式缴纳企业所得税，其主营业务的应税所得率为 5%。请对该企业所得税的征收方式进行筹划。

例14：某大酒店 C 公司和某经营歌厅的 D 公司均能正确核算（查实）收入总额，但不能正确核算（查实）成本费用总额，适用核定应税所得率方式缴纳企业所得税。2008 年 C 公司取得饮食业营业收入 1 000 万元，D 公司取得娱乐业营业收入 800 万元。税务机关规定的饮食业应税所得率为 10%，娱乐业为 20%。请对该企业所得税进行筹划。

例15：如果 E 公司同时经营饮食业和娱乐业，2008 年分别取得饮食业和娱乐业营业收入 800 万元、1 000 万元，其他情况同例14。请对该企业所得税进行筹划。

【法规解读】

（1）企业所得税征收方式有两种，一种是查账征收，一种是核定征收，而核定征收又分为核定应税所得率和核定应纳所得税额两种方式。

（2）纳税人只有规范财务核算和会计处理，达到税务机关的要求，申请查账征收方式才能得到批准；国税发〔2008〕30 号文件规定了纳税人具有六种情形之一的，核定征收企业所得税。

（3）《国家税务总局关于核定征收企业所得税的纳税人取得财政补贴收入计征所得税的批复》（国税函〔2005〕541 号）规定，对按定率核定征收方式征收企业所得税的纳税人，其取得的财政补贴收入应并入收入总额，按主营项目的应税所得率计算征收企业所得税。

（4）国税发〔2008〕30 号文件规定，实行应税所得率方式核定征收企业所得税的

---

① 根据《中国税务报》戎晓健，朱冬"征收方式影响企业所得税税负"。

纳税人，经营多业的，无论其经营项目是否单独核算，均由税务机关根据其主营项目确定适用的应税所得率。主营项目应为纳税人所有经营项目中，收入总额或者成本（费用）支出额或者耗用原材料、燃料、动力数量所占比重最大的项目。

【筹划思路】

当查账征收方式应纳税额小于核定征收方式时，企业应健全账证，规范核算，从而符合税务机关规定的查账征收条件。然而，也不是所有情况下纳税人采取查账征收方式均能减轻税负，有些特殊情况下，采取核定征收方式更能减轻企业所得税税负，此时纳税人应采取措施努力符合国税发［2008］30号文件规定的核定征收企业所得税的条件。在采用核定应税所得率方式征收企业所得税的企业中，主营业务的应税所得率明显低于其他业务的企业，纳税人可以通过合并分立等方式，将不同应税所得率的经营业务收入在不同纳税人之间进行筹划，从而达到减轻应税所得率高的经营业务的所得税税负。

【筹划方案】

1. 查账征收方式应纳税额小于核定征收方式的筹划

例12的纳税分析：如果采用查账征收方式，A公司不仅当年度不需要缴纳企业所得税，而且亏损额100万元还能依法结转至以后年度弥补。相反，如果A公司企业所得税不符合查账征收条件，按照《国家税务总局关于印发〈企业所得税核定征收办法〉（试行）的通知》（国税发［2008］30号）的规定，税务机关对其采取核定应税所得率方式征收企业所得税。假设税务机关规定当地建筑业应税所得率为8%，则2008年A公司应缴纳企业所得税＝1 000×8%×25%＝20（万元）。A公司2008年企业所得税如果适用查账征收方式，将会比采取核定征收方式少缴纳企业所得税20万元。因此，A公司应规范财务核算和会计处理，达到税务机关的要求，申请查账征收方式。

2. 查账征收方式应纳税额大于核定征收方式的筹划

这种情况常见于取得应税财政补贴收入金额较大或实际利润率比应税所得率高的企业。

例13的纳税分析：如果采取核定应税所得率方式缴纳企业所得税，不考虑其他各项应税收入，B公司2008年财政补贴收入应缴纳企业所得税1.25万元（100×5%×25%）。假设B公司采取的是查账征收方式，则其取得的财政补贴收入（无相应支出）应计算缴纳企业所得税25万元（100×25%）。可见，采取查账征收方式比采取核定征收方式多缴纳企业所得税23.75万元（25－1.25）。很显然，如果不考虑其他各项应税收入的影响，此时B公司采取核定征收方式比查账征收方式可少缴纳相当数额的企业所得税。因此，B公司应采取措施努力使自己符合国税发［2008］30号文件规定的核定征收企业所得税的条件，采用核定征收方式征收企业所得税。

3. 利用核定应税所得率方式降低高应税所得率业务的税额的筹划

这种情况常见于主营业务的应税所得率明显低于其他业务的企业，纳税人可以通过合并分立等方式，将不同应税所得率的经营业务收入在不同纳税人之间进行筹划，从而减轻应税所得率高的经营业务的所得税税负。

例 14 的筹划分析：筹划前 C 公司应纳企业所得税 25 万元（1 000×10%×25%），D 公司应纳企业所得税 40 万元（800×20%×25%），两公司合计应纳企业所得税 65 万元（25+40）。如果采用合并的筹划方案，即 C 公司和 D 公司合并为 E 公司，经营业务和经营收入不变，则 2008 年应纳企业所得税 45 万元 [（1 000+800）×10%×25%]。筹划后的 E 公司可比筹划前的 C、D 公司合计少纳企业所得税 20 万元（65-45）。

例 15 的筹划分析：筹划前 E 公司应纳企业所得税 90 万元 [（1 000+800）×20%×25%]。如果采用分立的筹划方案，即将 E 公司分立为 C、D 两公司，C 公司兼营饮食业和娱乐业，2008 年分别取得饮食业和娱乐业收入 800 万元、750 万元，D 公司只经营娱乐业，2008 年取得营业收入 250 万元。则 C 公司应纳企业所得税 38.75 万元 [（800+750）×10%×25%]，D 公司应纳企业所得税 12.5 万元（250×20%×25%），两公司合计应纳企业所得税 51.25 万元（38.75+12.5）。则筹划后的 C、D 公司可比筹划前的 E 公司少纳企业所得税 38.75 万元（90-51.25）。

【注意问题】

国税发 [2008] 30 号文件规定，对实行核定征收企业所得税方式的纳税人，要加大检查力度，将汇算清缴的审核检查和日常征管检查结合起来，合理确定年度稽查面，防止纳税人有意通过核定征收方式减轻税负。此外，国税发 [2008] 30 号文件规定，特殊行业、特殊类型的纳税人和一定规模以上的纳税人不适用该办法。比如，《国家税务总局关于印发〈房地产开发经营业务企业所得税处理办法〉的通知》（国税发 [2009] 31 号）规定，企业出现《中华人民共和国税收征收管理法》第三十五条规定的情形，税务机关可对其以往应缴的企业所得税按核定征收方式进行征收管理，并逐步规范，同时按《中华人民共和国税收征收管理法》等税收法律、行政法规的规定进行处理，但不得事先确定企业的所得税按核定征收方式进行征收、管理。再比如，《国家税务总局关于跨地区经营汇总纳税企业所得税征收管理有关问题的通知》（国税函 [2008] 747 号）规定，跨地区汇总纳税企业的所得税收入涉及跨区利益，跨区法人应健全财务核算制度并准确计算经营成果，不适用《国家税务总局关于印发〈企业所得税核定征收办法（试行）〉的通知》（国税发 [2008] 30 号）。因此，纳税人在采取不同征收方式进行企业所得税筹划时，一定要慎之又慎，通盘考虑，确保筹划稳妥有效。

第6章 其他税收筹划实务

一、门面房转让的土地增值税筹划①

【导入案例】

王某是某公司的主要投资人。2006 年 10 月，因公司急需资金周转，王某决定将其个人名下的一处门面房转让给李某。该门面房原为某国有百货公司所有，1999 年百货公司破产清算时，王某以 100 万元的价格买入。近几年该门面房的价值迅速蹿升，到 2006 年 10 月，该门面房的市场价已经超过 300 万元。王某向把该门面以 310 万元的价格转让给李某。为了减少土地增值税，税务专家做了如下筹划方案：王某先将该门面房作价 310 万元投资于自己的公司，然后由公司将该门面房以 310 万元的价格转让给李某。请分析该筹划方案是否可行。

【分析】

不进行筹划：假设王某以 310 万元的价格直接转让给李某，主管地税机关确认该门面房土地增值税扣除项目金额为 120 万元，那么王某应负担的相关税费计算如下：

（1）应纳营业税 =（3 100 000 - 1 000 000）×5% = 105 000（元）

（2）应纳城建税及教育费附加 = 105 000 ×（7% + 3%）= 10 500（元）

（3）应纳印花税 = 3 100 000 × 0.5‰ = 1 550（元）

（4）应缴纳土地增值税：

①扣除项目金额 = 1 200 000 + 105 000 + 10 500 + 1 550 = 1 200 000 + 117 050 = 1 317 050（元）

②增值率 =（3 100 000 - 1 317 050）÷ 1 317 050 × 100% = 135%

③土地增值税 =（3 100 000 - 1 317 050）× 50% - 1 317 050 × 15% = 693 917.5（元）

（5）应纳个人所得税 =（3 100 000 - 1 000 000 - 117 050 - 693 917.5）× 20% = 257 806.5（元）

---

① 根据中国税网李俊、龚厚平"门面房转让的土地增值税筹划案例"编写。

（6）合计应负担税费 = 117 050 + 693 917.5 + 257 806.5 = 1 068 774（元）

【筹划方案】

税收专家的筹划方案为：王某先将该门面房作价 310 万元投资于自己的公司，然后由公司将该门面房以 310 万元的价格转让给李某。如果按此方案实施，在其他条件不变的情况下，税务专家对王某和公司应负担的税费解释如下（当地规定契税税率为 3%）：

1. 投资环节

（1）营业税：《财政部国家税务总局关于股权转让有关营业税问题的通知》（财税〔2002〕191 号）规定，以无形资产、不动产投资入股，参与接受投资方利润分配，共同承担投资风险的行为，不征收营业税。因此，王某将门面房投资于企业不需要缴纳营业税。

（2）土地增值税：《国家税务总局关于土地增值税一些具体问题规定的通知》（财税〔1995〕48 号文）规定，对于以房地产进行投资、联营的，投资、联营的一方以土地（房地产）作价入股进行投资或作为联营条件，将房地产转让到所投资、联营的企业中时，暂免征收土地增值税。因此，王某将门面房投资于企业可免征土地增值税。

（3）个人所得税：《国家税务总局关于非货币性资产评估增值暂不征收个人所得税的批复》（国税函〔2005〕319 号）规定，对个人将非货币性资产进行评估后投资于企业，其评估增值取得的所得，在投资取得企业股权时，暂不征收个人所得税。在投资收回、转让或清算股权时如有所得，再按规定征收个人所得税，其财产原值为资产评估前的价值。由此可见，王某将门面房投资于企业可暂不缴纳个人所得税。

（4）公司应纳契税 = 3 100 000 × 3% = 93 000（元）。根据《国家税务总局关于土地增值税清算有关问题的通知》（国税函〔2010〕220 号）第五条规定，房地产开发企业为取得土地使用权所支付的契税，应视同"按国家统一规定缴纳的有关费用，计入取得土地使用权所支付的金额"中扣除。

2. 转让环节

（1）公司应纳营业税 = （3 100 000 − 1 000 000）× 5% = 105 000（元）

（2）公司应纳城建税及教育费附加 = 105 000 × （7% + 3%） = 10 500（元）

（3）应纳印花税 = 3 100 000 × 0.5‰ = 1 550（元）

（4）公司应缴土地增值税：因为接受投资环节发生的增值"免征"土地增值税，所以公司在转让门面房时应当只就转让环节的增值缴纳土地增值税。本例中，公司转让门面房未发生增值，因此应缴土地增值税为 0。

合计应负担税费 = 93 000 + 105 000 + 10 500 + 1 550 = 210 050（元）

可见，筹划后比筹划前少负担税费 = 1 068 774 − 210 050 = 858 724（元）

需要注意的是，李某在以后转让股权或者注销企业时，应按国税函〔2005〕319 号文件的规定确定股权计税成本，计算应缴个人所得税。

综上，税务专家认为该筹划方案可行。然而，税务专家的解释中存在问题，即转让环节中"土地增值税为0"是错误的。因为公司转让该项门面房时，土地增值税的计税成本不是310万元，计税成本应包括的内容有中介机构对旧门面的评估价和取得土地成本及相关的印花税、评估费等，因此，土地增值税的增值额不是零，而是1 689 950元（3 100 000 - 1 317 050 - 93 000）。其理由是：

根据（财税字［1995］48号）文件第一条："对于以房地产进行投资、联营的，投资、联营的一方以土地（房地产）作价入股进行投资或作为联营条件，将房地产转让到所投资、联营的企业中时，暂免征收土地增值税。对投资、联营企业将上述房地产再转让的，应征收土地增值税"的规定。

又根据《关于房地产开发企业土地增值税清算管理有关问题的通知》（国税发［2006］187号）第四条第一款，房地产开发企业办理土地增值税清算时计算与清算项目有关的扣除项目金额，应根据土地增值税暂行条例第六条及其实施细则第七条的规定执行。除另有规定外，扣除取得土地使用权所支付的金额、房地产开发成本、费用及与转让房地产有关税金，须提供合法有效凭证；不能提供合法有效凭证的，不予扣除。

因此，笔者认为：以土地作价入股进行投资或作为联营条件，后又将房地产再转让的，在土地增值税清算时，应以其原投资、联营者为取得房地产所支付的价款和按国家统一规定缴纳的有关费用作为扣除项目中取得房地产所支付的金额。

故扣除项目金额只能按照土地增值税暂行条例的具体规定确定，不能按照会计的入账价值310万元确定，也不能按照企业所得税的计税成本310万元确定。

土地增值税的计税成本（即扣除项目金额）不等于会计的入账价值，也不等于企业所得税的计税成本。无论是兼并或投资还是整体资产转让的方式，A公司为取得门面的实际发生的支出均只有100万元，土地增值税的扣除项目按转让旧房的扣除项目来确定，为纳税筹划前的1 224 050元（1 317 050 - 93 000）。

因此，这样的筹划方案是不可行的。

二、开发商合作建房土地增值税的清算[①]

【导入案例】

甲房地产开发公司（以下简称"甲公司"）与乙经济开发公司（以下简称"乙公司"）签订合作建房协议，共同开发A房地产项目，甲公司负责投入资金及全部开发活动，乙公司将其所有的土地使用权投入该项目，建成后乙公司分得30%的房产（包括住宅及商铺），甲公司分得其余房产。后经协商，乙公司将分得房产的住宅部分以2 000元/平方米出售给甲公司，共分得价款1 200万元，其余4 000平方米商铺自用，并开具转让土地使用权的发票给甲公司。请问：甲公司和乙公司应如何纳土地增值税？

---

① 根据中华会计网校网"开发商合作建房土地增值税清算问题分析"编写。

【分析】

1. 合作建房土地增值税的处理

合作建房，是开发商在土地实施"招、拍、挂"之前拿地的重要途径之一。利用该方式开发的房地产项目，土地增值税的处理应分情况而定。

（1）若合作开发方只取得房屋并自用，根据《财政部、国家税务总局关于土地增值税一些具体问题规定的通知》（财税字〔1995〕48号）文件的规定，对于一方出地，一方出资金，双方合作建房，建成后按比例分房自用的，暂免征土地增值税，建成后转让的，应征收土地增值税。

（2）若以出地方为开发主体并且建成后进行销售处理，在纳税处理上就应当以出地方为主体，按整个项目为单位进行土地增值税预征和清算。出地方分配给出资方的开发产品应按照公允价值计算缴纳土地增值税，公允价值可按《国家税务总局关于房地产开发企业土地增值税清算管理有关问题的通知》（国税〔2006〕187号）文件第三条第（一）款的要求确认：①按本企业在同一地区、同一年度销售的同类房地产的平均价格确定；②由主管税务机关参照当地当年、同类房地产的市场价格或评估价值确定。对出资方来说相当于用资金换取出地方建好的房产，出地方相当于提前收取了出资方的预售款。出地方应开具销售不动产发票给出资方。

（3）如果一出资方为开发主体，项目以出资方名义进行开发，则出地方应按照"转让土地使用权"进行土地增值税清算。分得房产自用暂免土地增值税，分成后再行转让就要另行计算土地增值税。

2. 对本案例的纳税处理

案例中，是以甲公司即出资方为开发主体的。

（1）若乙公司只取得房屋自用。根据财政部、国家税务总局《关于土地增值税一些具体问题规定的通知》（财税字〔1995〕48号）规定，对于一方出地，一方出资金，双方合作建房，建成后按比例分房自用的，暂免征土地增值税，建成后转让的，应征收土地增值税。

因此，对乙公司暂免征收土地增值税，以后该公司将分得的房产转让应首先按转让土地使用权计算合作建房需缴纳的土地增值税，以分得房产当时的公允价值作为转让土地使用权的收入，再对转让的房产按转让旧房及建筑物征收土地增值税。其公允价值可按财税〔2006〕187号文件第三条第（一）款的要求确认：①按本企业在同一地区、同一年度销售的同类房地产的平均价格确定；②由主管税务机关参照当地当年、同类房地产的市场价格或评估价值确定。具体如下：

对于乙公司将分得的房产转让取得的现金部分，应按照配比原则，与取得土地使用权的成本配比计算土地增值税。如乙公司分得的商铺部分房产公允价值为2 000万元，而该土地使用权成本为1 600万元，在不考虑其他税费的情况下，则允许扣除的土地使用权成本＝1 600÷（2 000＋1 200）×1 200＝600（万元），增值额＝1 200－600＝600

（万元），应纳土地增值税 $= 600 \times 40\% - 600 \times 5\% = 210$ （万元）。

对于乙公司分得的商铺房产部分，处理方式为分房自用，暂不征收土地增值税，待其对外销售后再分别按转让土地使用权和销售旧房缴纳土地增值税。

对甲公司来说，相当于用其建好的房产换取土地使用权，其应将分给乙公司房产的公允价值计入开发成本，并将该部分公允价值计入销售收入。

（2）若乙公司将土地使用权作价投入甲公司，换取甲公司一定股份再由甲公司开发该项目。根据财税〔2006〕21号文件的规定，自2006年3月2日起，对于以土地（房地产）作价投资入股进行投资或联营的，凡所投资、联营的企业从事房地产开发的，或者房地产开发企业以其建造的商品房进行投资和联营的，均不适用财税〔1995〕48号文件第一条暂免征收土地增值税的规定，应按规定缴纳土地增值税。所以，应将乙公司所获取甲公司股份的协议价或评估价作为转让收入，按转让土地使用权计算其应纳土地增值税。对甲公司来说，应将乙公司投入的土地协议价或评估价作为取得土地使用权的成本在清算土地增值税时予以扣除。

可见，对于合作建房行为，界定为非货币资产交换还是投资行为是进行土地增值税清算处理的前提。若为非货币资产交换，则出地方按转让土地使用权给出资方处理；若为投资行为，则应将出资方支付的股权价值和货币资金之和在该项目的开发成本中扣除。出资方支付给出地方的现金视为投资对价差异，为土地使用权的公允价值大于双方确定的股权价值的差额。界定基础应看合作建房的协议，若出地方承担项目开发的风险并享有开发利润，应视为投资行为；若只是获得固定面积的房产，不承担风险收益的，则应界定为非货币资产交换。

从上述分析可以看出，对于合作建房进行商品房开发项目来说，对出地方清算的后续管理存在困难，如出地方再转让分得房产时，很容易忽视对其转让土地使用权的清算，造成国家税款流失。同时，很多房地产开发企业利用关联方合作建房来逃避或延迟土地增值税纳税义务，给该税种的征管带来困难。

三、连体楼土地增值税的筹划[①]

【导入案例】

例1：某房地产开发公司开发商铺住宅连体楼一幢，一层、二层为商铺，面积1 000平方米，商铺以上为普通住宅，面积为8 000平方米，合计9 000平方米。连体楼应分摊的土地成本为600万元，房屋开发成本为1 260万元，开发费用为土地成本和开发成本的10%。该项目商铺一层销售单价8 000元/平方米，二层销售单价4 000元/平方米，平均销售单价6 000元/平方米，商铺销售收入为600万元。普通住宅平均销售价格为

---

① 根据中国税网冯天玉"怎样计算连体楼土地增值税最合理"编写。

3 500 元/平方米，销售收入为 2 800 万元。连体楼整体销售收入为 3 400 万元(600 + 2 800)，营业税金及附加 187 万元 [3 400×5% × (1 +3% +7%)]。请问：该公司应怎样核算应纳土地增值税合算？

例2：某房开公司开发连体楼一幢，开发总面积 5 000 平方米。公司以该幢楼为核算对象，其中：一、二层为超市，面积 1 000 平方米，超市以上为普通住宅，面积 4 000 平方米。连体楼的土地成本为 400 万元，房屋开发成本 700 万元。房地产开发费用为土地成本和开发成本的 10% 。一、二层超市平均售价为 8 500 元/平方米，销售收入 850 万元。普通住宅平均售价 3 500 元/平方米，销售收入 1 400 万元。连体楼销售收入合计 2 250 万元。营业税金及附加为 123.75 万元。请问：该公司应怎样核算应纳的土地增值税合算？

【分析】

(1) 现在很多开发商在开发临街小区时，往往将部分楼盘修建为商铺住宅连体楼（以下简称"连体楼"），即一层（或者一层和二层）为商铺或超市，商铺或超市以上部分为住宅。建造连体楼的好处是，同样的建筑面积和建筑成本，商铺或超市的价格可以卖到住宅价格的两倍甚至更多，而且随着商铺或超市的使用，还可以带来更多的"人气"，促进整个楼盘的销售。

(2) 上述案例中，每个案例都有两种计税方案，下面就上述两个例子的不同计税方案下的土地增值税税负进行比较。

①对例 1 进行分析

计税方案一：商铺和住宅分别计算增值额和增值率

a. 住宅部分应纳土地增值税计算如下：

住宅分摊的土地成本 =600 ×8 000 ÷9 000 =533 （万元）

住宅分摊的建造成本 =1 260 ×8 000 ÷9 000 =1 120 （万元）

分摊的开发费用 = (533 +1 120) ×10% =165 （万元）

加计扣除：(533 +1 120) ×20% =331 （万元）

营业税金及附加 =187 ×2 800 ÷3 400 =154 （万元）

住宅扣除项目合计 =533 +1 120 +165 +331 +154 =2 303 （万元）

土地增值率 =（2 800 −2 303）÷2 303 =22%

住宅应纳土地增值税 =（2 800 −2 303）×30% =149 （万元）

b. 商铺部分应纳土地增值税计算如下：

商铺分摊的土地成本 =600 ×1 000 ÷9 000 =67 （万元）

商铺分摊的建造成本 =1 260 ×1 000 ÷9 000 =140 （万元）

商铺分摊的开发费用 = (67 +140) ×10% =21 （万元）

加计扣除：(67 +140) ×20% =41 （万元）

营业税金及附加 =187 ×600 ÷3 400 =33 （万元）

商铺扣除项目合计：$67 + 140 + 21 + 41 + 33 = 302$（万元）

增值率 $= (600 - 302) \div 302 = 99\%$，适用 40% 的土地增值税税率。

商铺应纳土地增值税 $= (600 - 302) \times 40\% - 302 \times 5\% = 104$（万元）

合计应缴纳土地增值税 253 万元（$149 + 104$）。

计税方案二：商铺和住宅合并计算增值额和增值率

土地增值税总扣除金额 2 605 万元（$2\ 303 + 302$）

增值率 $= (3\ 400 - 2\ 605) \div 2\ 605 = 31\%$

商铺应纳土地增值税 $= (3\ 400 - 2\ 605) \times 1\ 000 \div 9\ 000 \times 30\% = 27$（万元）

住宅应纳土地增值税 $= (3\ 400 - 2\ 605) \times 8\ 000 \div 9\ 000 \times 30\% = 212$（万元）

合计应纳土地增值税 239 万元

可见，方案二比方案一少缴纳土地增值税 14 万元（$253 - 239$）。

两种方案比较，方案二可以降低连体楼商铺部分的增值率，从而避免商铺适用 40% 以上的税率，因此方案二优于方案一。但是，如果普通住宅单独计算增值率不超过 20%（纳税人建造销售普通住宅，增值率不超过 20% 的免征增值税），则需要重新测算方案二是否可行。下面就例 2 进行说明。

②对例 2 进行分析

计税方案一：住宅和超市分别计算土地增值税

a. 住宅部分应纳土地增值税计算如下：

住宅分摊的土地成本 $= 400 \times (4\ 000 \div 5\ 000) = 320$（万元）

住宅分摊的建造成本 $= 700 \times (4\ 000 \div 5\ 000) = 560$（万元）

住宅分摊的开发费用 $= (320 + 560) \times 10\% = 88$（万元）

加计扣除：$(320 + 560) \times 20\% = 176$（万元）

营业税金及附加 $= 123.75 \times (1\ 400 \div 2\ 250) = 77$（万元）

住宅扣除项目合计：1 221 万元（$320 + 560 + 88 + 176 + 77$）。

增值率 $= (1\ 400 - 1\ 221) \div 1\ 221 \times 100\% = 14.66\%$

增值率小于 20%，按现行税法规定不纳土地增值税。

b. 超市部分应纳土地增值税：

超市分摊的土地成本 $= 400 \times (1\ 000 \div 5\ 000) = 80$（万元）

分摊的建造成本 $= 700 \times (1\ 000 \div 5\ 000) = 140$（万元）

分摊的开发费用 $= (80 + 140) \times 10\% = 22$（万元）

加计扣除：$(80 + 140) \times 20\% = 44$（万元）

营业税金及附加 $= 123.75 \times (850 \div 2\ 250) = 46.75$（万元）

扣除项目合计：332.75 万元（$80 + 140 + 22 + 44 + 46.75$）

增值率 $= (850 - 332.75) \div 332.75 \times 100\% = 155.45\%$

c. 共应纳土地增值税:

(850 - 332.75) × 50% - 332.75 × 15% = 208.712 5 (万元)

计税方案二: 住宅和超市合并计算土地增值税

收入总额为: 2 250 万元。

扣除项目合计: 1 221 + 332.75 = 1 553.75 (万元)

增值额 = 2 250 - 1 553.75 = 696.25 (万元)

增值率 = 696.25 ÷ 1 553.75 × 100% = 44.81%, 应适用 30% 的土地增值税税率。

超市应纳土地增值税 = 696.25 × 1 000 ÷ 5 000 × 30% = 41.775 (万元)

住宅应纳土地增值税 = 696.25 × 4 000 ÷ 5 000 × 30% = 167.1 (万元)

合计应纳土地增值税 = 41.775 + 167.1 = 208.875 (万元)

计税方案二比计税方案一多纳土地增值税 0.162 5 万元 (208.875 - 208.712 5)。可见, 当普通住宅单独计算增值率不超过 20% 时 (纳税人建造销售普通住宅增值率不超过 20% 的免征增值税), 计税方案二不可行。

(3) 对计税方案二的合法性分析。对连体楼的商住楼的土地增值税问题,《财政部、国家税务总局关于土地增值税一些具体问题规定的通知》(财税 [1995] 048 号) 明确要求: 对纳税人既建普通标准住宅又搞其他房地产开发的, 应分别核算增值额; 此外,《国家税务总局关于加强房地产开发企业土地增值税清算管理工作的通知》中第一条规定, 土地增值税以国家有关部门审批的房地产开发项目为单位进行清算, 对于分期开发的项目, 以分期项目为单位清算。开发项目中同时包含普通住宅和非普通住宅的, 应分别计算增值额。由于税法只明确要求分开核算增值额, 而对如何计算土地增值税没有具体规定, 在实际计税时, 就会形成两种计算方法: 一种是先按各自面积分开计算增值额与增值率, 再分别确定适用税率计算增值税; 另一种是先整体计算增值额和增值率。确定适用税率后, 再按面积分别核算增值额, 计算土地增值税。

《中华人民共和国土地增值税暂行条例实施细则》第八条规定, 土地增值税以纳税人房地产成本核算的最基本的核算项目或核算对象为单位计算。实践中, 从房地产开发成本核算上讲, 通常是以单栋楼为核算对象或者以一个建筑商所承揽的建筑工程为核算对象。因此, 计税方案二中, 土地增值税的计算方法是按 "最基本的核算项目或核算对象为单位计算" 的规定计算出整体项目增值额后, 根据面积对增值额进行分摊, 也符合财税 [1995] 48 号文件 "分别核算增值额" 的规定。因此, 房地产企业在计算连体楼应缴纳的土地增值税时, 有权根据自身情况, 在不违反税法的前提下, 分别选择对自己最有利的计税方案一或方案二, 从而达到节约土地增值税的目的。

四、房产税的税收筹划[①]

【导入案例】

房产税是以城镇中的房产为课税对象，按房产原值减除一定比例或租金向房产所有人或经营者征收的一种财产税。随着房地产市场的发展，国家对房产税的征管和稽查力度的加大，房产税已成为企业税收的一项重要支出。因此，如何通过科学的税收筹划降低企业的税负显得尤为重要。

【法规解读】

我国现行的房产税设立于 1986 年，是从原房地产税中分离出来的。1986 年 9 月 15 日，国务院发布了《中华人民共和国房产税暂行条例》，从当年 10 月 1 日开始施行。之后，各省、自治区、直辖市人民政府根据暂行条例，制定了施行细则。随着外向经济的迅速发展，从 2009 年 1 月 1 日起，房产税统一了内外税制的区别，取消了外资企业和外籍人员一直沿用的《中华人民共和国城市房地产税暂行条例》，将外资企业和外籍人员也纳入到房产税的纳税人之中。房产税的主要特点如下：

（1）房产税属于财产税中的个别财产税，其征税对象是房屋。

（2）房产税的征税范围限于城镇的经营性房屋。对建在城市、县城、建制镇和工矿区的经营性房屋征税，对建在农村的房屋不管是否用于经营，都不征税。

（3）房产税根据房屋的经营使用方式规定不同的征税方法。对于自用的房产，按房产的计税余值，税率 1.2%，对于出租的房产，按租金收入征税，税率 12%。

房产税的这些特点，为房产税提供了一定的纳税筹划空间。

【筹划思路】

1. 从征税范围进行筹划

按照税法规定，房产税在城市、县城、建制镇和工矿区征收。这意味着，在这范围之外的房产不用征收房产税。因此一些对地段依赖性不是很强的纳税人可依此进行纳税筹划。如对于一些农副产品企业，生产经营往往需要一定数量的仓储库，如将这些仓储库落户在县城内，无论是否使用，每年都需按规定计算缴纳一大笔房产税和土地使用税，而将仓储库建在城郊附近的农村，虽地处偏僻，但交通便利，对公司的经营影响不大，这样每年就可节省这笔费用。

2. 从计税依据进行筹划

房产税的计税依据是房产的计税价值或房产的租金收入，因此根据房产的用途可以

---

① 根据李峰论文"浅论房产税税收筹划"编写。

分别进行筹划。

（1）自用房产的税收筹划

自用房产的房产税是依照房产原值一次减除 10%～30% 后的余值计算缴纳。因此税收筹划的空间在于明确房产的概念、范围，合理减少房产原值。

①合理划分房产原值。税法规定，"房产"是以房屋形态表现的财产。房屋是指有屋面和围护结构（有墙或两边有柱），能够遮风避雨，可供人们在其中生产、工作、学习、娱乐、居住或储藏物资的场所。独立于房屋之外的建筑物不征房产税，但与房屋不可分割的附属设施或者一般不单独计价的配套设施需要并入原房屋原值计征房产税。这就要求我们在会计核算时，需要将房屋与非房屋建筑物以及各种附属设施、配套设施进行适当划分，单独列示，分别核算。出租人在签订房产出租合同时，对出租标的物中不属于房产的部分应单独标明，比如出租人既出租房屋也出租机器设备，如果出租人在租赁合同中分别列明房屋租赁价款和机器设备租赁价款的，只需就房屋租赁价款部分按12% 缴纳房产税，这样就能达到少缴房产税的目的。但是，为了避免出租人刻意提高非房屋出租的价款恶意避税，很多地方税务机关按照房屋坐落地的繁华程度、房屋结构、用途、新旧程度划分为若干区域，核定各区域房屋的单位建筑面积的最低房屋租金标准。如果出租人房屋租金明显偏低且无正当理由的，必须按照地税机关的最低租金标准租金和纳税人实际出租的房屋建筑面积计算出应税租金收入，据以计征房产税。因此，税务机关的最低房屋租金标准可能会成为此项筹划的障碍。

②正确核算地价。税法规定，房屋原价应根据国家有关会计制度规定进行核算，而财政部《企业会计准则第 6 号——无形资产》规定，企业取得的土地使用权通常应确认为无形资产。自行开发建造厂房等建筑物，相关的土地使用权与建筑物应当分别进行处理。外购土地及建筑物支付的价款应当在建筑物与土地使用权之间进行分配；难以合理分配的，应当全部作为固定资产。也就是说对自建、外购房屋业务，均要求将土地使用权作为无形资产单独核算，"固定资产"科目中不包括未取得土地使用权支付的费用。因此，企业外购土地及建筑物支付的价款，一定要根据"配比"的原则，合理分配建筑物与地价款，分别进行账户处理。

③及时做好财产的清理登记工作。企业在生产经营过程中，难免会出现财产损毁、报废和超期使用等情况的发生。作为固定资产的房产，它的挂账原值是计算房产税的基础数据，它的清理能直接影响房产税的应税所得额。因此，企业一定要及时检查房屋及不可分割的各种附属设备运行情况，做好财产清理登记工作，并及时向税务机关报批财产损失，以减轻税负。

④转变房产及附属设施的修理方式。税法规定，对于修理支出达到取得固定资产时计税基础 50% 以上，或修理后固定资产的使用年限延长 2 年以上的，应增加固定资产的计税基础。因此，我们在房产修理时，将房产的资本性大修理支出分解成多次收益性小修理支出，使每次修理费低于限额，这样每次修理费可以直接从损益中扣除，不须增加房产的计税基础，从而相应减轻房产税税负。

（2）出租房产的税收筹划

按照税法规定，房产出租的，以房产租金收入计算缴纳。因此，对出租房屋税收筹划的关键在于如何正确核算租金收入。

①合理分解房租收入。目前企业出租时不仅只是房屋设施自身，还有房屋内部或外部的一些附属设施及配套服务费，比如机器设备、办公用具、附属用品。税法对这些设施并不征收房产税。而我们在签订房屋出租协议时，往往将房产和这些设施放在一起计算租金，这样就无形增加了企业的税负。因此我们在签订房屋租赁合同时，应合理、有效分割租赁收入，将附属设施及配套服务费单独计算使用费收入，以减轻房产税的税负。

②通过关联企业转租。不少企业与其子公司等关联企业办公地点在一起，如果企业所属地段较偏僻，可以考虑将闲置的房产出租给关联企业，再由关联企业向外出租。由于关联企业不是产权所有人，只是房产转租人，根据税法规定，转租不需缴纳房产税。这样通过将房屋出租方式由直接出租改为转租，可以减轻企业的整体税负。

3. 从计征方式进行筹划

房产税的计税方式有从价计征和从租计征，从价计征是按房产计税价值计征，税率为1.2%，从租计征是按房产的租金收入计征，税率为12%。随着经济的发展，房屋的租金普遍偏高，而如果房屋是以前年度修建的，则其账面原值很低，这就造成了两种计征方法下税负不一致的情况，"出租"房屋要比"自用"房屋税负重。因此，要转变租赁方式，变从租计征为从价计征。

（1）将出租变为投资

企业将房屋对外出租，按规定要按租金收入缴纳房产税，如将房屋对外投资入股，参与被投资方的利润分配，共同承担风险，投资方就不用按12%的高税率缴纳房产税，而被投资方只需按房屋余值的1.2%缴纳，相比之下，这样计算的房产税要少得多。

（2）将出租变为仓储管理

出租合同出租房屋属于从租计征的房产范围，但如果是仓储合同则属于从价计征的房产范围。虽然，租赁与仓储是两个不同的概念，租赁只需提供空房就行了，不对存放的商品负责；而仓储不仅需要添置设备设施，配备相关的人员，还要对存放的商品负责，从而增加人员的工资和经费开支，但这些开支还是远远低于节税数额，扣除这些开支后，企业还是有可观的收益的。

（3）将出租变为承包

根据税法规定，如果承包者或承租者未领取任何类型的营业执照，则企业向其提供各种资产收取的各种名义的价款，均属于企业内部分配行为，不属于租赁行为。因此，如果企业以自己的名义领取营业执照和税务登记证，将房屋承租人聘为经营者，将房屋出租行为变为自办工厂或商场再承包出去，收取承包收入，那么原有的房产就可以按从价计征，这样就可以避免较高的房产税。

4. 从优惠政策进行筹划

房产税作为地方税种，税法规定了许多政策性减免优惠。如对损坏不堪使用的房屋和危险房屋，经有关部门鉴定，在停止使用后，可免征；企业大修理停用在半年以上的房产，在房屋大修期间免征房产税；纳税人纳税有困难的，可定期向有关税务机关申请减征或免征应征税额；等等。作为企业，应充分掌握、利用这些优惠政策，及时向税务机关提出书面减免税申请，并提供有关的证明，争取最大限度地获得税收优惠，减少房产税的支出。对于个人出租房产，按照《中华人民共和国房地产税暂行条例》的规定，个人出租房屋，用于生产经营的按租金收入的 12% 缴纳房产税。个人将居民住房出租，并且出租后房屋仍用于居住时，根据有关房产税优惠政策，房产税暂减按 4% 的税率征收。而根据《国家税务总局关于个人出租商住两用房征税问题的批复》（国税函〔2002〕74 号），对个人出租商住两用房的，可根据出租后房屋的实际用途确定相应的房产税、营业税税率计征房产税、营业税。因此，在个人出租商住两用房时，出租方就商用部分和居住用部分应分别与承租方签订租赁合同。这样，纳税人在缴纳房产税时的税负将减少。例如，张先生把购买的商住合用房屋上下两层作商店出租，如果合同未区分商用部分和居住用部分而仅规定每年取得租金 80 000 元，那么张先生应纳房产税：80 000 × 12% = 9 600（元）。但是，如果他就商用部分和居住用部分分别与承租方签订租赁合同，将楼上面积按每月 1 500 元租给公司居住使用；将楼下房间作为经营使用，年租金 62 000 元。这样两份合同总计租金收入也是 80 000 元。楼上住房每年的收入为 18 000 元，房产税为 4%；再加上楼下商业用房的收入 62 000 元，房产税为 12%。张先生共纳房产税：18 000 × 4% + 62 000 × 12% = 8 160（元）。这样就比不分清商用和居住用租赁节省房产税：9 600 − 8 160 = 1 440（元）。

五、出租与仓储互转的房产税筹划[①]

【导入案例】

盘活存量资产、提高资产使用效率，这是许多企业都面临的任务。对于闲置的房屋，将其出租给其他单位或个人经营使用，不失为一条解决问题的较好途径，但却产生了房产税问题。请问：企业应如何对这一过程中产生的房产税进行筹划？

【筹划方案】

方案一：租赁转为仓储以节约房产税

例 3：甲公司为一内资企业，拥有一处闲置库房，原值 1 000 万元，净值 800 万元。乙公司拟承租该库房，初步商定年租金为 80 万元。甲公司的管理层发现，对每年的租金收入除了要缴纳 5% 的营业税和相应的城建税及教育费附加以外，还要缴纳 12% 的房产税，即 80 × 12% = 9.6（万元）。甲公司认为税负较高，因此谋求节税。甲公司与乙公

---

① 根据 2006 年 3 月 14 日《民营经济报》的"房产税筹划——租赁或仓储"编写。

司协商，将房屋的租赁行为改为仓储业务，即由甲公司代为保管乙公司原准备承租房屋后拟存放的物品，从而将原来的租金收入转化为仓储收入。在此方案下，甲公司缴纳的营业税、城建税及教育费附加不变，但应纳房产税 = $1\,000 \times (1 - 30\%) \times 1.2\% = 8.4$（万元），显然是一个值得采纳的"节税"方案。

方案二：仓储转为租赁以节约房产税

例4：甲公司为一内资企业，在当地一所谓"开发区"内投资一处房产，拟经营仓储业务，其原值为 5 000 万元。由于甲公司所在城市规划后来发生重大调整，向着与该处房产相反的区域发展，且"开发区"被清理下马，故其经营的仓储业务甚为冷清，每年收入均不足 100 万元，且在可预计的将来也难以超过这一水平。现有一专业物流公司需租赁该房产，双方约定年租金收入为 100 万元。甲企业所在省份规定"从价计征"房产税时的减除比例为 20%。在这种情况下，即使甲公司能获得等于租金收入的仓储收入，光是从税收的角度分析，可以发现：在经营仓储业务时，该处房产每年应纳房产税为 $5\,000 \times (1 - 20\%) \times 1.2\% = 48$（万元）；在对外出租时，该幢房产每年应纳房产税为 $100 \times 12\% = 12$（万元）。显然，此时甲公司"仓储改租赁"就是明智之举了。

【注意问题】

（1）纳税筹划应使利润最大化。纳税筹划是企业理财活动的一个分支，因此也应着眼于企业的财务目标——税后利润乃至企业价值最大化，然而目前我们见到的许多"纳税筹划"方案往往忽视了这一点。事实上，一个成功的纳税筹划方案不但要比较税收成本的高低，而且要对不同方案下的收入、成本等方面进行综合权衡，这里的成本包括经营成本，也包括风险成本。如上所述，一个纳税筹划方案很可能会改变纳税人的涉税行为，进而产生新的经营成本。在例3中，即便是"租赁改仓储"后纳税人的税收成本得以降低，但是，纳税人为他人仓储货物，必须安排相应的保管、装卸人员等，从而发生相应的人工费用；此外还要承担仓储期间的水电费等经营费用。在考虑这些成本费用因素之后，由节税而相应增加的税后利润就大打折扣了。纳税人的生产经营活动总是风险与报酬并存的。我们通过纳税筹划改变了纳税人的经营决策，而任何决策都是面向未来的，其中或多或少都蕴含着一定的风险和不确定性，所以必须加以谨慎评估。由此我们会发现，在诸多情况下风险大小也是影响财务目标、左右经营决策的重要因素。

（2）纳税筹划应比较不同方案的税收成本。

①多数纳税筹划方案都是以改变或调整纳税人的涉税行为特别是生产经营行为为前提的，而不同的行为下存在着不同的税收成本。我们要恰当地在不同方案间进行取舍，就必须正确计算和比较不同行为方案的税收成本。在例3中，如果误以为"租赁改仓储"后就不存在相应的房产税纳税义务，则不但会虚夸该方案的节税效果，甚而可能导致纳税人的税负增加。而例3、例4都说明，由于影响税收成本的变量不同，不同的行为方案的优劣之势可能发生逆转，"租赁改仓储"可节约房产税的观点并不完全准确。

②纳税人可能涉及多个税种的纳税义务，而这些税种之间又可能存在着互动关系。

如果通过纳税筹划使得某些税种的税负得以降低，而同时又使某些税种的税负增加，会在一定程度上抵消总体上的节税额。可见，只有兼顾各税种之间的关联关系，才能正确评估纳税筹划方案的综合税收成本。在案例1中，假设甲企业所在省份规定的减除比例为30%，则改为仓储后应缴纳的房产税为 $1\,000 \times (1-30\%) \times 1.2\% = 8.4$（万元），两者相较减轻房产税税负1.2万元；再假设甲公司当期存在着一定的应纳税所得额，由于房产税系企业所得税税前扣除项目，企业少缴的房产税便相应地增加应纳税所得额，综合企业所得税因素后甲公司实际节税额为9 000元 $[12\,000 \times (1-25\%)]$。如果甲企业所在省份规定的减除比例为20%，则改为仓储后应纳房产税为9.6万元 $[1\,000 \times (1-20\%) \times 1.2\%]$，此时便不存在房产税节税问题。如果甲企业所在省份规定的减除比例低于20%，则改为仓储后应缴纳的房产税反而高于对外租赁。

③我国税法在界定纳税人特定纳税义务时（包括立法和执法两个层面）通常设置一系列的形式要件。如果纳税人要将租赁收入改为仓储收入缴税，主管税务机关会检查相关合同，以证明交易事项的真实性；该纳税人营业执照和税务登记证中是否有"仓储业"的经营范围；该纳税人能否开具仓储业发票等。如果本不具备这些条件而临时去"创造"条件，显然又会增加纳税成本。

六、耕地占用税的税收筹划[①]

【导入案例】

某公司拟投资5 000万元在沿海滩涂兴办一个大型养猪场并建设一个现代化肉制品加工厂，计划年出栏生猪30 000头，除部分宰杀分割供应超市外，大部分用于生产肉制品。经与有关部门协商，征用土地100亩，使用年限50年，请问：该公司应如何对耕地占用税进行筹划？

【法规解读】

（1）《中华人民共和国耕地占用税暂行条例》第三条规定，占用耕地建房或者从事非农业建设的单位或者个人，为耕地占用税的纳税人，应当依照本条例规定缴纳耕地占用税。前款所称单位，包括国有企业、集体企业、私营企业、股份制企业、外商投资企业、外国企业以及其他企业和事业单位、社会团体、国家机关、部队以及其他单位；所称个人，包括个体工商户以及其他个人。

（2）《中华人民共和国耕地占用税暂行条例》第十四条规定，占用林地、牧草地、农田水利用地、养殖水面以及渔业水域滩涂等其他农用地建房或者从事非农业建设的，比照本条例的规定征收耕地占用税。建设直接为农业生产服务的生产设施占用前款规定

---

① 根据中国税网"滩涂税收筹划之耕地占用税"编写。

的农用地的，不征收耕地占用税。

《中华人民共和国耕地占用税暂行条例实施细则》第三十条进一步规定，条例第十四条所称直接为农业生产服务的生产设施，是指直接为农业生产服务而建设的建筑物和构筑物。其具体包括：储存农用机具和种子、苗木、木材等农业产品的仓储设施；培育、生产种子、种苗的设施；畜禽养殖设施；木材集材道、运材道；农业科研、试验、示范基地；野生动植物保护、护林、森林病虫害防治、森林防火、木材检疫的设施；专为农业生产服务的灌溉排水、供水、供电、供热、供气、通讯基础设施；农业生产者从事农业生产必需的食宿和管理设施；其他直接为农业生产服务的生产设施。对属于上述规定范围内的用地，不征收耕地占用税。

（3）《中华人民共和国耕地占用税暂行条例》明确，自2008年1月1日起，耕地占用税的征收管理，依照《中华人民共和国税收征收管理法》和本条例有关规定执行，并由地方税务机关负责征收管理。

（4）耕地占用税是在全国范围内，就改变耕地用途的行为征收的税，是一次性征收的，这区别于城镇土地使用税。土地使用税是在城市、县城、建制镇、工矿区范围内，就使用土地的行为征收的税，是按年计征的。由于在征收中这两种税有部分重合，为避免对一块土地同时征收耕地占用税和土地使用税，在规定上作了相应的衔接，即对新征用的耕地，凡是缴纳了耕地占用税的，从批准之日起满一年后才征收土地使用税。

【筹划思路】

对投资于滩涂并与种植业、捕捞业、养殖业等相关联，进行农产品初加工、深加工等工业项目的，在征用土地时可以结合增值税、企业所得税一并筹划，将农业生产部分（占地属于农业建设，可以免耕地占用税）以及农产品初加工部分与深加工部分（属于工业，不能免耕地占用税）分开核算，分别办理有关用地手续，不仅可以降低增值税税负，还可以享受企业所得税的免税待遇，同时也可以节省耕地占用税费用。

在该案例中，可以将其中5亩地用于建设肉制品加工厂，其余95亩用于养猪场建设，已知该企业坐落地耕地占用税每平方米平均税额30元。应纳耕地占用税计算如下：

肉制品加工厂应纳耕地占用税 = 5 × 666.67 × 30 = 10（万元）

如果整体征用，则应纳耕地占用税 = 100 × 666.67 × 30 = 200（万元）

通过计算对比分析，我们发现整体征用与切块分别征用多增加190万元税收费用。因此，在兴办工业或服务业项目时，在规划工业或服务业用地时，要兼顾滩涂大农业的特点，形成前农后工或农加工、服务等产业链条，充分利用耕地占用税的优惠条件。

七、车辆购置税的税收筹划①

【导入案例】

刘女士近日购了一辆轿车，汽车价格为 145 000 元，支付车款 145 000 元后，她还在该汽车销售店支付了工具用具款 5 000 元、车辆装饰费 15 000 元、车辆保险金 5 000 元（汽车销售店代收，未使用委托方的票据收取），各项款项汇总后由汽车销售店开具了机动车销售统一发票，统一发票中价税合计金额为 170 000 元，并按 10% 的税率缴纳车辆购置税 14 529.91 元。然而令她纳闷的是，朋友购买同品牌同款同价位的轿车，但朋友在购车过程中，除了支付给汽车贸易公司购车款 145 000 元（含增值税），没有支付其他任何费用，缴纳的车辆购置税只有 12 393.16 元，相差 2 136.75 元。请问：同品牌同款同价位的轿车车辆购置税为什么会不一样？在购买轿车时，刘女士应该如何进行车辆购置税的税收筹划？

【法规解读】

根据《中华人民共和国车辆购置税暂行条例》的规定，购买自用应税车辆购置税的计税依据是计税价格，计税价格的组成为纳税人购买应税车辆而支付给销售者的全部价款和价外费用（不包括增值税税款）。因此：

（1）购车时支付的车辆装饰费应作为价外费用，并入计征车辆购置税。

（2）购车者随车购买的工具或零件按税法规定应作为购车款的一部分，并入计税价格征收车辆购置税；但若不同时间或销售方不同，则不并入计征车辆购置税。

（3）经销商代收的款项是否作为价外费用应区别对待。凡使用代收单位的票据收取的款项，应视为代收单位的价外费用，并入计税价格计算征收车辆购置税；使用委托方的票据收取的款项，不并入计征车辆购置税，按其他税收政策规定征税。

【筹划思路】

（1）在购车时让经销商出具保险公司的发票，代收的保险金就不必计入购车计税价格中，从而少缴车辆购置税。

（2）购车者对车辆维修工具等可采取日后再配或到另一经销商处购买，以少缴车辆购置税。

（3）若购车以后再装潢或另换汽车装潢公司，则不并入计征车辆购置税，从而少缴车辆购置税。

---

① 根据 2011 年 11 月 29 日上海金融报的"购私家车莫忽视'税收筹划'"编写。

购车时，不必一次性将爱车所有装备配齐，汽车装潢另换时间或自行选择公司去做，最重要的是要求经销商将各款项分开，对代收的保险金等款项应要求经销商出具委托方的发票，不能只开一个购车总价的发票。这样才能合理减少车辆购置税。上述案例中，刘女士就是没有注意这些，所以车辆购置税的纳税情况如下：

应纳车辆购置税 = 170 000 ÷ (1 + 17%) × 10% = 14 529.91（元）

而刘女士的朋友则注意了这些，其应纳车辆购置税 = 145 000 ÷ (1 + 17%) × 10% = 12 393.16（元）。

其节约车辆购置税 2 136.75 元（14 529.91 − 12 393.16）。

八、契税的税收筹划[①]

【导入案例】

契税是以境内转移土地、房屋权属的行为为征税对象，依据土地使用权、房屋的价格，向承受的单位和个人征收的一种税。在目前的经济生活中，涉及转移土地、房屋权属的契税缴纳行为较多，根据契税缴纳的税收政策进行纳税筹划，降低契税支出，日益为各方面纳税人所重视。

【筹划方案】

1. 签订等价交换合同，享受免征契税政策

筹划思路：根据《中华人民共和国契税暂行条例》及其《中华人民共和国契税暂行条例实施细则》的规定，土地使用权、房屋交换，契税的计税依据为所交换的土地使用权、房屋的价格差额，由多交付货币、实物、无形资产或其他经济利益的一方缴纳税款，交换价格相等的，免征契税。

例5：金信公司有一块土地价值3 000万元拟出售给南方公司，然后从南方公司购买其另外一块价值3 000万元的土地。双方签订土地销售与购买合同后，金信公司应纳契税 = 3 000 × 4% = 120（万元），南方公司应纳契税 = 3 000 × 4% = 120（万元）。

筹划方案：金信公司与南方公司改变合同订立方式，签订土地使用权交换合同，约定以3 000万元的价格等价交换双方土地。根据契税的规定，金信公司和南方公司各自免征契税120万元。

例6：张某有一套80平方米的住房，想要更换成一套120平方米的住房，价值60万元。而王某有资格购买面积120平方米的新房（指吴某是可以享受"第一次购买公有

---

① 根据中国税网陆英论文"简述契税的纳税筹划方法"编写。

住房免征契税"政策的人)，但因为资金太少，买套新房有心而无力，而且人口不多，有一套80平方米的房子就可以了。

筹划方案：以王某的名义购买新房，所需资金由张某提供。新房买下来后，双方再交换。张某的住房按30万元计算，王某把手上的20万元存款付给老张，不足的10万元算是老张借款给老王，免收利息。这样张某可以得到自己满意的住房，王某解决了购房资金的不足。最重要的是，假设房屋契税税率按5%计算，张某仅需要在双方交换住房时，按房屋价款差价30万元缴纳契税1.5万元，比自己直接购买新房节约税金1.5万元。此方案实施时，当纳税人交换土地使用权或房屋所有权时，如果能想出办法保持双方的价格差额较小甚至没有，这时以价格为计税依据计算出来的应纳契税就会较小甚至没有。其实以上方法如果一位当事人对房屋有特殊要求那么可以在交换之前，将价值较低房屋按照当事人的意思进行改造，增加房屋的市场价值，最好达到两者基本接近，这样便可以免去契税。具体可以筹划为，通过装修、装潢使其房屋增值。

例7：吴先生在市中心拥有一套价值100万元的房产，赵老板在郊区拥有一栋100万元的别墅。吴先生由于年岁已大且功成名就，希望卖掉市中心的房产在郊区定居，而赵老板由于生意上的失意正好要卖掉郊区别墅。此时，另一田小姐为发展事业正在市中心寻找房产。如果田小姐直接购买吴先生的房产，需缴纳5万元契税；同样吴先生购买赵老板的别墅也需缴纳契税5万元。

筹划方案：如果吴老板和赵老板先交换房屋，因为是等价交换，不用缴纳契税；再由赵老板向田小姐出售，吴先生就可以免缴5万元的契税。以上方法重点需要做的工作就是合法地协调好相互之间的关系，必要时需要进行法律公正。这样才能在节税的基础上无后顾之忧不会产生一些不必要的纠纷。

2. 签订分立合同，降低契税支出

纳税筹划思路：根据财政部、国家税务总局《关于房屋附属设施有关契税政策的批复》（财税〔2004〕126号）规定：①对于承受与房屋相关的附属设施（包括停车位、汽车库、自行车库、顶层阁楼以及储藏室，下同）所有权或土地使用权的行为，按照契税法律、法规的规定征收契税；对于不涉及土地使用权和房屋所有权转移变动的，不征收契税；②采取分期付款方式购买房屋附属设施土地使用权、房屋所有权的，应按合同规定的总价款计征契税；③承受的房屋附属设施权属如为单独计价的，按照当地确定的适用税率征收契税；如与房屋统一计价的，适用与房屋相同的契税税率。这里应注意的是，根据《关于房产税和车船使用税几个业务问题的解释与规定》（财税地字〔1987〕3号）的规定，对于不涉及土地使用权和房屋所有权转移变动的房屋附属设施，是指独立于房屋之外的建筑物，如围墙、烟囱、水塔、变电站、油池油柜、酒窖菜窖、酒精池、糖蜜池、室外游泳池、玻璃暖房、砖瓦石灰窖以及各种油气罐等，不属于房产，不征收房产税，当然也不征收契税。

例8：红叶实业公司有一化肥生产车间拟出售给月星化工公司，该化肥生产车间有一幢生产厂房及其他生产厂房附属物，附属物主要为围墙、烟囱、水塔、变电塔、油池油柜、若干油气罐、挡土墙、蓄水池等，化肥生产车间总占地面积3 000平方米，整体评估价为 600 万元（其中生产厂房评估价为 160 万元，3 000 平方米土地评估价为 240 万元，其他生产厂房附属物评估价为 200 万元），月星化工公司按整体评估价 600 万元购买，应纳契税 ＝ 600 × 4% ＝ 24（万元）。

筹划方案：根据上述文件对于免征契税的规定，在支付独立于房屋之外的建筑物、构筑物以及地面附着物价款时不征收契税。由此提出纳税筹划方案如下：红叶实业公司与月星化工公司签订两份销售合同，第一份合同为销售生产厂房及占地 3 000 平方米土地使用权的合同，销售合同价款为 400 万元，第二份合同为销售独立于房屋之外的建筑物、构筑物以及地面附着物（主要包括围墙、烟囱、水塔、变电塔、油池油柜、若干油气罐、挡土墙、蓄水池等），销售合同价款为 200 万元。经上述筹划，月星化工公司只就第一份销售合同缴纳契税，应纳契税 ＝ 400 × 4% ＝ 16（万元），节约契税支出 8 万元。

3. 变更债权清偿合同的债权人，享受免征契税

例 9：华业公司欠石林公司货款 2 000 万元，准备以华业公司原价值 2 000 万元的商品房偿还所欠债务。石林公司接受华业公司商品房抵债后又以 2 000 万元的价格转售给亚美公司偿还所欠债务 2 000 万元，石林公司接受华业公司抵债商品房，应纳契税 ＝ 2 000 × 4% ＝ 80（万元）。

筹划思路：石林公司最终需将抵债商品房销售给亚美公司抵债，华业公司抵债商品房在石林公司账面只是过渡性质，却需多缴纳契税 80 万元，在三方欠款均相等的情况下，进行纳税筹划后这 80 万元多缴纳的中间环节契税可免征。可考虑纳税筹划方案如下：石林公司与华业公司、亚美公司签订债权转让协议，将华业公司与石林公司之间的债务清偿合同中的债权人变更为亚美公司，这样由华业公司将抵债商品房直接抵债给亚美公司，三方欠款清欠完毕。经上述筹划后，石林公司可享受免征契税，节约契税支出 80 万元。

九、企业印花税的税收筹划①

【导入案例】

印花税属于一种行为课税，相对于企业所要缴纳的各类流转税、所得税来说，其计算方法简便，税款支出金额不大，所以一直以来并未受到企业财务的足够重视。但是，随着企业交易活动的频繁、交易规模的扩大以及对合同重视程度的加强，企业印花税的支出也必然随之增加，企业也应加强对印花税纳税筹划的研究与思考，以便减轻自身的税收负担。

---

① 根据中华会计网校"印花税的纳税筹划与案例分析"编写。

【筹划思路】

1. 减少交易金额

印花税是对在我国境内设立、领受应税凭证的单位和个人，就其设立、领受的凭证征收的一种税。由于各种经济合同的纳税人是订立合同的双方或多方当事人，其计税依据是合同所载的金额，因而出于共同利益，双方或多方当事人可以经过合理筹划，使各项费用及原材料等的金额通过非违法的途径从合同所载金额中得以减除，从而压缩合同的表面金额，达到少缴税款的目的。

例10：企业 A 有一项加工产品配件的业务需要由企业 B 承担，于是双方签订一份加工承揽合同，合同金额为 400 万元，其中包括由受托方 B 企业提供的辅助材料费用 200 万元。就此双方各自应对其签订的合同按照加工承揽合同缴纳印花税为：$400 \times 0.5‰ = 0.2$（万元）。两家企业希望能有办法减少该项业务的印花税支出，对于这项业务有操作的空间吗？

分析：《国家税务局关于印花税若干具体问题的规定》（国税地〔1988〕25 号）第一条规定，由受托方提供原材料的加工、定作合同，凡在合同中分别记载加工费金额与原材料金额的，应分别按"加工承揽合同"、"购销合同"计税，两项税额相加数，即为合同应贴印花税；合同中不划分加工费金额与原材料金额的，应按全部金额，依照"加工承揽合同"计税贴花。因此，对于由受托方提供原材料的加工、定做合同，凡在合同中分别记载加工费金额和原材料金额的，应分别按"加工承揽合同"、"购销合同"计税，两项税额相加数，即为合同应贴印花税；若合同中未分别记载，则应就全部金额依照加工承揽合同计税贴花。对于由委托方提供主要材料或原料，受托方只提供辅助材料的加工合同，无论加工费和辅助材料金额是否分别记载，均以辅助材料与加工费的合计数，依照加工承揽合同计税贴花。对委托方提供的主要原料金额不计税贴花。

该例中的印花税的计税依据是加工承揽收入，而且这里的加工承揽收入是指合同中规定的受托方的加工费收入和提供的辅助材料金额之和。因此，如果双方当事人能想办法将辅助材料金额压缩，便能节省印花税。具体的做法就是由委托方自己提供辅助材料。如果委托方自己无法提供或是无法完全自己提供，也可以由受托方提供，这时的筹划就要分两步进行。

第一步，双方签订一份购销合同，由受托方将辅助材料卖给委托方。由于购销合同的适用税率为 0.3‰，比加工承揽合同适用税率 0.5‰ 要低，因此只要双方将辅助材料先行转移所有权，加工承揽合同和购销合同要缴纳的印花税之和便会下降。

第二步，双方签订加工承揽合同，由委托方提供原材料（将辅助材料作为原材料提供），则合同金额仅包括加工承揽收入，而不包括辅助材料和原材料金额。按照这种思路，该项业务可以如下操作：

（1）企业 B 将辅助材料卖给企业 A，双方就此签订购销合同，就此各自应纳印花税 $= 200 \times 0.3‰ = 0.06$（万元）。

（2）双方企业再签订加工合同，合同金额 200 万元。这时各自应纳印花税 ＝200×0.5‰＝0.1（万元）。

可见，通过这种筹划，双方各自能节省印花税支出 0.04 万元。如果这种合同的数量较多的话，将为企业节省一笔不小的税收支出。

在日常生活中，如果经济交易活动能当面解决，一般是不用签订合同的，上面所说的筹划中，辅助材料的购销不用订立购销合同，这也会省去部分税款。如果企业双方信誉较好，不签加工承揽合同当然更能节省税款，但这样可能会带来一些不必要的经济纠纷。

减少交易金额策略在印花税的筹划中可以广泛地应用，比如互相以物易物的交易合同中，双方当事人尽量互相提供优惠价格，使得合同金额下降到合理的程度。当然这要注意限度，以免被税务机关调整价格，最终税负反而更重，以致得不偿失。

2. 缓定交易金额

在现实经济生活中，各种经济合同的当事人在签订合同时，有时会遇到计税金额无法最终确定的情况。而我国印花税的计税依据大多数都是根据合同所记载金额和具体适用税率确定，计税依据无法最终确定时，纳税人的应纳印花税也就相应地无法确定。而根据《中华人民共和国印花税暂行条例》第 7 条规定，应纳税凭证应当于书立或者领受时贴花。也就是说，企业在书立合同之时，其纳税义务便已经发生，应该根据税法规定缴纳应纳税额。为保证国家税款及时足额入库，税法采取了一些变通方法。税法规定，有些合同在签订时无法确定计税金额，如技术转让合同中的转让收入，如果是按销售收入的一定比例收取的或是按其实现利润多少进行分成的；财产租赁合同，只是规定了月（天）租金标准而无租赁期限的。对这类合同，可在签订时先按定额 5 元贴花，以后结算时再按照实际的金额计税，补贴印花税。这便给纳税人进行纳税筹划创造了条件。

在经济交往活动中，企业签订的合同如果本身金额就较小，自然没有筹划的必要，但如果金额相对较大，应纳税额较大时筹划便有意义了。缓定交易金额策略，具体来说是指企业在签订数额较大的合同时，有意地使合同上所载金额在能够明确的条件下不最终确定，以达到少缴印花税税款目的的一种行为。

例 11：甲公司出租一套大型机器设备给乙公司，租期 20 年，设备租金为 240 万元，每年年底支付本年租金。则此情况下，甲乙应分别缴纳印花税 0.24 万元（240×0.1%）。经筹划，把合同改为设备租金每月 1 万元，每年年底支付本年租金，租赁期不定。情况就变成可以“先预缴 5 元印花税，以后结算时再按实际金额计税”。则每年年底应纳印花税 0.012 万元（1×12×0.1%），20 年应纳印花税 0.24 万元（0.012×20）。

可以看出，两个方案的应纳税额是相同的，都是 0.24 万元，但资金是存在时间价值的，利用第二种方案，可以相应地减轻企业的财务压力，对企业来说是有利无弊的，且筹划简单易行，达到了节税目的，减轻了税负。

3. 保守预测交易金额

由于理论与现实的差距，理论上认为可能实现或完全能实现的合同，可能在现实中由于种种原因无法实现或无法完全实现。这样，最终合同履行的结果会与签订合同时有些出入。由于我国印花税是一种行为税，是对企业的书立、领受及使用应税凭证的行为课征的税收，因而只要有签订应税合同的行为发生，双方或多方企业的纳税义务便已产生，应该计算应纳税额并贴花。根据税法规定，无论合同是否兑现或是否按期兑现，均应贴花，而且对已履行并贴花的合同，所载金额与合同履行后实际结算金额不一致的，只要双方未修改合同金额，一般不再办理完税手续。

假如两企业订立合同之初认为履行合同数额为 1 000 万元，而实际最终结算时发现只履行 800 万或甚至因为其他原因没有办法履行，则双方当事人就会无益地多负担一笔印花税税款。如果再考虑其他税种比如增值税，便会代垫一笔很大税款，人为地造成自己企业资金的短缺。因而在合同设计时，双方当事人应充分地考虑到以后经济交往中可能会遇到的种种情况，根据这些可能情况，确定比较合理、比较保守的金额。如果这些合同属于金额难以确定的，也可以采用前面说过的缓定交易金额策略，等到合同最终实现后，根据实际结算情况再补贴印花，这样也能达到同样的效果。

除此之外，企业还可以采取其他办法弥补多贴印花税票的损失，比如在合同中注上："如果一方有过错导致合同不能履行或不能完全履行，有过错方负责赔偿无过错方多缴的税款。"这样一来，税收负担问题就很好解决了。

4. 分开核算不同事项

按照税法规定，同一凭证，因载有两个或两个以上经济事项而适用不同税目税率，如分别记载金额的，应分别计算应纳税额，相加后按合计税额贴花；如未分别记载金额的，按税率高的计税贴花。

例 12：某企业 2011 年 9 月与铁道部门签订运输合同，合同中所载运输费及保管费共计 400 万元。由于该合同中涉及货物运输合同和仓储保管合同两个印花税税目，而且两者税率不相同，前者为 0.5‰，后者为 1‰。根据上述规定，未分别记载金额的，按税率高的计税贴花，即按 1‰税率计算应贴印花，其应纳税额 = 400 × 1‰ = 0.4（万元）。

分析：纳税人只要进行一下简单的筹划，便可以节省不少税款。假定这份运输保管合同包含货物运输费 250 万元，仓储保管费 150 万元，如果纳税人能在合同上详细地注明各项费用及具体数额，便可以分别适用税率，其印花税应纳税额 = 250 × 0.5‰ + 150 × 1‰ = 0.275（万元），订立合同的双方均可节省 1 250 元税款。

5. 减少合同主体

根据印花税相关法规，对于应税凭证，凡是由两方或两方以上当事人共同书立的，其当事人各方都是印花税的纳税人。如果几方当事人在书立合同时，能够不在合同上出现的当事人不以当事人身份出现在合同上，则就达到了节税的目的。比如甲、乙、丙、丁四人签订一合同，乙、丙、丁三人基本利益一致，就可以任意选派一名代表，让其和甲签订合同，则合同的印花税纳税人便只有甲和代表人。

例 13：甲公司将一笔价款为 8 000 万元人民币的工程承包给乙公司，乙公司将其中的 3 000 万元的工程分包给丙公司，2 000 万元的工程承包给丁公司。则应纳印花税额如下：①各方均签订承包合同，则：甲公司应纳税2.4万元（8 000×0.03%）；乙公司应纳税3.9万元（8 000×0.03%＋3 000×0.03%＋2 000×0.03%）；丙公司应纳税0.9万元（3 000×0.03%）；丁公司应纳税0.6万元（2 000×0.03%）；四公司应纳税额总额7.8万元。②若乙公司与甲公司协商，让甲公司与丙公司、丁公司分别签订3 000万元和2 000万元的合同，剩下的由乙公司与甲公司签订合同，这样甲、丙、丁的应纳税额不变，乙公司的应纳税额为0.9万元{[8 000－（3 000＋2 000）]×0.03%}，比原先少缴纳税款3万元。这里要注意一个问题，甲公司与丙、丁公司签订的合同必须是与乙公司原先打算分包给丙、丁的工程量相同，否则，乙将由此损失部分转包利润，但只要乙公司与甲公司协商一致后就很容易达到节税的目的。

这种筹划策略也可以应用到书立产权转移书据的立据人。一般来说，产权转移书据的纳税人只有立据人，不包括持据人，持据人只有在立据人未贴或少贴印花税票时，才负责补贴印花税票。但是如果立据人和持据人双方当事人以合同形式签订产权转移书据，双方都应缴纳印花税。因而这时采取适当的方式，使尽量少的当事人成为纳税人，税款自然就会减少。

6. 减少分包或转包环节策略

建筑安装工程承包合同是印花税中的一种应税凭证，该种合同的计税依据为合同上记载的承包金额，其适用税率为0.3‰。根据印花税法的规定，施工单位将自己承包的建设项目分包或者转包给其他施工单位所签订的分包合同或者转包合同，应按照新的分包合同或者转包合同上所记载的金额再次计算应纳税额。这里因为印花税是一种行为性质的税种，只要有应税行为发生，则应按税法规定纳税。因此尽管总承包合同已依法计税贴花，但新的分包或转包合同又是一种新的应税凭证，又发生了新的纳税义务。

例14：某城建公司A与某商城签订一建筑合同，总计金额为1亿元，该城建公司因业务需要又分别与建筑公司B和C签订分包合同，其合同记载金额分别为4 000万元和4 000万元，B和C又分别将2 000万元转包给D和E。则各方印花税应纳税额计算如下：

（1）A与商场签合同时，双方各应纳税额＝10 000×0.3‰＝3（万元）

（2）A与B、C签合同时，各方应纳税额为：

A应纳税额＝（4 000＋4 000）×0.3‰＝2.4（万元）

B、C各应纳税额＝4 000×0.3‰＝1.2（万元）

（3）B、C与D、E签合同时，各方应纳税额＝2 000×0.3‰＝0.6（万元）

（4）这五家建筑公司共应纳印花税＝3＋2.4＋1.2×2＋0.6×4＝10.2（万元）

分析：如果这几方进行合理筹划，减少转包环节，采取商城分别与A、B、C、D、E五家建筑公司签订2 000万元承包合同的策略，则这五家公司共应纳印花税＝2 000×0.3‰×5＝3（万元），从而可以节省7.2万元税款。

可见，这种筹划策略的核心就是尽量减少签订承包合同的环节，以最少的可能书立应税凭证，从而达到节约部分应缴税款的目的。实际上这样的筹划才是合法的。因为

《中华人民共和国建筑法》规定，承包人不得将其承包的全部建设工程转包给第三人或者将其承包的全部建设工程肢解以后以分包的名义分别转包给第三人。同时规定，禁止分包单位将其承包的工程再分包。所谓转包是指建设工程的承包人将其承包的建设工程倒手转让给第三人，使该第三人实际上成为该建设工程新的承包人的行为。转包与分包的根本区别在于：转包行为中，原承包人将其工程全部倒手转给他人，自己并不实际履行合同约定的义务；而在分包行为中，承包人只是将其承包工程的某一部分或几部分再分包给其他承包人，承包人仍然要就承包合同约定的全部义务的履行向发包人负责。可见，分包在满足一定条件下是允许的，转包任何形式都是不行的。根据《中华人民共和国建筑法》的规定，合法的分包须满足以下几个条件：①分包必须取得发包人的同意；②分包只能是一次分包，即分包单位不得再将其承包的工程分包出去；③分包必须是分包给具备相应资质条件的单位；④总承包人可以将承包工程中的部分工程发包给具有相应资质条件的分包单位，但不得将主体工程分包出去。可以看出，案例中进行筹划以前B和C将工程又分包出去的做法不仅多纳印花税，而且还违法，而进行税收筹划后，既少纳印花税，又合法。

【筹划误区】

1. 电子合同不纳印花税的误区

按《中华人民共和国印花税暂行条例》的规定，在我国境内书立、领受该条例所列举凭证的单位和个人，是印花税的纳税人，应当按规定缴纳印花税。该条例列举的凭证包括10类：购销、加工承揽、建设工程承包、财产租赁、货物运输、仓储保管、借款、财产保险、技术合同或者具有合同性质的凭证。具有合同性质的凭证指具有合同效力的协议、契约、合同、单据、确认书及其他各种名称的凭证。根据以上规定，印花税有两个特点：一是征税范围广。二是税法明确列举了征税对象，不在列举范围内的不征印花税。

那么，企业通过电子邮件方式洽谈业务，进行商品销售，是否应该征收印花税呢？毫无疑问，有关商品销售的电子邮件也属于具有合同性质的凭证，但其具有非常特殊的特点，即这种凭证不是纸质的，而是电子数字的。在目前多数国家对电子商务免税的情况下，进行电子商务往往可以获得税收优惠，我国也不例外。《国家税务总局关于外商投资企业的订单要货单据征收印花税问题的批复》（国税函〔1997〕505号）明确规定，对在供需经济活动中使用电话、计算机联网订货，没有开具书面凭证的，暂不贴花。因此，企业通过电子商务进行商品销售目前不用缴印花税。我国企业也经常通过互联网联系业务，通过互联网签订电子合同，避免将网上的合同打印成纸质凭证，以达到不纳印花税的目的。但是财政部和国家税务总局制定的《关于印花税若干政策的通知》（财税〔2006〕162号）规定，对纳税人以电子形式签订的各类应税凭证按规定征收印花税，相关政策从发文之日起执行。因此，该公司在上述日期之后签订的电子形式的合约或协议，也应缴纳印花税。

2. 变向银行及其他金融机构借款为向企业借款可以节税的误区

根据印花税的规定，银行及其他金融机构与借款人（不包括银行同业拆借）所签订的合同，以及只填开借据并作为合同使用，取得银行借款的借据应按照"借款合同"税目缴纳印花税，而企业之间的借款合同因没有列入《中华人民共和国印花税暂行条例》所列举的纳税范畴而不用贴花。因而对企业来说，和金融机构签订借款合同其效果与和企业（其他企业）签订借款合同在抵扣利息支出上是一样的，而前者要缴纳印花税，后者不用纳印花税。如果两者的借款利率是相同的，则向企业借款效果会更好。然而这样做却可能因为违反法律的规定而受到惩罚，得不偿失。因为，企业间直接借贷为法律所禁止，企业间借贷行为的法律效力一直备受争议，目前我国的主流观点否认其效力，审判实践中也多认定企业间借贷合同无效，因此这样做具有较大的法律风险。当然，如果企业可以采用下述途径将企业之间的借贷合法化。

（1）委托贷款。根据中国人民银行《关于商业银行开办委托贷款业务有关问题的通知》："委托贷款是指由政府部门、企事业单位及个人等委托人提供资金，由商业银行（即受托人）根据委托人确定的贷款对象、用途、金额、期限、利率等代为发放、监督使用并协助收回的贷款。商业银行开办委托贷款业务，只收取手续费，不得承担任何形式的贷款风险"的规定，允许企业或个人提供资金，由商业银行代为发放贷款。贷款对象由委托人自行确定。这种贷款方式解决了企业间直接融通资金的难题。它是企业间借贷受到限制的产物，是一种变相的直接企业借贷。由于商业银行将会收取一定的手续费，所以会增加交易成本。但通过此方式可以实现企业之间借贷的合法化。由于企业有权决定借款人和利率，所以对企业来说拥有较大的利润空间，在企业间借贷受到限制的情况下，不失为一种理想的选择方式。委托贷款中，委托合同、委托人和借款人之间的借款合同由于没有列入《中华人民共和国印花税暂行条例》所列举的纳税范畴而不用贴花。

（2）信托贷款。按照《中华人民共和国信托法》《信托投资公司管理办法》的规定，企业可以作为委托人以信托贷款的方式实现借贷给另一企业。信托贷款的贷款对象是由受托人确定的，信托贷款并不是完全意义上的企业间借贷关系，因为委托人在乎的是收益，而不是借款给谁。在信托贷款中，委托人与受托人之间信托合同由于没有列入《中华人民共和国印花税暂行条例》所列举的纳税范畴而不用贴花，但是信托机构（属于其他金融机构）与借款人之间的借款合同则要纳印花税。

（3）其他变通方式。除上述两种法律明确规定的方式以外，在实践操作中可以采取以下变通方式，在形式上实现企业之间借贷的合法化，从而达到企业之间借贷的目的。

①改变法律上的借贷主体。除法律限制的几种情形外，企业和公民之间的借贷属于民间借贷，依法受法律保护。所以可以个人为中介，将拟进行借贷的企业连接起来，从而实现企业之间资金融通的目的。出借方先将资金借给个人，该个人再将资金借给实际使用资金的企业（称实际借款方）。同时要求实际借款方为个人的该笔借款，向出借人提供连带担保。如果个人不能还款时，则出借方追索个人借款人，并同时要求实际借款人承担连带担保责任，维护了出借方的利益。业务中，相关借款合同因为没有列入《中

华人民共和国印花税暂行条例》所列举的纳税范畴而不用贴花。

②先存后贷，存贷结合。企业可以将资金存入银行，然后用存单为特定借款人作质押担保，实现为特定借款人融资的目的。同时，出资人可以收取有偿担保费，这是符合我国《合同法》和《担保法》规定的。在这种情况下，金融机构在法律上被认定为是出借人，拟出借资金方在法律上被认为是担保人，并不违背相关法律的规定。但这种借贷安排对银行和出资人有利，但不利于借款人，因为这会增加借款的借贷成本。业务中，存款合同、担保合同因为没有列入《中华人民共和国印花税暂行条例》所列举的纳税范畴而不用贴花，但是借款合同则要纳印花税。

③通过买卖合同中的回购安排实现企业之间融资的目的。在买卖合同中安排回购条款，"买方"向卖方"预付货款"后，到了一定的期限，或回购条款成就时，又向卖方收回"货物、货款"及利息或违约金。通过形式上的买卖合同，实现企业之间借贷的目的。但是，双方要按购销合同纳印花税，税率高于借款合同的税率。

可见，将企业之间的借贷合法化是有成本的，筹划方案是否可行，取决于将企业之间的借贷合法化成本的高低。

3. 合同金额高于实际履行金额时，可以将多纳的印花税用于冲抵其他项目合同应纳税额的误区

例15：北京市某房地产开发公司是一集体所有制企业，注册资本 3 000 万元，在职人员 30 人，经营范围为开发销售公寓、办公用房和商业用房。2008 年年度销售商品房收入 5 500 万元，利润 105 万元。

2011 年 1 月，该公司与某建筑工程公司签订甲工程施工合同，金额为 6 500 万元，合同签订后，印花税即已缴纳。该工程由 2011 年 11 月竣工。因工程建筑图纸重大修改，原商业用房由五层改为三层，实际工程决算金额为 4 800 万元。

该公司 2011 年 12 月签订乙工程建筑施工合同，合同金额为 8 000 万元，以甲工程多缴印花税为由，冲减合同金额 1 700 万元，然后计算缴纳印花税。乙工程还有建筑设计合同金额 200 万元，电力安装工程合同金额 400 万元，消防安装合同 300 万元，建设技术咨询合同 20 万元，均尚未申报缴纳印花税。

由于存在甲工程合同金额减少等现象，该公司以冲减后的金额为依据缴纳印花税的做法正确吗？

分析：根据《中华人民共和国印花税暂行条例》第二条及其实施细则第三条规定，建筑工程承包合同是指建设工程勘察设计合同和建筑安装工程承包合同，包括总包合同、分包合同，均为应纳印花税的凭证，建筑工程勘察设计合同适用 0.5‰税率，建筑安装工程合同适用 0.3‰税率。所以该公司应缴纳建筑设计合同印花税为 200×0.5‰＝0.1（万元），电力安装工程合同印花税为 400×0.3‰＝0.12（万元），消防安装工程合同印花税为 300×0.3‰＝0.09（万元），建设技术咨询合同印花税为 20×0.3‰＝60（元），共缴印花税 3 160 元。

该公司因为甲工程建筑施工合同金额比实际决算多出 1 700 万元，多缴了印花税，

而在乙工程建筑施工合同金额中予以抵消的做法实质是不符合税法规定的，是公司对税法规定掌握不正确的表现。印花税是一种凭证税，只要符合应税凭证的建筑施工合同一经签订，不论其合同是否履行或完全履行，都要按合同金额计算缴纳印花税。因此，乙工程应按未冲减的合同金额缴纳印花税，应纳印花税 = 8 000 × 0.3‰ = 2.4（万元）。

十、出口产品视同自产产品的出口退税筹划①

【导入案例】

A企业是一家由国有棉纺织企业改制而成的民营企业。现有 7 万锭的年纺纱生产能力。改制后的 A 企业由于产权明晰、职工身份的转变，昔日的国企"老字号"焕发出勃勃生机。

2003 年 8 月，该公司获得了生产企业自营产品出口经营权。企业老总获悉此消息后，提出了投资 6 000 万元收购同行业 B 企业的设想。就在此事准备实施时，财政部、国家税务总局下发了《关于调整出口货物退税率的通知》（财税〔2003〕222 号）。根据文件得知，该公司的棉纱产品出口退税率由现行的 17% 下调至 13%（从 2004 年 1 月 1 日起执行）。执行新政策后，该企业 2004 年的棉纱产品出口成本将增加 4 个百分点。这就使 A 企业的老总提出的"立足内地，走向国际"的企业经营思路产生了障碍。A 企业所在地的某税务师事务所首席注册税务师认为：A 公司在立足内销市场的前提下参与国际市场竞争的经营战略是正确的，但是与其投资 6 000 万元收购 B 纺织企业来专门进行棉纱产品的出口生产，不如采用"借鸡生蛋"的方式，收购其他厂商所生产的棉纱产品来进行货物的自营出口，从而实现其"立足内地，走向国际"的战略目标。请分析该注册税务师的税收筹划思路。

【法规解读】

1. 出口货物免税并退税的适用范围

（1）生产企业自营出口或委托外贸企业代理出口的自产货物，包括生产企业出口的视同自产产品的货物。

（2）根据财政部、国家税务总局《关于列名生产企业出口外购产品试行免抵退税办法的通知》（财税〔2004〕125 号）的规定，对列名生产企业出口外购产品试行免抵退税办法。这一规定是为了使出口退税适应外贸经营权放开后的需要，鼓励生产型出口企业利用国际销售网络扩大出口，积累生产企业收购产品出口实行免抵退税办法的管理经验。列名生产企业以外的生产企业外购产品出口（不包括四类视同自产产品）不得实行免抵退税办法。

---

① 根据中国税网"出口产品视同自产产品的退税筹划"编写。

（3）有出口经营权的外贸企业收购后直接出口或委托其他外贸企业代理出口的货物。

（4）特定出口的货物。

2．根据国税函〔2002〕1170号文件的规定，生产企业视同出口自产产品从而允许退税的情形包括四类

（1）生产企业出口外购的产品，凡同时符合以下条件的，可视同自产货物办理退税。

①与本企业生产的产品名称、性能相同；

②使用本企业注册商标或外商提供给本企业使用的商标；

③出口给进口本企业自产产品的外商。

（2）生产企业外购的与本企业所生产的产品配套出口的产品，若出口给进口本企业自产产品的外商，符合下列条件之一的，可视同自产产品办理退税。

①用于维修本企业出口的自产产品的工具、零部件、配件；

②不经过本企业加工或组装，出口后能直接与本企业自产产品组合成成套产品的。

（3）凡同时符合下列条件的，主管出口退税的税务机关可认定为集团成员，集团公司（或总厂，下同）收购成员企业（或分厂，下同）生产的产品，可视同自产产品办理退（免）税。

①经县级以上政府主管部门批准为集团公司成员的企业，或由集团公司控股的生产企业；

②集团公司及其成员企业均实行生产企业财务会计制度；

③集团公司必须将有关成员企业的证明材料报送给主管出口退税的税务机关。

例16：上海某享有出口经营权的集团公司下设一服装生产企业，该企业所生产的产品全部出口。由于服装生产企业没有自营出口权，因此需要将自己生产的产品由集团公司收购，再由集团公司统一出口。只要改服装生产企业经县级以上政府主管部门批准为该集团公司成员的企业；该集团公司及该服装生产企业均实行生产企业财务会计制度；同时，该集团公司将有关服装生产企业的证明材料报送给主管出口退税的税务机关，就可以享受国家的退税政策。

（4）生产企业委托加工收回的产品，同时符合下列条件的，可视同自产产品办理退税。

①必须与本企业生产的产品名称、性能相同，或者是用本企业生产的产品再委托深加工；

②出口给进口本企业自产产品的外商；

③委托方执行的是生产企业财务会计制度；

④委托方与受托方必须签订委托加工协议。

主要原材料必须由委托方提供。受托方不垫付资金，只收取加工费，开具加工费（含代垫的辅助材料）的增值税专用发票。

例17：杭州某家具公司，用人造板生产高档家具，并出口至东南亚各国。由于企业

生产能力受到局限，接到的订单无法全部按时完成。假如家具厂自己购买原材料，将购买的原材料委托其他企业加工，加工企业根据家具厂的要求加工生产产品，家具厂付给加工企业加工费，家具厂收回的产品出口就可以享受出口退税了。

【筹划思路】

该所提出"借鸡生蛋"的建议的理论依据是《国家税务总局关于出口产品视同自产产品退税有关问题的通知》（国税函〔2002〕1170号），生产企业出口外购的产品，凡同时符合以下条件的，可视同自产货物办理退税：①与本企业生产的产品名称、性能相同；②使用本企业注册商标或外商提供给本企业使用的商标；③出口给进口本企业自产产品的外商。如果A企业能够按照上述政策的要求外购棉纱产品，其有利之处在于：一是能够省下6 000万元的并购费用；二是所收购的视同自产产品的棉纱可由供货商向当地主管税务机关申请开具税率为6.8%的增值税税收（出口货物专用）缴款书，而且可享受生产企业出口产品以及免、抵、退税的政策优惠；三是这种收购行为有利于向供货商进行出口产品成本的摊薄转嫁。

假如A企业在2004年出口全棉产品，其离岸价为19 000元/吨，由于出口退税率下调4个百分点使其全棉的销售成本每吨上升了760元。

为了弥补出口产品生产能力的不足，A企业根据国税函〔2002〕1170号文件对收购视同自产货物的供货商无区域、数量限制的规定，通过报刊电视和电子商务等大众媒体在本地区乃至更广大的范围内选择若干商家采购质优价廉的棉纱产品，从而尽可能地达到摊薄并转嫁由于出口产品退税率降低使本企业出口产品销售成本增加的目的。

假设A企业2004年出口全棉产品4 000吨，其成本增加额为304万元，即4 000×760＝3 040 000（元）。很显然，由某一商家来为A企业承担出口产品成本增加额是不现实的，但A企业如果选择若干家（本例假设为10家）供货商来进行成本摊薄，则有10家供货商的年均供货数量为4 000÷10＝400（吨），均供货成本则为400×760＝304 000（元）。

A企业的决策层在听取了该税务师事务所的建议后，一致认为"借鸡生蛋"的方式最具可行性。因此法人代表明确表示：放弃原拟订并购B企业的计划。企业的财务老总还与该所的税务专家们一道共同进行了如下节税测算。

A企业在2004年元月购进一批视同自产的全棉纱，取得的增值税专用发票注明的价款为2 000万元，外购的货物准予抵扣的进项税款为340万元。另购进原材料800万元，准予抵扣税款126万元，当月该公司生产的内销货物销售额为1 000万元，价税合计1 170万元，本月产品出口离岸价折合人民币2 000万元（毛利率20%）。其相关计算如下：

（1）不予抵扣税额＝2 000×（17%－13%）＝80（万元）

（2）当期的应纳税额＝1 000×17%－（340＋126－80）＝170－386＝－216（万元）

（3）按照退税率计算，理论退税额＝2 000×13%＝260（万元）；经过比较，当期应退税 216 万元；应免抵税 = 260 - 216 = 44（万元）。

由上述计算可知，A 企业元月份由于出口视同自产的产品而获得退税额可达 216 万元，如按此出口销售额一年不变来计算，2004 年全年所获得的退税额将达 2 592 万元，即 216 × 12 = 2 592（万元）。

该所还指出，根据《国家税务总局关于明确生产企业出口视同自产产品实行免、抵、退税办法的通知》（国税发［2002］152 号）精神，A 企业在申报免、抵、退税时，须按当月实际出口情况注明视同自产产品的出口额。对生产企业出口的视同自产产品，凡不超过当月自产产品出口额的 50% 的，由当地主管税务机关按有关文件规定审核无误后办理免、抵、退税；凡超过当月自产产品出口额 50% 的，主管税务机关在核实全部视同自产产品供货业务纳税情况正确无误后，报经省、自治区、直辖市或计划单列市国家税务局核对后，方可免、抵、退税。

十一、加工贸易方式选择的税收筹划①

【导入案例】

在对外贸易中，进料加工和来料加工是加工贸易的两种主要经营方式，但是二者有着如下区别：①操作过程不同。进料加工是出口企业用外汇从国外进口原材料、元器件、配套件和包装材料，经生产加工后复出口的一种贸易方式；而来料加工是由外商提供一定的原材料、半成品、零部件、元器件及技术设备，出口企业根据外商的要求进行加工装配，将成品出口并收取加工费的一种贸易方式。②承担风险不同。进料加工使用外汇占用周转资金，承担着出口货物质量与国外市场销售的风险；来料加工不必占用资金，只要货物质量合格也不考虑销售存在的风险。③加工产品的物权不同。进料加工拥有出口货物的所有权，出口企业与外商是买入与卖出的交易关系；来料加工不拥有出口货物的所有权，出口企业与外商之间是受托与委托的协议关系。请从出口企业税负的角度分析出口企业对加工贸易方式的选择。

【法规解读】

1. 进料加工的税收政策——"免、抵、退"税政策

（1）企业以进料加工贸易方式进口的料、件，免征进口环节的关税、增值税、消费税。

（2）进料加工合同项下进口的机器设备应按照一般进口货物办理进口和征税手续。

（3）加工产品复出口时，在出口环节免征关税、增值税和消费税。

（4）加工产品出口后，对其出口产品所耗用的从国内采购的料件已经缴纳的增值税

---

① 根据中国税务报"加工贸易方式如何选择进料的税收筹划"编写。

可以申请退税。

（5）进料加工进口的料件及产品经批准转为内销时，应缴纳关税、增值税、消费税，包括对进口料件免征的关税、增值税、消费税以及对内销售时应缴纳相应的增值税。海关按照一般进口货物的完税价格规定，审定完税价格。根据2004年7月1日施行的海关总署令第111号《中华人民共和国海关关于加工贸易边角料、剩余料件、残次品、副产品和受灾保税货物的管理办法》第六条的规定，加工贸易企业申请内销剩余料件或者内销用剩余料件生产的制成品，按照下列情况办理：

①剩余料件金额占该加工贸易合同项下实际进口料件总额3%以内（含3%），且总值在人民币1万元以下（含1万元）的，商务主管部门免予审批，企业直接报主管海关核准，由主管海关对剩余料件按照规定计征税款和税款缓税利息后予以核销。剩余料件属于发展改革委、商务部、环保总局及其授权部门进口许可证件管理范围的，免于提交许可证件。

②剩余料件金额占该加工贸易合同项下实际进口料件总额3%以上或者总值在人民币1万元以上的，由商务主管部门按照有关内销审批规定审批，海关凭商务主管部门批件对合同内销的全部剩余料件按照规定计征税款和缓税利息。剩余料件属于进口许可证件管理的，企业还须按照规定向海关提交有关进口许可证件。

③使用剩余料件生产的制成品需内销的，海关根据其对应的进口料件价值，按照本条第①项或者第②项的规定办理。

应注意的是：这里的加工贸易企业包括进料加工企业和来料加工企业。

2．来料加工的税收政策——免税但不退税政策

（1）企业以来料加工贸易方式进口的货物，免征进口环节的关税、增值税、消费税。国家对来料加工复出口给予一定的关税优惠：进境料件不予征税，准许在境内保税加工为成品后返销出口。

（2）对来料加工项下进口料件和设备可以免征进口关税、增值税、消费税的范围如下：

①外商提供的全部或部分料件加工返销出口的；

②为加工出口产品而在生产过程中消耗的原料油；

③进口生产所必需的机器设备、品质检验仪器、安全和防治污染设备，以及厂内使用的、国内不生产的装卸设备；

④为加强管理，由外商提供的微型计算机、闭路电视监视系统、传真机等设备；

⑤合理数量的用于加固、安装机器的材料。但新关税政策及国家另有规定者除外。

（3）加工货物复出口后，免征加工或委托加工货物及加工缴费的增值税、消费税，但对其耗用的从国内采购的料件已经缴纳的增值税不办理退税，即来料加工业务适用"不征不退"的原则。

（4）来料加工进口的料件及产品经批准转为内销时，应缴纳关税、增值税和消费税，包括对进口料件免征的关税、增值税和消费税以及对内销售时应缴纳相应的增值税。海关按照一般进口货物的完税价格规定，审定完税价格。

3. 进料加工与来料加工税收政策的相同点

（1）来料加工与进料加工在合同项下进口的料件都可予以保税；

（2）加工成品在出口环节都可以享受免税；

（3）当来料加工或进料加工进口的料件或产品经批准转为内销时，应缴纳关税、增值税、消费税，包括对进口料件免征的关税、增值税、消费税以及对内销售时应缴纳相应的增值税。

4. 进料加工与来料加工税收政策的不同点

（1）对来料加工合同项下进口的符合条件的机器设备可免征关税、增值税，进料加工不享受此政策；

（2）对加工时耗用的国内采购的料件，在来料加工的情况下，产品出口后不予退税；而进料加工则可在产品出口后按照相关政策予以退税。具体是：进料加工自营或委托代理出口的货物生产企业增值税执行"免、抵、退"税办法；其出口的应税消费品免征消费税。来料加工出口货物实行免征增值税、消费税，加工企业取得的加工费收入免征增值税、消费税，出口货物所耗用国内原料支付的进项税额不得抵扣，转入生产成本，其国内配套的原材料已征税款也不予退税。因此，如果生产企业与外商签订的是"进料加工"合同，国家按规定给企业退税。如果生产企业与外商签订的是"来料加工"合同，那么，企业只享受免税，不享受退税。

5. 影响出口企业选择加工贸易方式的因素

在加工贸易中，进口料件的占比、征退税率之差的大小以及出口价格的高低，都会影响出口企业对进料还是来料加工方式的选择，在同等条件下主要取决于税负的差异（不考虑所得税因素，只涉及与出口退税有关的税种）。

（1）征、退税率之差的大小

按照税法规定，实行"免、抵、退"税政策的出口企业，当期免抵退税不得免征和抵扣税额在会计上要作进行税额转出并计入出口货物的主营业务成本。

当期免抵退税不得免征和抵扣税额 ＝（出口货物离岸价 × 外汇人民币牌价 － 免税购进原材料价格）× 出口货物征退税率差

可见，如果在外销收入一定，征、退税率之差越大，当期免抵退税不得免征和抵扣税额越高，出口企业所要承担的税负就越高。

例18：某生产型出口企业 A 为国外客商 B 加工一批货物，进口料件组成计税换算为人民币的价格为 2 000 万元，加工后复出口的货物换算为人民币的总价格为 3 500 万元（单证收齐）。假设货物全部出口无内销发生，其加工所耗用国内购进的料件及其他费用进项税额为 70 万元人民币，增值税适用税率为 17%，出口退税率为 13%，试分析出口企业选择进料加工还是来料加工较为合适。

①采用来料加工方式

根据来料加工免税政策，3 500 万元的出口货物按免税，70 万元进项税额不予抵扣转入主营业务成本自行负担，其应纳税额为 70 万元人民币。

②采用进料加工方式

3 500 万元的出口货物执行"免、抵、退"税政策，进口料件 2 000 万元所计算的免税税额不予办理退税，应在计算的"免、抵、退"税额中抵减。

当期免抵退税不予免征和抵扣税额 =（出口货物离岸价 × 外汇人民币牌价 - 免税购进原材料价格）× 出口货物征退税率差 =（3 500 - 2 000）×（17% - 13%）= 60（万元）

当期应纳税额 = 销项税额 -（进项税额 - 当期免抵退税不予免征和抵扣税额）= 0 -（70 - 60）= - 10（万元）

当期免抵退税额 = 出口货物离岸价（单证收齐）× 外汇人民币牌价 × 出口货物退税率 - 免税购进原材料价格 × 出口货物退税率 =（3 500 - 2 000）× 13% = 195（万元）

由于留抵税额 10 万元小于"免、抵、退"税 195 万元，则退税等于 10 万元，免抵税额为 195 - 10 = 185（万元）。如果考虑免抵税额参与城建税及教育费附加（以下简称税费）计算。那么，其税费额为：185 ×（7% + 3%）= 18.5（万元）（注：根据财税 [2005] 25 号文件的规定，自 2005 年 1 月 1 日起，经国家税务局正式审核批准的当期免抵的增值税税额应纳入城税及教育费附加的计征范围，分别按规定的税（费）率征收城市维护建设税和教育费附加）。

从以上假设的条件看，采用进料加工方式出口企业能得到 10 万元的增值税退税，其应纳税额为零，就算缴纳了 18.5 万元的税费，但税负也小于来料加工缴纳的 70 万元的税款。

再假设，如果出口退税率出现下调，由原退税率 13% 下调为 5%，采用进料加工方式，其相关计算如下：

当期免抵退税不予免征和抵扣税额 =（3 500 - 2 000）×（17% - 5%）= 180（万元）

当期应纳税额 = 0 -（70 - 180）= 110（万元）

当期免抵退税额 =（3 500 - 2 000）× 5% = 75（万元）

由于当期应纳税额大于零，则免抵退税额 = 免抵税额 = 75（万元），其缴纳税费 = 75 ×（7% + 3%）= 7.5（万元）。

如果采用来料加工在税收负担上要少于进料加工 47.5 万元（110 + 7.5 - 70）。

（2）进口料件占比的多少

出口货物所耗用进口料件与国内耗料之间所占比例大小与加工贸易方式的选择密切相关。在进料加工方式下，国内耗料增值税进项税额的大小直接影响税额的计算。

延用上例，假设 A 企业加工出口的货物国内耗料占的比重较大，国外进料只是其中的一小部分，如将国内耗料等费用的进项税额由 70 万元调增为 90 万元，进口料件组成计税价格由 2 000 万元调减为 1 500 万元，则情况又有所改变。其相关计算如下：

当期免抵退税不予免征和抵扣税额 =（3 500 - 1 500）×（17% - 13%）= 80（万元）

当期应纳税额 = 0 -（90 - 80）= - 10（万元）

当期免抵退税额 =（3 500 - 1 500）× 13% = 260（万元）

由于留抵税额 10 万元小于"免、抵、退"税 260 万元，则退税等于 10 万元，免抵

税额 = 260 - 10 = 250（万元），其缴纳税费 = 250 × (7% + 3%) = 25（万元）。

如在来料加工方式下，则应纳税额为 90 万元，税负大于进料加工缴纳的 25 万元税费。

相反，如果 A 企业加工出口的货物国内耗料占的比重较小，其国内耗料等费用的进项税额由 70 万元调减为 10 万元，进口料件组成计税价格由 2 000 万元调增为 3 000 万元，则相关计算如下：

当期免抵退税不予免征和抵扣税额 = (3 500 - 3 000) × (17% - 13%) = 20（万元）

当期应纳税额 = 0 - (10 - 20) = 10（万元）

当期免抵退税额 = (3 500 - 3 000) × 13% = 65（万元）

由于当期应纳税额大于零，则免抵退税额 = 免抵税额 = 65（万元），其缴纳的税费 = 65 × (7% + 3%) = 6.5（万元）。

如在来料加工方式下，应纳税额为 10 万元，税负小于进料加工的 16.5 万元（10 + 6.5）应缴税款。

(3) 出口货物价格的高低

出口货物价格的高低也是影响税负大小，从而成为选择加工贸易方式的因素之一。延用上述案例，在进料加工方式下，如果出口价格由 3 500 万元上调为 5 000 万元，则相关计算如下：

当期免抵退税不予免征和抵扣税额 = (5 000 - 2 000) × (17% - 13%) = 120（万元）

当期应纳税额 = 0 - (70 - 120) = 50（万元）

当期免抵退税额 = (5 000 - 2 000) × 13% = 390（万元）

由于当期应纳税额大于零，则免抵退税额 = 免抵税额 = 390（万元），其缴纳的税费 = 390 × (7% + 3%) = 39（万元）。

如在来料加工方式下，则应纳税额为 70 万元，税负小于进料加工 89 万元(50 + 39)的应缴税款。

相反，如果出口价格由 3 500 万元下调为 2 500 万元，则相关计算如下：

当期免抵退税不予免征和抵扣税额 = (2 500 - 2 000) × (17% - 13%) = 20（万元）

当期应纳税额 = 0 - (70 - 20) = -50（万元）

当期免抵退税额 = (2 500 - 2 000) × 13% = 65（万元）

由于留抵税额 50 万元小于"免、抵、退"税 65 万元，则退税等于 50 万元，免抵税额 = 65 - 50 = 15（万元），其税费 = 15 × (7% + 3%) = 1.5（万元）。

如在来料加工方式下，则应纳税额为 70，税负大于进料加工 1.5 万元（0 + 1.5）的应缴税款。

综上分析，出口企业应根据实际业务的需要，考虑上述三种条件，找出一个最佳的经营方式，使税收负担降到最低，利润收益增到最佳限度。

【筹划思路】

从以上分析来看，加工贸易无论采用进料还是来料方式关键取决于条件的设定与税负的大小，可综述如下：

（1）当出口货物所耗用的进口料件占比小于国内耗料，且征退税率之差较小时，选择进料加工方式较为合适。因为在国内耗料比例较大时，对于来料加工而言其不予抵扣的进项税额转入成本就会增多，税负相应变大且是免税没有退税。而采用进料加工由于国外进料占比少，所以，在计算的退税当中所要抵减的国外进料免税税额也相对较少，实际可以办理退税的数额相对变大。另外，征、退税率之差较小，还说明进项税转出的就少，相比之下进项税额就会变大，容易形成留抵税额带来退税。

（2）当出口货物所耗用的进口料件占比大于国内耗料，且征退税率之差比较大时，选择来料加工方式较为合适，而非进料加工方式。特别是在出口退税率下调的前提下，征、退税之差相对会变大，这表明进项税额不予抵扣部分就会变大，随之成本税负也会变大。又因来料加工由于是免税，不存在征、退税之差变化的因素。所以，在国内耗用原料较少时，购进国内原料的进项税额转出较多，所承担的税负相对变小，并且不会占用更多的周转资金。

（3）在同等条件下，加工贸易出口额较大且国内耗料较少时，如采用进料加工方式，则当期免抵退税不得免征和抵扣的税额就会变大，容易产生应纳税额，有时在无内销的前提下也会形成倒交税现象。另外，由于国内耗料少国外进料就相对变大，在当期计算的应退税额中抵减的进口免税税额就会多，实际形成的退税额就会变少。相比之下，采用来料加工较为合适。相反，在加工贸易出口额较大且国内耗料比较多时，可能采用进料加工更为合适。

总之，不同的贸易经营方式、不同的退税计算方法对出口企业的成本、效益及周转资金都有很大影响。另外，出口企业无论是采用来料还是进料加工，还应考虑出口货物的所有权的问题。在来料加工方式下，进口料件和出口货物的所有权都归外商所有，承接方只收取加工费，没有定价权。但在进料加工方式下，进口料件及加工后成品的所有权及定价权都归承接方，购买的进口材料可以比较灵活的操作，如果出口货物国内市场有需求，可以在海关补缴关税和增值税的前提下，转而将出口货物在国内销售，因此平衡部分国外市场的销售风险，增加企业的利润总额。

十二、"免、抵、退"税企业进口料件申报的纳税筹划①

【导入案例】

在实际工作中，有些发生进口料件的出口企业，在办理"免、抵、退"税申报过程

---

① 根据中国税网"'免、抵、退'税企业少申报进口料件不划算"编写。

中，由于经办人员在工作中疏忽或部门之间出口单证交接环节出现问题，造成当月发生的进口料件全部或部分漏报，而出口企业往往为了避免受到主管税务机关处罚或企业经办人员为了免受企业老板批评而隐瞒不报，甚至有些出口企业误认为少申报进口料件会对企业更有利，干脆采取不予补申报处理。请问：少申报进口料件究竟对出口企业会造成多大影响呢？

【法规解读】

1. 根据《国家税务总局关于出口货物退（免）税若干问题的通知》（国税发〔2006〕102号）文件第五条规定，从事进料加工业务的生产企业，应于发生进口料件的当月向主管税务机关申报办理《生产企业进料加工料件申报明细表》，逾期未申报办理的，税务机关在比照《中华人民共和国税收征收管理法》第六十二条有关规定进行处罚后再办理相关手续。这就意味着，出口企业当月发生的进口料件如果未在发生当月进行申报，经主管税务机关按规定进行处罚后是可以补申报的。

2. "免、抵、退"税的计算办法：

第一步，剔税：计算不得免征和抵扣税额。

当期免抵退税不得免征和抵扣的税额＝（出口货物离岸价格×外汇人民币牌价－免税购进原材料的价格）×（出口货物征税率－出口退税率）

第二步，抵税：计算当期应纳增值税额。

当期应纳税额＝内销的销项税额－（进项税额－第一步计算的数额）－上期留抵税额（小于0进入下一步）

第三步，计算免抵退税额。

免抵退税额＝（出口货物离岸价×外汇人民币牌价－免税购进原材料的价格）×出口货物的退税率

第四步，确定应退税额（第二步的绝对值与第三步相比，谁小按谁退）。

第五步，确定免抵税额：

免抵税额＝免抵退税额－确定的应退税额

可见，进口料件的出口企业申报的免税购进原材料越多，第一步计算出的不得免征和抵扣税额就越少，第二步计算出的当期应纳税增值税额就越少。所以，发生进口料件的出口企业在办理"免、抵、退"税申报时不但要做到及时申报，而且应做到"应报尽报"，不可"因小失大"。

3. 《财政部、国家税务总局关于生产企业出口货物实行免抵退税办法后有关城市维护建设税、教育费附加政策的通知》（财税〔2005〕25号）规定，经国家税务局正式审核批准的当期免抵的增值税税额应纳入城市维护建设税和教育费附加的计征范围，分别按规定的税（费）率征收城市维护建设税和教育费附加；2005年1月1日前，已按免抵的增值税税额征收的城市维护建设税和教育费附加不再退还，未征的不再补征。例如，某出口企业本月免抵的增值税税额为10万元，则应纳城建税0.7万元（10×7%），教育费附加 0.3 万元(10×3%)。

4．两种情形下的纳税分析

下面，用两个例子的两种情形来加以比较和分析。

例 19：某 2009 年新办"免、抵、退"税出口企业，全年出口销售额折合人民币 80 000 000 元（假定在本年度已全部收齐单证并且有电子信息），发生进口料件金额折合人民币 44 800 000 元，全年国内采购货物取得并经认证通过准予抵扣的进项税额 1 904 000 元。出口产品征税率为 17%，退税率为 13%。

情形一：全年发生的进口料件全部进行申报

（1）免抵退税不得免征和抵扣税额＝（80 000 000－44 800 000）×（17%－13%）＝3 200 000－1 792 000＝1 408 000（元）

（2）当期应纳税额＝0－（1 904 000－1 408 000）＝－496 000（元）

（3）2009 年度免抵退税额＝（80 000 000－44 800 000）×13%＝10 400 000－5 824 000＝4 576 000（元）

因为 496 000＜4 576 000

所以应退税额＝496 000 元

免抵税额＝免抵退税额－应退税额＝4 576 000－496 000＝4 080 000（元）

情形二：全年发生的进口料件只申报 80%（其他假定条件不变）

（1）免抵退税不得免征和抵扣税额＝（80 000 000－44 800 000×80%）×（17%－13%）＝3 200 000－1 433 600＝1 766 400（元）

（2）当期应纳税额＝0－（1 904 000－1 766 400）＝－137 600（元）

（3）2009 年度免抵退税额＝（80 000 000－44 800 000×80%）×13%＝10 400 000－4 659 200＝5 740 800（元）

因为 137 600＜5 740 800

所以应退税额＝137 600（元）

免抵税额＝免抵退税额－应退税额＝5 740 800－137 600＝5 603 200（元）

例 20：将例 19 中的出口产品征税率和退税率都改为 17%，而其他假定条件都不变。

情形一：全年发生的进口料件全部进行申报

（1）免抵退税不得免征和抵扣税额＝（80 000 000－44 800 000）×（17%－17%）＝0（元）

（2）当期应纳税额＝0－（1 904 000－0）＝－1 904 000（元）

（3）2009 年度免抵退税额＝（80 000 000－44 800 000）×17%＝5 984 000（元）

因为 1 904 000＜5 984 000

所以应退税额＝1 904 000（元）

免抵税额＝免抵退税额－应退税额＝5 984 000－1 904 000＝4 080 000（元）

情形二：全年发生的进口料件只申报80%

（1）免抵退税不得免征和抵扣税额＝（80 000 000－44 800 000×80%）×（17%－17%）＝0（元）

（2）当期应纳税额＝0－（1 904 000－0）＝－1 904 000（元）

（3）2009年度免抵退税额＝（80 000 000－44 800 000×80%）×17%＝7 507 200（元）

因为1 904 000＜7 507 200

所以应退税额＝1 904 000（元）

免抵税额＝免抵退税额－应退税额＝7 507 200－1 904 000＝5 603 200（元）

【筹划思路】

通过对上述例19的情形一和情形二的计算结果比较可以得知，在进口料件全部申报情况下，2009年度应退税额和免抵税额分别为496 000元和4 080 000元，而在进口料件只申报80%情况下，2009年度应退税额和免抵税额则分别为137 600元和5 603 200元，应退税额同比不但减少了358 400元，而且免抵税额同比却增加了1 523 200元。而通过对例20的情形一和情形二的计算结果比较，同样可以得知，在进口料件全部申报情况下，2009年度应退税额和免抵税额分别为1 904 000元和4 080 000元，而在进口料件只申报80%情况下，2009年度应退税额和免抵税额则分别为1 904 000元和5 603 200元，应退税额同比虽然没有减少，但免抵税额同比却同样增加了1 523 200元。由此可知，出口企业进口料件少申报得越多，应退税额就会越少（征、退税率相同的出口企业除外），但免抵税额则不论征、退税率是否相同却都会增加，而免抵税额的增加则意味着出口企业要多纳城建税和教育费附加，因而损失也就越大。因此，发生进口料件的出口企业在办理"免、抵、退"税申报时不但要做到及时申报，而且应做到"应报尽报"，不可"因小失大"。